KOFICE

한류에서
교류로

책머리에

　서로 다른 이름으로 교차했던 한류와 국제문화교류는 2020년을 기점으로 또 다른 국면에 접어들었다. 10여 년 전만 해도 문화교류의 목표는 대중문화 산업을 주재료로 세계 5대 문화강국이라는 화려한 청사진을 각인시키는 데 있었지만, 최근에는 교류 대상과 권역, 영역, 방식의 다각화를 꾀하는 데 방점을 두었다. 이른바 '우리 문화의 다양성을 높여 세계문화 발전에 이바지하자'라는 취지에서다.

　그런데 이러한 비전은 좀 더 원초적인 질문으로 사유를 이양했다. 지난 수십 년간 외쳤던 쌍방향 문화교류는 정책 선언문의 구색 맞추기 차원에서 이용된 것인가? 물리적 이정표에 꿰맞춰 작위적으로 나열해온 순수예술과 대중문화를 화학적 승화를 통한 동지적 관계로 만들 수는 없을까? 문제는 이런 작업이 녹록하지 않고 누구나 쉽게 할 수 없다는 데 있다. 순수예술과 대중문화를 한 데 엮으려면 기준이 있어야 하고, 차이를 논하기 위해서라도 공통 지반이 필요했다. 펼친 면에 선을 그어 상황을 정리하고 나니 선의 끝에는 다음과 같은 점을 찍을 수 있었다. '대중문화는 홀로 자립할 수 있으면서도, 순수예술, 전통문화와 동반해 교류의 주재료가 될 수도 있다. 부재료가 되어 섞일 때는 그들과 조화를 이룬다.' 결국, 한류가 국제문화교류의 소중한 자원이라는 시각이 본 논의의 전제가 되었다.

　책으로 묶인 9편의 글과 2편의 인터뷰는 앞선 질문에 대한 응답이자 모색이다. 한류가 주는 교훈을 담은 1부에서는 좁은 범위의 문화산업과 일방향 소통을 넘어 삶과 소통, 넓은 의미의 문화교류, 쌍방향 소통에 대해 적극적으로 탐구한다. 예술과 대중(문화)과의 만남, 신한류라는 기표 너머에 그 무언가를 상상하는 일이 따라붙었고, 방탄소년단이 연 새로운 연대정치의 공간도 들여다봤다. 문화행정의 세계에서는 예술가와 공동체가 문화자본을 축적할 수 있는 기다림의 시간이 필요함을 역설했다.

외교 관계가 요동칠 때마다 태풍의 눈 속으로 빨려 들어가는 한국 대중문화를 안타까워하면서, 외교 갈등과 문화교류의 본성이 무엇인지를 묻는 글로 2부를 열었다. 국제문화교류를 어느 지역에서 누구와 함께하고 있는지, 동시대 예술 생태계의 좌표와 방향을 어떻게 설정해야 하는지, 디지털 세계를 떠돌다 사라지는 영상콘텐츠는 어떻게 보존할 수 있을지, 창의노동의 기회와 위협 요인이 무엇인지를 살펴봄으로써 이 시대 문화교류가 최우선으로 다뤄야 할 다섯 가지 쟁점을 제시했다. 한편 3부에서는 문화예술과 문화산업을 대표하는 특별 대담을 수록함으로써 수신자를 확장해보려 했다. 그 과정에서 가장 많이 의지했던 건 대중문화와 순수예술의 관계가 우열이 아닌 서로 다른 장Field이라는 사실이었다. 덕분에 문화산업과 순수예술, 전통예술을 단순히 나열하는 것만으로는 충분치 않고, 그것이 어떤 새로운 가능성을 끌어냈는가의 문제에 천착할 수 있었다.

애초 본 도서 기획의 단초가 된 '제1차 국제문화교류진흥 종합계획'(2018~2022)이 중반부에 접어들었다. 지난 20년 동안 변하지 않은 것 같으면서도 변한, 촌스러운 것 같으면서도 세련되어진, 혹은 역으로도 설명 가능한 문화교류의 다양한 면면을 담으려 했다. 원용진, 홍석경, 김정수, 류웅재, 김휘정, 정정숙, 김성희, 최효진, 현은정 9인의 저자와 안호상, 김지일 2인의 인터뷰이는 다소 도전적인 주제와 무리한 일정에도 불구하고 기꺼이 참여해 고견을 나누어주신 분들이다. 순수예술의 발전 없이는 문화산업의 성장도 없다는 반성문에 가까운 주장들에 지쳤던 사람들, 거창한 정책 수사와 실천 간의 부조화에 안타까워했던 사람들, 처방적 차원의 문화교류에서 전방위적인 문화교류로 방향성을 모색했던 사람들에게 특히 도움이 되는 메시지가 될 것이다. 세상만사 중반부에 이르면 내용이 고조되거나 느슨해지거나 둘 중 하나다. 바라옵기는, 더욱 다채롭고 풍성하며 몰입감 넘치는 중반부 이후의 국제문화교류 일테다. **KOFICE**

한류에서 교류로

일러두기

1.
외래어 표기는 '국립국어연구원 외래어표기법'을 기준으로 삼되, 용례집에 없는 경우 브리태니커 백과사전을 참고했습니다.

2.
영화와 TV 프로그램은 < >,
신문, 잡지명은 《 》,
단행본, 음반명은 『 』,
연극, 뮤지컬 등 개별 작품과
노래 제목은 「 」로 표기했습니다.

제1부
한류가 주는 교훈

15   1. 예술과 대중,
       대중문화의 만남
       원용진(서강대학교
       커뮤니케이션학부 교수)

47   2. 방탄소년단이 연
       새로운 연대정치의 공간
       홍석경(서울대학교
       언론정보학과 교수)

73   3. 탈바꿈의 문화행정
       김정수(한양대학교
       행정학과 교수)

103   4. 신한류 담론과
       문화산업의 정치경제학
       : 신한류라는 기표
       너머의 그 무언가를
       상상하기
       류웅재(한양대학교 미디어
       커뮤니케이션학부 교수)

제2부
더 나은 문화교류를 위한 다섯 가지 쟁점

129 1. 외교 갈등과 문화교류의 본성을 묻다
김휘정(사우스오스트레일리아대학교 문화예술경영전공 객원교수)

161 2. 국제문화교류, 누가 함께하고 있는가
정정숙(한국문화기획평가연구소 소장)

183 3. 동시대 예술의 태동을 위해: 예술 생태계의 좌표와 방향 탐색
김성희(계원예술대학교 융합예술학과 교수)

211 4. 디지털 시대, 대중문화 아카이브의 설립 필요성과 가능성
최효진(새공공영상문화유산 정책포럼 연구위원)

255 5. 문화콘텐츠산업과 창의노동, 기회와 위협 사이
현은정(홍익대학교 경영대학 조교수)

제3부
문화 이전에 사람이 있다
: 한류 직문직답, 그 세 번째 이야기

281 1. 같이 만드는 문화, 가치 있는 문화
안호상(홍익대학교 공연예술대학원장·전 국립극장장)

309 2. 작가가 곧 콘텐츠, 끝까지 함께 갈 사람을 찾는다
김지일(CJ ENM 오펜센터장)

한류가 주는 교훈

1
예술과 대중,
대중문화의 만남

원용진 (서강대학교 커뮤니케이션학부 교수)

1. Do Your Thang

2020년 초 방탄소년단BTS은 새 앨범 『맵 오브 더 솔 : 7 MAP OF THE SOUL : 7』 발매를 앞두고 '커넥트, BTS' 프로젝트를 소개했다. BTS가 런던, 베를린, 부에노스아이레스, 서울, 뉴욕에서 새로운 개념의 미술 전시를 지원한다는 소식이었다. 또한 앨범에 담긴 곡 「블랙 스완」에 맞춘 슬로베니아 현대무용팀 엠엔 댄스컴퍼니MN Dance Company의 연기를 필름에 담아 발표했다. 새 앨범과 두 프로젝트를 통해 BTS는 순수예술과 대중음악과의 협업이라는 화두를 꺼내 들었다.

베를린에서는 마틴 그로피우스 바우Martin-Gropius-Bau 현대미술관이 '커넥트, 방탄소년단CONNECT, BTS'의 독일 전시를 맡았다. 관장인 스테파니 로젠탈은 세계 각지의 행위예술가 17명을 모아 프로젝트를 꾸렸다. 나이지리아 작가는 인권 문제를, 미국 작가는 젠더 문제를 행위예술로 펼쳐냈다. 한국에서는 동대문디자인플라자DDP가 서울 프로젝트를 담당했다. 영국 작가의 색 안개 작품, 그리고 한국 작가의 미디어아트가 소개되었다. 작가들은 BTS가 다양한 형태의 실험을 통해 자신들의 세계관을 넓혀가는 것에 동의하는 의미에서 작업에 참가했다는 발언을 여러 인터뷰를 통해 밝혔다(이은주, 2020. 1. 28.).

BTS의 새 앨범과 프로젝트는 많은 관심과 박수를 받았다. 엄청난 음반 선주문을 받았음은 물론이고, 과연 새로운 실험이 성공을 거둘까 하는 질문 역시 쏟아졌다. 커넥트 프로젝트 전시장에는 수많은 팬들이 몰려들었다.* 각국의 미디어에서도 큰 관심을 보였다. 터키 공영방송 TRT World의 문화예술 프로그램 〈쇼케이스Showcase〉는 마틴 그로피우스 바우 미술관 관장 로젠탈과 실시간 인터뷰를 진행했다.** 이 텔레비전 프로그램은 세계의 주요 예술, 문화 이벤트를 비평하는 프로그램이다. 보이밴드와 현대 미술의 만남이 특별해 보인다며 인터뷰를 시작했다.

그림 1
'커넥트 BTS' 서울전에서 한 관람객이 강이연 작가의 프로젝션 맵핑 작품「비욘드 더 신(Beyond the Scene)」을 보고 있는 모습.
출처: BTS 그리고 예술(연합뉴스, 2020. 1. 28.).

로젠탈은 관장 취임 이래 치유와 돌봄에 관한 작업을 수행해왔다고 말한다. 그 주제에 대해 BTS가 관심을 가진 덕에 17명의 작가와

---

* DDP에서 전시를 관람하기 위해서는 사전 예약을 반드시 해야 했다. 매시간 100명 단위로 입장이 가능했다. 실제 관람을 위해 방문했는데 공연장을 방불케 할 정도로 청소년 팬들로 넘쳤고 전시장 분위기 또한 공연장과 크게 다르지 않았다.
** URL: www.youtube.com/watch?v=G-ZyFkTwCGs

함께하게 되었다고 밝혔다. 진행자는 BTS가 자금 지원 외에 어떤 기여를 했는가 "…BTS added anything else other than dollars into this project?" 하는 질문으로 인터뷰를 이어갔다. 로젠탈은 BTS 덕분에 미술관이나 박물관에 큰 관심을 두지 않던 이들을 초대할 수 있었다고 답했다. 다분히 공격적이었던 인터뷰는 "방탄소년단의 홍보 수단에 머무른다는 생각을 하지 않았느냐"는 질문에까지 이른다. 로젠탈은 오히려 방탄소년단의 팬들에게 다가갈 수 있었다고 답했다. 방탄소년단 덕분에 미술관을 홍보했다고 받아쳤다. "전통적으로 진지하게 현대 미술을 찾는 관객들은 이 프로젝트에 대해 부정적인 시선을 갖지 않겠는가?"라고도 질문했다. 이에 대해선 대중음악 밴드로부터 재정적 지원을 받았다는 이유로 문제 삼는 것이냐고 되물었다 "So you think you shouldn't take it seriously because it is sponsored by a pop band, is that what you say?". 짧은 인터뷰지만 공영방송의 사회자는 예술과 대중음악의 만남에 부정적인 면을 드러내고자 애썼다. 미술관 관장은 예술의 대중화에 충분히 도움을 주었다며 긍정성을 부각시켰다.

쉴 틈 없이 화제를 만들어내는 BTS가 대중문화와 예술 간 협업 문제까지 건드린다. 물론 학문적 화두를 던지자고 한 의도는 아니다. 자신들의 대중음악 활동이 과연 예술가의 영역에 미치는 것인가를 자문하는 그런 테제였다. BTS는 인터뷰를 통해 협업이 필요하며 인위적으로 그어진 경계를 넘는 것이 BTS 음악 세계의 한 부분이라고 밝히며 그 문제에 대한 입장을 정리하고 있었다. 하지만 유수의 공영방송 문화예술 프로그램에서 제기했듯이 순수예술과 대중문화의 만남은 '경계를 넘는다'는 말로 쉽게 옹호될 순 없다. 협업에 대한 여러 이론적 입장을 해석하고, 그 협업의 유용성, 필요성 혹은 쓸데없음에 대한 입장을 평가하는 일이 뒤따라야 한다. 이미 제시된 입장을 복기함이 아니라 사회가 새로운 조건에 처했고, 새로운 조건을 극복하기 위해선 예술에 새로운 역할을 부여할 필요가 생겼다. 그러니까 BTS의 프로젝트는 의도했든 그렇지 않았든 간에 지금 이 시간, 이곳에서 예술과 대중문화 간 관계를 새롭게 고민해야 한다는 화두를 던진 셈이다. 이 글은 그에 대한 나름의 답이다.

2. 예술론에 스며든 '대중'

예술을 예술 그 자체의 논리로 평가하자는 예술론 Art-for-art's-sake 은 예술을 설명하는 데 가장 유력한 것으로 인정받아 왔다. 예술의 사회적 유용성이나 도구성을 언급하지 않거나 생략하는 방식을 의미한다. 이 논의에서 예술은 자연이 지닌 아름다움을 예술미로 옮겨 내는 작업이고 그 주체는 천재적 예술가다. 그런 점에서 예술가는 예술의 창조를 위한 선험적 조건이다. 천재적 예술가의 작품은 누구에게나 보편타당한 전달 방식과 이해 가능한 미적 판단의 예가 된다. 예술가의 재능 덕에 아름다움을 전하기 위한 예술 작품의 규칙이나 형식이 만들어진다. 그 규칙과 형식은 아름다움을 전하기 위한 이른바 자체적 합목적적인 형식이 된다. 그 규칙, 합목적성은 곧 보편성을 가진다. 또한 다른 일체의 개입 요소 없이(즉 무관심적으로 혹은 사심 없이) 아름다움을 수용하도록 만든다. 예술을 유용성, 도구성과 거리를 갖도록 하고, 사심과 단절시키는 예술 중심적 논의는 오랫동안 예술론, 미학이론, 문화론에서 주류로 자리 잡아왔다.

하지만 예술을 다른 사회적 제도와 연관짓고자 하는 노력도 꾸준히 있었다. 예술을 종교, 정치 등과 연결지어 사유하자며 이른바 예술지상주의를 뒤흔드는 일은 중단된 적이 없었다. 절대정신의 성취를 위해 예술이 역할을 해야 한다는 헤겔주의적 예술론은 지금도 강력한 테제다. 예술을 통한 도덕, 윤리, 실천의 강화도 무시 못 할 기세를 누려왔다. 이처럼 예술이 사회적 제도로서 어떻게 사회성을 발휘하고 있는지, 또 발휘되어야 하는지를 논의하는 일은 끊임없이 이어져 왔다.

정치학자인 알렉시 드 토크빌은 예술과 사회 계층 간 관계를 미국과 유럽의 사회 구조 차이로 설명했다(Tocqueville, 1835). 예술이 아닌 미국 사회의 계층구조와 정치 문화에 있었다. 그는 미국은 유럽과 달리 평등주의를 구가하고 있다고 평가했다. 그 평등주의 탓에 순수예술 제도가 크게 발달하지 않을 거라고 전망했다. 순수예술이 유럽의 귀족들에 의해 정체성과 계급을 드러내는 상징으로 활용되어 왔다며 내놓은 분석이었다. 그의 설명은 예술이 아닌 정치에 초점이 맞춰져 있었다. 사회적 지위를 드러내기 위해 예술을 끌어낸 유럽의 오랜 전통을 지켜본 정치학자의 문화적 통찰이었다. 토크빌은 예술지상주의론자의 주장을 일축했고, 예술이 언제든 사회적 도구로 활용되고 있음을 드러냈다.

이방인의 눈초리로 미국 사회를 바라보았던 소스타인 베블런은 토크빌과 확연히 다른 현상 평가를 내놓는다(Veblen, 1899). 그는 미국 사회 내 유한계급의 과시적 소비를 목도하고 그 소비 동기를 추적한다. 과시적 소비란 자신을 과시하기 위해 벌이는 사회적 행동이다. 이른바 순수예술품도 과시적 소비 대상에 포함된다. 누구나 소비하기 힘든 대상을 소비하며 유한계급은 자신을 드러낸다. 순수예술품이 가지는 한정성, 희귀성을 소비함으로써 자신을 과시하려는 의도는 달성된다. 미국에서는 계층을 드러내는 예술 소비가 없을 거라는 토크빌과는 다른 주장이다. 하지만 베블렌은 토크빌과 유사한 결론에 도달한다. 예술은 그것이 갖는 미학적 고귀함으로 감상되는 존재가 아니다. 예술이 계층을 드러내는 상징(혹은 약호)으로 활용되는 사회적 제도라는 토크빌의 주장에 베블렌은 동의하기에 이른다.

예술의 사회성 주장은 예술을 예술 내부의 논리로 설명하려는 진영을 지속적으로 흔들어 왔다. 그 정점에는 예술 소비에 대해 문화적 자본 개념으로 설명하려 한 피에르 부르디외가 있다. 부르디외는 사회적 불평등, 물질자본, 그리고 문화자본을 묶어서 예술의 사회성 논의를 시작한다(Bourdieu, 1987). 물질적 자본을 더 많이 소유한 쪽일수록 문화적 자본을 더 소유하는 경향이 있다. 문화적 자본을 더 많이 가진 쪽에서는 자신들의 문화 예술의 감상을 위한 특수한 지각 기술을 강조하고 교육한다. 그리고 순수하지만 어렵고 무기능적인 예술론을 발전시켜 나간다. 예술 작품에 대한 사심 없는 관조적 태도는 문화자본을 더 많이 소유한 사회집단의 특권이 된다. 그럼으로써 취미는 사회적 위계로 구축된다. 고급예술, 순수예술일수록 예술의 지위는 미학적으로 더욱 정당화된다. 정당화됨을 넘어서서 세대를 이어 재생산되기도 한다. 예술의 사회성을 강조한 이들에 따르면 예술은 경제적 자본, 문화적 자본의 징후이면서, 사회적 불평등의 영속을 꾀하는 제도다.

사회 계층 구조와 예술이 관계를 맺는 바를 논의한 쪽은 예술이 결코 예술 내부에서만 설명되지 않으므로 사회적 제도로 확장해서 살피자고 한다. 사회과학에서 문화에 대한 관심을 표명하면서 논의가 풍성해졌고, 예술의 사회성이 이론화되기 시작했다. 비슷한 방식으로 예술계 내부에서도 예술지상론에 대한 논의, 소위 순수예술의 불가능성에 대한 논의가 일었다. 일부 예술사가들은 순수예술과 그 바깥의 차이, 그 경계의 설정을 의심하기 시작했다. 예술과 관련된 여러 규범이 자연스럽거나 초월적인 것이 아니라 사회적으로 구성되었음에 동의하기 시작했다. 이른바 순수한 것으로 규정된 예술을 해체하는 작업이었다. 예술의 문제를 예술품이나 작가, 그를 보관한 미술관, 박물관, 공연장에 한정하지 않았다. 오히려 그를 문화 일반과 연관시키며, 예술 정책, 예술 시장, 교육, 대중이 즐겨 찾는 대중매체인 영화, 텔레비전, 상업적 여가 매체들과의 관계 속에서 바라볼 것을 제안했다.

일부 문화, 예술 이론가들은 그에서 더 나아가 미술 작품을 고독한 천재 예술가의 고통스런 산물로 파악하는 대신 예술가와 그의 작품 활동이 포함된 시공간의 징후로 대하기 시작한다. 예술가가 포함된 사회에서의 결혼 제도와 가족의 변화, 미술 관련 기술 변화의 총합이 작품으로 드러난다고 보았다. 그로써 작품은 예술가의 몫이라기보다는 세상의 결과가 된다. 작품은 온갖 사회 변화의 징후나 지표가 된다. 일군의 신마르크스주의자들도 예술을 동시대를 담는 표상으로 파악하려고 했다. 과거 전통적 마르크스주의 이론가들의 거친 토대, 상부구조의 단순 이분법에 입각한 반영론에 대한 반기였다. 이 입장은 예술적 재현을 계급적인 것을 넘어서는 사회 구성체의 중첩적 결정체로 파악했다. 그럼으로써 예술은 순수예술의 성격이라기보다는 사회를 읽을 수 있는 징후적 텍스트가 되었다.

1980년대 이후부터 예술계 전반에 불어닥친 포스트모더니즘 바람도 순수예술론 혹은 예술지상주의에 큰 상처를 남겼다. 이 바람은 예술에 주어진 어떠한 특권, 특성, 예우도 어느 순간 만들어졌음을 들춰낸다. 예술과 비예술 간 경계, 예술가와 감상자 간 경계, 미술이 추구하는 가치의 해체를 주장한다. 모든 형이상학에 대한 거부가 그 토대였다. 경계와 가치가 초월적인 힘에 의해 자연스레 주어진 것이거나 인류 생래적으로 전해져 왔다는 담론을 거부한다. 이 언저리에 서면 예술 현장은 의외로 단순한 공간으로 바뀐다. 경계 지으려는 쪽과 그를 허물고자 하는 쪽, 허물어진 것을 다시 부여잡으며 되받아치는 쪽 등 여러 집단의 지배 시도, 그에 대한 도전, 또 다른 응전이 반복하는 시공간이 된다.

문화연구 Cultural Studies로 알려진 일군의 영국 학자들도 예술의 특화, 예술과 대중문화의 구분에 반대하고 나섰다. 이들은 대중문화를 초기에는 팝아트 Popular art라 칭했다. 대중문화 범람의 대응책으로 예술을 내세우는 데 반대하기 위한 노력이었다. 예술이 대중문화의 예방책이 될 거라는 사유에 부정적이었다. 대신 대중문화도 예술의 특성을 담고 있을 가능성이 있다면 그를 찾아낼 혜안을 대중이 지니게 하자는 주장을 폈다. 학교 현장에서 교사가 그런 역할을 한다면, 대중은 그런 교육을 받아들일 준비가 되어 있다고 보았다. 문화연구는 앞선 이론가들처럼, 예술과 대중문화의 경계가 작위적이라는 사실, 대중성은 풀기 어려운 문제일 뿐 예술의 반대편으로서 저주받을 대상이 아니라는 점, 예술과 대중문화는 대상으로만 이해될 필요가 없다는 점을 강조했다. 무엇보다도 대중이라는 존재에 심각한 고민을 던졌고, 대중이 펴는 대중문화를 중요한 테제로 끌어안았다. 그러한 가운데 예술이 특화될 가능성은 줄고 대중의 생활 안 예술이라는 전혀 다른 관점이 생겨났다.

예술이라는 존재에 대한 규정이 달라지고, 그를 인식하는 방식에서도 꾸준히 변화가 있었다. 그 변화는 예술론이라는 이론적 담론 안에서만 이뤄진 것은 아니다. 예술 작업을 벌이는 창작계 내에서도 꾸준히 이뤄졌다. 이론적 규정이 예술을 옥죄고, 개방하지 못하게 하는 권력으로 작동함을 비판적으로 지적하고 그로부터 벗어나려는 움직임을 보였다. 예술이 사회 내 제도인 바 사회의 요구, 사회의 변화에 응해야 한다며 그를 성취하기 위해 어떤 고민을 해야 할지를 창작 실천으로 이어간다.

3. 예술과 대중 간 경계 해체

이론가나 역사가들에 의해서만 예술지상주의에 대한 반대가 있었던 것은 아니다. 예술적 실천을 통해 예술의 지위를 변경하며 대중에 다가가거나 예술의 규칙을 흔드는 작업은 꾸준히 있어 왔다. 1920년대 독일에서 있었던 '바우하우스Bauhaus 디자인 교육'의 경우가 그렇다. 바우하우스는 예술이 일상과 연결되기 위해 모든 예술 영역이 협력하고 통합되어야 한다는 목표를 세웠다. 협력과 통합의 마지막 결과물은 공예로 드러나야 한다는 점을 강조했다. 대중의 일상과 예술이 관계를 맺어야 한다며 예술과 산업이 연결되는 지점을 무시하지 않았다. 대중, 예술 그리고 기술의 통합은 예술을 순수의 영역에 가둔 데서 벗어나 대중의 실생활 필요성에 응답한 결과였다. 바우하우스 운동은 독일 내에서도 재정이 가장 여의치 않았던 바이마르 지역의 요구에 부응하고자 한 결과였다. 사회의 실제적 요청과 예술이 만나는 지점을 찾아 나선 것이다. 바우하우스는 학교의 울타리를 뛰어넘어 예술 운동의 흐름으로까지 이어지진 못했다. 하지만 대중의 생활과 예술이라는 짝을 만들어낸 중요한 예술사적 사건이었다.

지극히 단순한 유물론적 사유를 가졌던 플럭서스Fluxus의 아방가르드 작업도 예술지상주의를 향한 공격이었다. 플럭서스의 대표적 작가였던 백남준은 하부구조가 바뀌면 상부구조도 바뀐다는 유물론적 입장을 고수했다. 예를 들어 기술의 변화가 생기면 그에 따라 아이디어인 상부구조도 변해야 한다. 예술을 만들어내는 방식이 바뀌면 그를 감상하는 방식도 바뀌어야 한다. 플럭서스 예술가들은 새로

그림 2

예술과 대중매체 기술의 만남을 보여준 백남준의 프로젝트 「TV 정원」(1974).
출처: 백남준아트센터 웹사이트(URL: njp.ggcf.kr/archives/artwork/n006).

그림 3

각종 가전제품과 현대적 시각매체로 채워진 리처드 해밀턴의 콜라주 「도대체 무엇이 오늘날의 가정을 이토록 색다르고 매력 있게 만드는가?」(1956)
출처: 중앙선데이 (2011. 9. 18).

운 테크놀로지로 무장하며 예술과 관련된 코드를 깨고자 했다. 궁극적으로 인간의 새로운 경험, 감각을 구성해내려 시도했다. 벤야민적인 시각에서 보자면, 기술복제 시대에 새로운 희망을 모색한 예술집단이었다.

백남준의 미디어아트는 기본적으로 타 매체를 연결시키는 프로젝트였다. 미디어아트는 영화, 연주, 소리, 색채, 회화, 문자를 매개하고 연결한다. 백남준이 그렇게 부른 적은 없으나 미디어아트에서 텔레비전은 상호매체성Intermediability이나 재매개Re-mediation의 중심이었다. 이미 매개한 것들끼리 연결하거나 다시 매개해낼 능력을 갖추고 있었다는 말이다. 실제로 그의 비디오아트의 시작은 음악을 영상화하는 작업이었다. 음악과 영상을 연결한 후, 음악을 영상으로 재매개했다. 이같이 매체를 연결하고 재매개하는 능력을 극대화한 것이 초기에는 텔레비전이었으나 이후에는 인터넷이 그 자리를 대신한다. 인터넷은 텔레비전이 연결한 신문, 영화, 광고, 잡지, 사진을 모두 다시 연결시켜고 재매개한다. 당시에는 미디어의 총아였던 텔레비전으로 표현했지만 백남준이 지금의 세계를 경험했다면 당연히 인터넷으로 시선은 옮겨 갔을 것이고 전혀 색다른 상호미디어성이나 재매개를 연출했을 것이다.

상호텍스트성과 재매개 능력을 기반으로 하는 백남준의 비디오아트는 의미가 최종적으로 정착되는 순간을 맞지 못한다. 작품의 의미는 늘 비결정적이고 연기된다. 시작과 끝을 가지지 않고, 일련의 순서를 갖지도 않는다. 감상하면서 내용에 참여할 기회를 가진 감상자가 어떤 조작을 하느냐에 따라 의미는 바뀐다. 텔레비전 화면에 감상자가 자석을 갖다 대면 내용이 변한다. 갖다 대는 타이밍도 내용 변화를 초래한다. 여러 개입 방식 탓에 화면에 등장하는 내용의 경우의 수는 무한에 이른다. 인터넷의 시대엔 하이퍼텍스트라 부를 만한 내용이 백남준의 비디오아트를 통해 비결정적이며 다의적인 Polysemic으로 제공되고 있었다. 비디오 기기를 활용한 1974년의 「TV 정원」, 1988년의 「다다익선」은 개별적 화면의 의미와 전체 화면 구성 간의 개입, 충돌, 융합 등을 통해 의미가 고착되지 않고 지연됨을 보여주었다. 예술과 대중매체 기술과의 만남을 통해 예술이 궁극적으로 초월적인 메시지를 전달한다는 예술지상주의 신화를 깨려했던 플럭서스와 백남준의 프로젝트는 예술과 대중과의 만남을 재촉했다.

바우하우스나 플럭서스에 이어 팝 아트도 예술과 대중의 관계 논의를 확장하는 데 기여했다. 팝 아트는 이름 그대로, 대중적이라는 의미의 popular를 축약한 pop과 예술, 즉 art의 합성어다. 팝 아트를 한 흐름으로만 단순화시켜 논의하긴 어렵다. 서로 다른 흐름임에도 불구하고 공유하는 것이 있는 바 '예술이 대중이나 매스미디어와 불가분의 관계를 맺고 있다'는 점이다. 예술이 매스 미디어와 영향을 주고 받음에 주시한다. 어떤 흐름에서는 그 주고 받음을 자연스러운 것으로, 다른 쪽에서는 그를 우려스러운 눈으로 바라본다. 그러면서 예술적 실천에 매스미디어를 담는다.

팝 아트가 꽃을 피운 곳은 미국이지만 그 시작은 영국이었다. 영국 팝 아트 British Pop Art의 선구자인 리처드 해밀턴 Richard Hamilton은 이른바 사회비판적 팝 아트의 서막을 연다. 그의 작품 「도대체 무엇이 오늘날의 가정을 이토록 색다르고 매력 있게 만드는가?」에는 당시의 시대상이 담겨 있다. 2차 세계대전 이후 전쟁 상흔으로부터 벗어나면서 영국의 가정에는 전에 없던 가구재가 들어오는 등 왕성한 소비 생활이 이뤄진다. 미국의 대중문화로부터 영향을 받은 바가 크다. 이른바 대중소비 시대가 온 것이다. 그의 그림 속에는 텔레비전이나 영화로부터 나왔을 법한 장면, 포스터, 또 그것이 자주 재현하는 생활방식 등이 자리하고 있다. 대중문화가 작품 속 가정을 차지하고 있었다. 그로써 그의 작품은 대중문화를 담은 미술, 예술이 된다. 해밀턴의 프로젝트는 대중문화를 환영하거나 미술과 대중문화 간 경계를 허무는 시도는 아니었다. 그보다는 대중문화가 대중의 생활 속에 얼마나 깊숙이 들어와 있는지를 비판적으로 질문하고 사유하도록 하는 모더니즘적 시도였다.

팝 아트가 미국으로 넘어가면서 해밀턴식의 모더니즘적 시도는 사라진다. 앤디 워홀, 리히텐슈타인 등은 대중문화와 예술 간 경계를 허무는 데 열중한다. 대중문화는 예술의 소재가 된다. 그리고 예술과 대중문화 간 거리에 관해서는 관심이 없다. 오히려 그 둘을 서로 닮게 한다. 자신의 작품을 대중문화처럼 대량으로 생산한다. 상업적 예술이 되는 것에도 거리낌이 없다. 경계를 적극적으로 지움으로써 자신들을 대중문화에 가까워지도록 한다. 심지어 심각한 내용조차도 가벼운 느낌을 갖도록, 무게를 느낄 수 없도록 한다. 예술을 대중문화 쪽으로 옮기는 데 더 주력한다. 대중문화와 예술 사이에서 벌어지는 가장 적극적인 만남이었지만 문화 이념을 포함하는 움직임은 아니었다. 오히려 프레드릭 제임슨이 포스트모더니즘을 후기

산업사회의 문화 논리라며 경계했던 것에 해당될 수 있다(Jameson, 1984). 생산적인 만남은 아니었던 셈이다. 그럼에도 팝 아트는 그 등장과 존재만으로도 대중, 대중문화에 대해 고민케 하는 계기가 되었다.

예술론에서의 변화, 예술 실천에서의 대중, 대중매체로의 전회가 벌어지게 된 데는 몇 가지 이유가 있다. 자본주의 세계 질서가 전방위적으로 맹위를 떨치고 새로운 사회에 대한 전망이 부재했기 때문이다. 전망이 부재하다는 사실에 대한 학계나 예술계의 반응은 크게 갈린다. 자본주의 외에는 어떤 전망도 없음을 선언하고 그에 따르는 일이 그 첫 번째 선택지다. 또 다른 길은 오랫동안 꼼꼼히 살펴보지 않았던 새로운 주체로의 관심이다. 정치적 영역에 대중이 새롭게 중요 주체로 부상하게 되었음을 심각하게 받아들이자는 입장이다. 비관주의와 대중에 기대는 약한 낙관주의가 동시에 등장한다. 이 두 개의 출구를 놓고 점차 약한 낙관주의로 기울게 된다. 대중을 중심에 놓고 그들의 해석 활동이나 행위 활동에 초점을 맞추는 대중 미학, 수용자 미학, 다중론이 대두된다. 그리고 낙관주의의 끄트머리 즈음에 문화연구가 자리하고 있다. 문화연구는 대중, 대중문화, 그리고 대중적인 미학까지 문제 설정에 포함시켰다.

전망이 부재하다고 느끼면서도 대중에서 약한 희망을 찾게 된 데는 대중의 조건 변화와 관련이 있다. 과거의 대중과는 달라졌다고 볼 만한 조건 변화가 있었다고 판단한 것이다. 대중 교육의 증대로 인한 대중의 리터러시, 형식적 민주주의 진전으로 인한 각종 사회 제도로의 참여 열망이 고조되고 있었다. 대중 교육, 정보 기술의 발전 등에 힘입어 대중은 큰 변화를 경험한다. 물론 이 변화는 양가성을 띤다. 대중이 조정당하고 권력에 지배당할 조건이 되기도 한다. 정보 기술이 감시 기술로 둔갑하고, 리터러시가 딜레탕티즘Dilettantism으로 그칠 수도 있고, 참여의 열망이 포퓰리즘이나 유사 파시즘으로 이어질 가능성도 있다. 다른 한편으로는 대중에 전에 없던 새로운 연대의 가능성을 열어주기도 한다. 이론가나 예술가는 그 새로운 가능성을 놓치지 않고 대중에 권능Empowerment을 제공할 여지를 찾아 나섰다. 대중을 접하면서 대중의 일상 안에 큰 비중을 차지하던 대중매체 그리고 그를 통한 대중문화에 눈감을 수는 없었다. 따라서 미학적으로 저급하다는 이유로, 이념이 담겨 있지 않다는 이유로 내버려두었던 대중문화를 살피게 된다. 이미 삶의 조건이 바뀐 대중과 대중문화를 병치하다 보니 대중문화에 대한 입장에도 변화가 생기기 시작했다. 텍스트로서의 대중문화가 아니라 대중이 만들어가는 대중문화라는 데 생각이 미치면서 대중이 새롭게 대중문화를 대할 가능성도 존재함을 알게 된다. 대중문화를 완결된 형태가 아닌 지속적으로 구성이 진행되는 존재로 파악한 셈이다. 그럼으로써 예술과 대중, 대중문화에 대한 관심의 틀이 변하게 된다.

이 같은 입장의 변화를 가장 극명하게 드러내 보이는 이는 문화연구의 시조로 불리는 레이몬드 윌리엄스다(Williams, 1961). 윌리엄스는 민주주의의 진전, 대중 교육의 증대, 테크놀로지의 일상으로의 진입 등을 이유로 대중의 일상에 변화가 생겼고 사회 전체에도 큰 변화가 일었다고 파악하였다. 일테면 텔레비전 기술을 설명하는 자리에서 그는 '흐름Flow'과 '이동의 사사화Mobile Privatization'라는 개념을 제시한다(Williams, 1974). 텔레비전 이전에는 오락이 분절되어 있었다. 연극과 영화를 동시에 볼 순 없었다. 신문을 읽는 일과 코미디를 보는 일은 분리된 행위였다. 심지어 그를 행하는 일은 다른 공간에서 이뤄졌다. 하지만 텔레비전은 서로 다른 장르를 한데 묶어냈다. 드라마 다음엔 다큐멘터리를 방송하고 그 가운데에 광고를 끼워 넣는다. 이어 코미디를 보여주며 웃게 하고 그다음엔 근엄하게 뉴스와 해설을 제공한다. 분절적인 내용을 한데 묶어 방송을 하지만 수용자는 그를 분절적으로 받아들이진 않는다. 하나의 흐름으로 받아들인다. 새벽부터 방송을 시작하고 자정에 방송을 종료한다고 치면 텔레비전은 18시간짜리 프로그램을 방송하는 셈이다. 이처럼 서로 다른 것을 묶음 흔적없이 묶어 매끈한 형태로 제공하는 것을 흐름이라고 말한다.

그런데 흐름은 텔레비전 내에서만 이뤄지진 않는다. 텔레비전이 안방에 들어온 시기에는 배경이 있다. 단순히 기술 발전이 텔레비전 수상기를 만들었고 방송 기술이 형성되었기에 텔레비전이 거실을 차지한 것은 아니다. 대중의 일상과 텔레비전이 엮여도 무리해 보이지 않았기에 가정에 들어갈 수 있었다. 한 방에 들어갈 조건이 갖추어지지 않았다면, 텔레비전은 안방 바깥 어디에서 서성거리고 있었을 것이다. 일본에서 초기 텔레비전이 길거리에서 단체 시청되었던 경험은 텔레비전이 아직 안방으로 들어갈 준비가 되지 않았던 것으로 이해해야 한다. 대중의 일상과 텔레비전이 한데 자연스럽게 엮이기 전까진 거실의 문턱을 넘을 수 없었다. 그런 점에서 텔레비전의 안방 진입은 '일상과 텔레비전이 한데 엮였다'는 말이다. 일상과 텔레비전의 흐름이라고 할 수 있다.

텔레비전과 대중의 일상 간에 흐름이 발생하게 된 데는 이유가 있다. 산업 사회의 전전이 이뤄지면서 가정은 바깥과 점차 단절된 사적 공간으로 존재한다. 직장과 가정, 학교와 가정, 사회와 가정 이런 식으로 칸막이가 생겼다. 가정이 사적 영역으로 존재하기 위해서는 역설적으로 바깥과의 구분이 더 필요해졌다. 바깥과 가정이 구분되기 위해서는 바깥이 더 확실히 인지되어야 한다. 가정은 불가피하게 가정 바깥과 연계를 갖게 된다. 그러므로 가정은 역동적으로 움직이는 바깥에 관심을 가질 수밖에 없다. 텔레비전은 가정에 프라이버시를 주는 매체이면서 가정 바깥의 정보를 가정 안으로 실어 나를 수 있었다. 프라이버시와 바깥을 동시에 원하는 가정으로선 최적의 매체일 수밖에 없다. 유동적으로 움직이는 가정 바깥과 프라이버시를 필요로 하는 가정 안과의 흐름을 윌리엄스는 '이동의 사사화'라는 용어로 설명했다. 대중의 일상에서 예술은 특화될 수 없는 것과 마찬가지로 대중매체도 경시될 수 없다. 대중의 삶에 더 밀착해 있는 대중매체는 일상과 동떨어지면서 존재감을 드러내려는 예술에 비해 훨씬 더 정치적 중요성을 가지는 제도로 인정할 필요성이 생겼다. 윌리엄스나 그의 후에는 예술과 대중문화의 경계를 그처럼 허물고 대중문화 안에서 예술을 둘러싼 쟁점을 찾아 그 정치성을 강조했다.

대중의 삶은 자신들에게 주어지는 조건에 종속되거나 굴복한 결과는 아니다. 주어진 조건과 자신의 일상을 협상해나간 결과다. 텔레비전의 활용도 그런 점에서 절충된 결과이고 앞으로의 절충 방식에 의해 얼마든지 더 변화할 가능성이 있다. 대중의 예술, 문화 생활도 그렇게 노출되어 있다. 이론가와 예술가의 개입 여부와 개입 방식에 따라 변화의 양상은 달라진다. 예술과 대중, 대중문화의 관계에 개입하고자 했던 이론가, 예술가의 동기도 그로부터 찾을 수 있다.

4. 예술과 대중시간, 대중공간, 대중소통

　대중이 일상 내 대중적 소통을 통해 예술을 경험하는 일은 구체적으로 어떻게 발생할까. 대중이 미술관이나 박물관이 아닌 곳에서 일어나고 그로 인해 변화의 움직임이 생길 가능성, 혹은 이미 생기고 있는 현장을 살펴볼 필요가 있다. 예술과 대중의 만남이 선언으로만 그쳐선 의미가 없다. 구체적으로 일상 안으로 예술을 어떻게 도입하고, 경험하며, 어떤 결과를 얻거나 얻을 수 있을지 설명할 필요가 있다.

　예술의 존재가 제대로 설명되는 것 자체만으로도 사회적 유용성을 가질 수 있다. 예술이 대중의 일상에 개입해 반복되는 일상에 균열을 냄으로써 가능해진다. 우선 대중의 일상 시간에 예술이 개입할 가능성을 살펴보자. 대중의 일상은 시간 개념이기도 하다. 현대인의 일상 시간은 불가피하게 자본 혹은 권력의 시간에 노출되어 있다. 늘 상품을 소비해야 한다는 권유에 노출되거나 특정 행위 규범 안에 제한된다. 그 시간은 표준화되어 있고, 균일적이다. 손목에 채워진 시계가 알려주는 물리적 시간이며 우리가 개입할 수 없는 시간이다. 그 시간 안에서 대중은 시간의 대상이고, 시간의 흐름에 몸을 맡기는 객체가 될 뿐이다. 시간을 조정하기는 하지만 여전히 현재의 시계 바늘이 가리키는 시간 개념 안에서의 조정일 뿐이다. 시간을 훨씬 뛰어넘는 상상이나 시간을 뒤로 돌려 그 안에서 행복감을 갖는 노력은 좀체 이뤄지지 않는다.

　일상과는 달리 예술은 근본적으로 반反시간적이다. 예술혼이 발휘되어 만들어진 예술품에 담긴 물리적 시간은 세속적인 시간과 관계가 없다. 예술가의 투혼이 발휘되기 위해서는 예술가로서 단련할 시간이 필요하다. 예술가의 시간은 그런 점에서 늘 숨겨진 시간이 겹쳐 있는 '겹 시간'이다. 연마의 시간이 없다면 예술적 투혼이 발휘될 수 없다. 연마가 이뤄진다고 해서 예술가의 투혼이 곧장 생기는 것도 아니다. 예술혼이 발휘되려면 강림이라는 누구든 쉽게 경험하지 못하는 시간이 전제되어야 한다. 번득이는 시간이 있어야만 예술혼이 발휘된다. 그런 점에서 예술가의 시간은 늘 사건적이다. 긴 연마를 담는 사건, 좀체 오지 않는 번득이는 찰나가 오는 사건. 그 사건이 예술가의 작품 속에 담긴다. 그러므로 예술가의 시간은 사건이 중첩된 시간이다.

예술가가 생산해낸 작품을 감상하는 시간도 사건의 결과다. 예술가의 시간과 만난다는 점에서 새로운 사건이며, 일상이라는 시간과의 단절이라는 점에서도 새로운 사건이다. 예술은 그렇게 새로운 만남의 사건과 단절의 사건을 동시에 담는다. 일상에 변화를 주는 흐름이거나 일상과의 연결을 끊어 새로운 흐름을 시도하는 변곡의 시간이다. 예술이 새로운 시간 감각을 만든다는 것은 그런 의미다. 하지만 오랫동안 우리는 예술이 만든 시간을 회피나 도피의 시간으로 사고, 또는 인식해 왔다. 생산성 없는 환상을 하는 순간으로 받아들이려 했다. 특히 대중문화의 내용에 빠져드는 순간을 백일몽에 비유하는 예까지 있었다. 예술과 예술가가 대중 일상에 단락을 주듯이 대중문화의 내용이 그런 순간을 제공하는 일도 불가능하진 않다. 라이브 공연에서 드러나는 비 반복성, 혹은 차이나는 반복성을 통해 투혼의 시간을 드러내는 일도 가능하다. 대중의 일상에서는 전혀 찾기 어려운 절정을 맞음으로써 권력의 시간으로부터 도피해갈 수도 있다.

새로운 기술이 일상에 가까워지면서 자본과 권력의 시간을 변형해볼 가능성이 늘고 있긴 하다. 무엇보다도 일방적 수용이 아니라 전유 Appropriation 의 가능성이 커졌다. 늘 매체와의 관련성으로 언급되지만 플랫폼은 시간을 조절할 숨구멍을 열어두고 있다. 새로운 시간으로 구성된 재현체를 공유할 가능성도 열어놓고 있다. 과거 미술관이나 박물관 혹은 공연장에서만 가능하던 시연이 새로운 방식으로 이뤄질 수 있을 뿐 아니라 대중의 직·간접적 참여까지 이룰 수 있다. 대중은 자신의 주제를 가져와 예술의 재현 양식에 끼워 맞추거나, 대중문화적 내용과 예술을 콜라주 하는 일도 용이해졌다. 자본과 권력의 시간을 예술의 시간으로 제어하며 새로운 시간 경험을 해보는 일이 가능해진 것이다.

대중문화와 예술이 대중의 일상 시간 안으로 개입하는 일은 비교적 추상화되어 있는 데 비해 일상 공간에 개입하는 일은 널리 경험되곤 한다. 예술이 대중의 일상에 가장 가까이 가게 된 구체적인 예로 도시 재생을 들 수 있다. 근대성이 깊어가면서 생활 터전의 총아였던 도심은 황폐화되기 시작했다. 업적주의 중심의 행정과 무한 이윤 확장을 꾀하는 자본의 결탁으로 도심은 버려지기 일쑤였다. 반대급부로 도시는 교외로 팽창해가고, 그로 인해 자연 훼손과 공간의 계층화가 발생했다. 도심은 어디든 오도 가지도 못하는 버려진 공간이 되고 있었다. 더 이상 도심 확장의 가능성이 없어지자, 다시 도심을 재개발하는 일이 발생한다. 오랫동안 버려진 도심을 지키며 문화 예술 활동을 통해 도심 내 삶의 온기를 불어넣고자 했던 도시 행정가, 활동가, 예술인의 노고를 가로채는 무임승차였다. 그 여파로 젠트리피케이션이 벌어졌다. 자본은 다시 도심을 장악하고 도심에 남아 있던 자들은 그로부터 밀려나기 시작했다. 도시 재생은 그에 대한 반발로 시작된다. 도시를 고쳐 쓰자는 취지다.

재생Re-generation이란 다시 태어나는 일이다. 지난 시간 살아온 방식을 반성하고 도시 안에서 벌어질 새로운 삶을 상상하는 작업이다. 그런 탓에 도시 재생 사업을 할 때 현실에 잘 어울리지 않을 것 같은 새로움을 상상해야 한다. 또한 재생은 단순한 물리적 재생을 넘어서야 한다. 물리적 재생은 물론 문화적, 사회적 재생으로까지 이어져야 한다. 그런 점에서 도시 재생은 도시적 사건이라기보다는 삶의 조건을 새롭게 태어나게 만드는 사회적 프로젝트다. 또한 도시 재생은 민주주의 과정으로 참여자가 모두 동등한 권리를 가지고 있음을 깨닫는 과정이어야 한다. 이 같은 사회 디자인을 해낼 수 있는 총체적 역량을 꾸준히 쌓아온 사회적 제도가 바로 예술 분야다. 자본이 예술가의 노고를 가로챘던 젠트리피케이션에 대한 반성으로 공공 프로젝트를 통해 공간을 재조정하고 상상하는 데 앞장섰다. 예술이 항상 도시 재생의 선봉에 서긴 했지만 대중문화적 내용이 그로부터 아예 결별되어 있진 않았다. 서울 창동의 예에서 보듯이 대중음악의 창작 공간은 도시 재생을 선도하기도 한다. 예술이나 대중문화의 내용이 아니라 그것의 존재 자체가 사건이 되어 도시의 공간을 재인식케 해준다.

대중 일상 안에서 사회적인 것the social을 재구성해내기 위해서도 예술의 개입은 이뤄져야 한다. 네트워크 사회가 도래했다고 말하지만, 정작 소통의 네트워크가 작동된다고 믿는 이들은 많지 않다. 하버마스 Jürgen Habermas가 말했던 생활세계와 체계 간 구분에서 체계를 위한 소통이 빈번할 뿐 생활세계를 향한 소통은 미약하다. 공론장을 구축할 수 있는 기술의 진전을 늘 이야기했지만, 어느 틈엔가 그 기술은 체계를 위해 복무하고 있을 따름이다. 새로운 감각으로 생활세계 소통에 참여할 정동을 만들어내는 일이 절실하다. 사람이 사람과 어떻게 관계를 맺고, 새로운 사람형 기계와는 어떤 관계를 맺을지를 고민하지 않으면 안 된다. 브뤼노 라투르 Bruno Latour의 논의처럼 모두가 연결망 속에 포함되는 시대에 접어들었기 때문이다. 기술이 인간을 정해주거나 인간이 기술을 정해주진 않는다. 기술이 인간을 정해준다는 기술결정론이나 인간이 기술을 정한다는 구성주의적 관점이 아니라, 인간과 기술이 서로 교섭하고 협상하며 연결망으로 연결되어 있다고 볼 필요가 있다.

근대의 헌법하에서는 인간과 비인간이 이분법적으로 나뉘는데, 사실 그 구분 자체가 의미가 없다. 인간과 비인간이 서로 다른 존재인 것처럼 헌법에서 다루어 왔지만, 이는 범주의 오류이다. 우리는 따로 되었던 적이 없다. 그러므로 근대의 헌법은 작동되었던 적이 없었고 우리는 근대인이었던 적이 없는 셈이다. 인간과 인간, 그리고 비인간까지 포함하는 소통 체계를 작동시킬 정동을 만드는 일을 예술이나 문화적 제도가 해내지 않는다면 과연 누가 그 일을 해낼 수 있을까? 대중음악을 통해 팬과의 소통을 꾀하던 이들이 예술을 향해 요청을 하는 이유가 거기에 있다. 예술과 대중문화를 구분짓는 에너지는 둘을 함께 동원하는 데 전용할 필요가 있다. 둘은 배치로 인해 차이가 생겼지만, 본질적 차이를 지닌 것처럼 오인되어 왔다. 텔레비전에 등장하는 대중문화, 화려한 음악당과 박물관의 예술 공연, 전시라는 차이가 그 형식과 내용에서 오는 차이인 것처럼 받아들여졌다. 하지만 그 둘의 배치가 예전과 달리 벌어지는 현상을 자주 목도한다. 도시 재생 현장에 대중음악이 공연되면서 새로운 장소를 경험하는 일, 차이나는 반복으로 공연의 완성도를 높여가며 음악을 통한 쾌락의 절정을 맛보게 하는 일, 팬과의 정동적 교감을 통해 사회적인 것을 챙겨보는 일. 과거 대중문화를 향해 기대해보지 않았던 일이 실제로 발생하고 있으며, 또 여러 공간에서 기획되고 있다. 둘을 따로 떼어놓는 것보다는 병치시켜 얻어내는 이점이 훨씬 더 많음을 경험하고 있다.

5. 다시 BTS로

BTS는 '블랙 스완'과 예술과의 관계를 무용가 마사 그레이엄으로 설명한다. 그의 "무용수는 두 번 죽는다. 그 첫 죽음은 춤을 그만두었을 때다. 첫 죽음은 또 다른 죽음보다 훨씬 더 고통스럽다 A dancer dies twice - once when they stop dancing, and this first death is more painful"라는 말처럼 아티스트로서 음악을 통해 감동시키는 일을 하지 못할 때 자신들이 처할 고통을 늘 느낀다고 어느 인터뷰에서 밝혔다. BTS 역시 이전의 앨범 작업에서는 대중음악을 통해 세상에 대한 관심을 노래했다면, 새 앨범과 곡을 통해서는 예술가로서의 희열과 고통을 나누려 시도한다.

대중문화의 내용이 예술인가 아닌가를 따지는 일은 사회적으로 큰 유용성을 갖지 못한다. 낡은 이분법으로 사회를 재단하고 논쟁하기엔 사회가 헤쳐나가야 할 장애가 너무 깊고 많다. 우리는 더 이상 예술이 특화된 세계에 살지 않으며, 예술 또한 그 장 Field 특유의 규칙을 가진 공간일 뿐이라는 사실을 인정해야 한다. 대중문화와 예술의 관계는 우열 관계가 아니라 서로 다른 장일 뿐이다. 둘의 관계를 고민한다면 당연히 집중해야 할 부분은 둘 간의 배치 Arrangement 다. 사회는 이 서로 다른 장들을 어떻게 새롭게 배치할 것인지, 서로 협력할 수 있는 관계로 만들어 볼지에 대해 질문할 필요가 있다. 과거에 상상했던 것보다 훨씬 더 깊고 풀기 어려운 사회적 문제를 안고 있기 때문이다. 상상해보지 못한 문제들이 도출되고, 그 문제들은 다시 변종으로 지속적으로 나타나는 고질성도 띠고 있다. 차이를 본질적으로 내재된 우열로 치환하는 일은 문제 해결에 어떤 도움도 주질 못한다. 생산적 배치를 통해 깊고 고통스런 문제를 풀 대중의 역량을 키워가야 한다.

대중이 역량을 키워감에 있어 주체가 되어야 할 존재는 아티스트다. 하지만 대부분의 아티스트들이 제한된 행위를 할 조건에 놓여 있다. 아티스트의 운신의 폭은 늘 한정적이다. 그 한정성에 일정 정도 유동성을 줄 수 있는 존재가 곧 대중이다. 앞서 윌리엄스의 '흐름'이 관계에서도 작동되어야 한다. 대중의 정동이 예술로, 혹은 대중문화로, 혹은 둘 간의 연결 배치로 이어지고 다시 대중에 뒤먹임 치는 일을 만들 필요가 있다. 새로운 시공간과 감각을 만들어가는 과정에서도 그 같은 참여와 연결 배치는 필수적이다. 과거 예술가와 이론가가 얻어냈던 성과를 기반으로 새로운 테크놀로지의 활용을 통해 그 같은 일을 해내야 한다.

참고문헌

Bourdieu, Pierre. (1987). *Distinction : A Social Critique of the Judgement of Taste*, (Translated by Richard Nice), Harvard University Press.

Jameson, Fredric. (1984). Postmodernism, or the Cultural Logic of Late Capitalism, *New Left Review*, 1/146, 53~92.

de Tocqueville, Alexis. (2004). *Democracy in America* (Translated by A. Goldhammer), The Library of America.

Williams, Raymond. (1961). *The Long Revolution*, Chatto & Windus.

_____ (1974). *Television : Technology and Cultural Form*, Routledge.

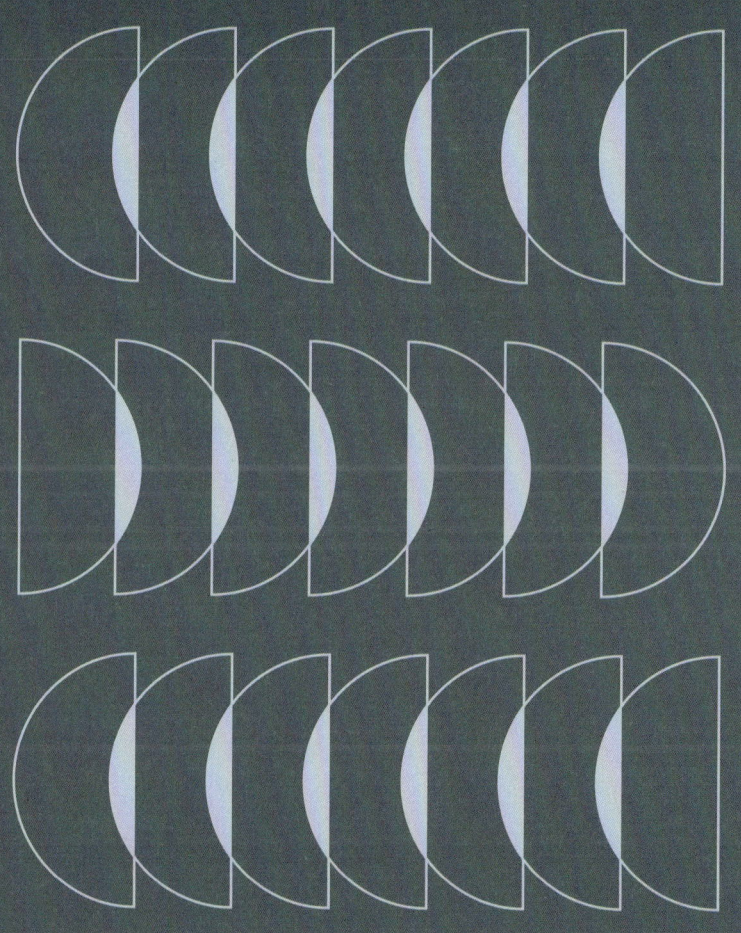

2

방탄소년단이 연
새로운 연대정치의 공간

홍석경(서울대학교 언론정보학과 교수)

1. 들어가는 말

2019년은 뭐니 뭐니 해도 방탄소년단(이하 BTS)의 해였다. BTS는 2018~2019년에 걸쳐 미국 빌보드와 AMA American Music Awards 등의 여러 상과 순위 차트에서 다양한 기록을 수립했다. BTS의 세계적인 인기를 반영하듯, 트위터 등 소셜네트워크상에서 '빌보드 소셜아티스트 상'을 3년째 수상하는 동시에* 미국 내 대중음악 유통의 다양한 결과를 총합해 선정되는 '빌보드 200' 1위의 자리에 1년도 안 되는 짧은 기간 무려 세 개의 앨범을 올려놓았다. 이는 세계 대중음악 역사상 비틀즈에 이어 두 번째다. 2019년 BTS를 전 세계 팝의 최정상에 오르게 한 『Map of the Soul : Persona』에 이어 2020년 2월 말에 나온 앨범 『Map of the Soul : 7』 또한 '빌보드 200'의 1위에 오름으로써, 이제 BTS는 더는 미국에서 '예외적으로 성공한 외국 가수'가 아니라 미국 내 대중음악의 중요한 트렌드로 자리 잡았다.** 이 모두 한국어 위주의 노랫말과 국내 프로덕션에서 이룬 성과이다. 대중문화의 트렌드를 만드는 세계의 청년 세대는 유튜브를 통해 뮤직비디오와 다양한 팬덤 콘텐츠를 소비하고 SNS로 열정적으로 소통한다. 이들은 음반을 구매하기는 하지만, 주로 스마트폰을 이용해 스포티파이와 같은 플랫폼에서 스트리밍으로 음악을 듣는다. 이러한 플랫폼의 현실을 감안해도 이제 케이팝은 경쟁자가 없는 글로벌 대중문화가 되었으며, 케이팝스타 중 BTS는 아직 어떤 한국 대중가수 혹은 비서구권의 대중가수가 자국어로 도달한 적 없는 새로운 지

---

*   2020년 3월 현재 BTS의 트위터 팔로워수는 대략 2,400만 명에 이른다.
** www.wsj.com/articles/seven-reasons-why-south-koreas-bts-is-an-american-phenomenon-11583505183?reflink=share_mobilewebshare

평을 열고 있다.*

 그런데 이들의 성과를 단순히 미국 대중음악 차트 속 순위로 평가하는 것이 온당할까? 혹은 "싸이PSY도 이루지 못한 일을 해냈다", "창출한 가치의 총량" 등 지나치게 피상적이고도 성과 지상주의적으로 '수상 내역' 위주로 평가하는 게 옳을까? 심지어 'BTS가 유발한 경제지수' 등으로 환산하는 몇몇 기사들의 논조에 전혀 동의할 수 없다. 또한 성공의 궤적과 내용이 전혀 다른 싸이와 비교하는 것은 BTS의 행보를 오독하는 것이나 다름없다. 이 글은 한국이라는 특수한 지역에서 태어나 글로벌 스타로 비상한 BTS의 행보가 세계 속에서 수행하고 있는 일에 대한 문화적 의미를 고찰하였다.

---

* 디지털 플랫폼 스포티파이의 데이터는 세계 속 케이팝의 위상을 엿볼 수 있게 해준다. 2014년 1월~2020년 1월 사이 스포티파이의 누적 데이터에 따르면, 이 기간 스포티파이의 케이팝 이용이 1800% 이상 증가했다. 2020년 1월을 기준으로 스포티파이가 서비스되는 79개국 전체에서 케이팝을 듣고 있다. 케이팝 스트리밍은 미국, 인도네시아, 필리핀, 일본, 브라질 순으로 많이 듣는다. 이집트와 베트남의 경우, 작년 대비 케이팝 이용이 30%이상 증가했다. 케이팝 그룹 중 BTS가 1위이고 가장 많이 스트리밍된 케이팝 5곡 중 3곡이 BTS의 곡이다.

2. '방탄소년단'에서 'BTS'로, 전 세계적 스타로의 비상

BTS는 2013년 6월, SM, YG, JYP 등 메이저 연예기획사가 지배하는 한국 대중음악계의 주변부, 작은 대중음악 기획사인 빅히트에서 데뷔했다. 힙합 아이돌이라는 정체성을 앞세우고 '방탄소년단'이라는, 멤버들 스스로도 어색해하는 "수식어가 더 필요할 만큼" 남다른 이름으로 데뷔했다. 기존의 케이팝 아이돌과는 다른 제작, 수용, 미학 체계에 속할 것 같다는 느낌이 감지되는 이름이었지만, 아이돌과 힙합을 동시에 지향하는 평균 나이 20세 미만의 소년들의 등장은 당시의 한국 대중음악계에서는 크게 주목받지 못했다. 본래 언더그라운드 힙합 신에서 이름난 래퍼였던 RM(김남준)과 슈가(민윤기)는 동료 집단으로부터 "(래퍼가) 머리 염색하고 기획사 연습생이 되어 힙합을 한다고?" 하는 식의 조롱을 들어야만 했다. 청년 세대에 쏟아지는 세상의 잘못된 인식과 공격으로부터 보호한다는 의미의 "방탄"이라는 수식어를 장착하고, 초기 앨범의 「학교」 시리즈는 청소년기 학교와 사회 속에서 받는 억압에 대해 노래했다. 이어서 「화양연화」 시리즈에서는 성인기 초입에 들어선 젊은 남성들의 열정과 혼돈, 희망 등을 토로했다. 이어서 BTS가 전 세계에 가시적이고 열정적인 팬덤을 형성하게 만들어준 「Love Yourself」 시리즈에서 드디어 이 세대가 공유하는 정서적 구조에 대대적으로 소구하는 데 성공했다. 2019년에 발표한 「Map of the Soul」 시리즈는 세계 팝 역사상 전례 없이 열정적이고 방대한 국경 없는 전 세계 팬들의 지지로 정상에 오른 그룹으로서의 자기 성찰을 담고 있다. 더는 경쟁이나 비교의 대상이 없고 자신만이 레퍼런스가 될 수밖에 없는 위치에선 고독과 두려움, 자기 확신에 도달하기 위한 내면의 고민의 과정이 펼쳐지고 있다.

　BTS로 하여금 이러한 특별한 성공을 가능케 한 몇몇 덕목들이 있다. BTS 성공의 최우선 요인은 소속사의 우수한 기획력, 멤버들의 우월한 소셜미디어 사용 능력 등에 앞서 그들의 실력 덕분이다. BTS에게 있어 정규 앨범은 그들의 매력을 보일 빙산의 일각에 불과하다. BTS가 다른 준수한 케이팝 그룹과 뭐가 다를까 하는 의문이 드는 독자들이라면 먼저 유튜브에서 무료로 접근 가능한 이들의 많은 곡을 집중해 들어보기를 권한다. 대중적 앨범 사이에 숨어 있는 멤버 개인의 믹스테이프나 컬래보레이션들, 뮤직비디오의 다양함과 높은 수준은 BTS라는 텍스트를 접하면 접할수록 이들 실력의 두께를 느끼게 해준다. 음악과 영상물, 일곱 명의 개성 있는 멤버들이 만들어내는 텍스트는 아이돌로서의 정체성과 자연인의 스토리, 그리고 BTS라는 그룹이 만들어가는 학교, 청춘, 꿈과 상실, 사랑과 이별 등의 테마와 어울려 복합적인 트랜스미디어 세계를 구축하고 있다. 디지털 문화 속에서 태어나 소셜미디어를 연동해 문화를 소비하는 이 시대의 젊은 수용자들은 적극적으로 해석하고 이해할 거리를 지닌 텍스트를 선호한다. BTS는 현재 이러한 세대의 감각과 현실, 문제의식에 소구하기에 최적화된 그룹이다. 이들이 한국어로 쏟아내는 랩은 수많은 언어로 번역되어 세계의 팬들에게는 더욱 집중해야만 음미할 수 있는 텍스트로 다가온다.

그리고 무엇보다 이들의 퍼포먼스는 아름답다. BTS는 '칼군무'라 불리는 케이팝의 형용을 일찌감치 넘어서서 진정한 안무를 통해 메시지를 담은 노래를 형상화한다. 전 세계 보이그룹 중에 무대 위에서의 춤과 노래 실력, 신체적 매력에 있어서 이들과 경쟁할 만한 그룹은 소수의 경쟁자를 제외하면 거의 없다. 이러한 퍼포먼스는 노래의 작곡과 작사에 멤버들이 적극 참여하는 작업 방식, 많은 자율성이 부여된 평소 일과와 연습 방식을 통해서 이룬 것이다. 따라서 기획사라는 공장에서 일률적으로 만들어진 퍼포먼스라는, 그동안 케이팝이 받아왔던 핵심적 비판을 비켜 간다. 이제는 많은 케이팝 그룹이 스스로 프로듀싱을 하고 있지만, BTS의 성공가도에서 이러한 자율성과 이에 기반을 둔 자발적이고 즉각적인 팬들과의 소통은 BTS를 다른 케이팝 그룹들과 차별화된 그룹으로 만들었다. BTS는 케이팝 경제와 팬 문화, 한국의 발달된 디지털 문화로 이루어진 보통의 케이팝 DNA를 공유하지만, 이들이 자라난 환경과 의지, 프로그램의 차이가 BTS만의 정체성을 만들어냈다. 『Map of the Soul : Persona』 앨범에 실린 곡 「작은 것들을 위한 시」에서 BTS는 다음과 같이 자신의 현재 위치와 입장을 상징적으로 설명한다. '팬들의 지지로 하늘을 향해 날게 되었으나 너무 높이 나는 데 집중해서 상승하다가 추락하는 미래가 아니라 다시 팬들에게로 날아갈 것'이라고.

네가 준 이카루스의 날개로
태양이 아닌 너에게로
Let me fly

3. 팬덤, 새로운 연대의 공간

 BTS 현상을 설명할 때 이들의 충실한 팬덤 아미 A.R.M.Y는 핵심적으로 중요하다. 이들은 BTS의 앨범 판매와 콘서트의 표를 기록적인 시간 내에 기록적인 수치로 매진시키는 것뿐 아니라, 자국 미디어의 보수적인 저널리스트와 MC들이 BTS의 곡을 방송할 수 있도록 이해시키기 위해 총력을 기울이는 등 BTS가 정당한 평가를 받을 수 있도록 홍보에 열중해왔다. BTS와 그 팬덤 아미는 문화산업 내의 공생관계를 넘어서 성장 서사를 공유하는 일종의 공동 운명체다. 아미는 케이팝 한국 팬덤이 1990년대부터 만들어온 여러 팬덤 문화를 공유하면서, BTS의 이름으로 선행을 조직하고, 이들을 알리기 위해 가장 눈에 띄고 자국의 매체의 눈길을 끄는 방식으로 BTS의 프로모션을 진행해왔다. 데뷔 전부터 공통의 SNS 계정을 지닌 BTS 멤버들은 팬들과의 일상적인 소통을 통해 전 지구적인 친밀감을 형성했다. 콘서트장이나 텔레비전 녹화 등 BTS 멤버들이 모습을 드러내는 모든 경우는 줄을 서서 스타를 기다리는 아미들의 오프라인 미팅 장소가 되고, 이들은 기다림을 일종의 축제처럼 즐김으로써 자국의 매체에 크게 어필해왔다. 많은 팬이 콘서트장에 수일 전에 도착해 텐트를 치고 처음 만난 사람들과 서로의 경험과 식사를 나누며 시간을 보내는 장면은 과거 점령 운동 Occupy Movement 을 연상시키는 기이한 광경을 만들어냈다.

 BTS를 기획한 빅히트 역시 팬들의 이러한 지지와 조직력에 응답했다. 2019년 2~3월 사이에 기획한 아미피디아 Armypedia 가 대표적 사례이다. BTS의 데뷔 이후 이벤트일까지 2,080일간의 기억을 팬들이 공유하고 선택하는 일종의 게임으로, BTS와 아미가 공동의 집단 기억을 만드는 기획이었다. 서울, 미국 로스앤젤레스와 뉴욕, 일본 도쿄, 영국 런던, 프랑스 파리, 홍콩 등 7개 도시의 크고 작은 스크린에 QR 코드를 흩뿌리고 팬들이 이것을 찾아 특정일에 BTS 아카이브를 선택하는 일종의 증강현실 게임을 만든 것이다. 규모면에서든 기획면에서든 아미피디아는 BTS가 2019년 지구상에서 팬들과 이런 게임을 수행할 수 있는 유일한 그룹임을 전 세계에 보여준 큰 이벤트였다. 이 행사는 국내 주요 포털 사이트의 실시간 검색어는 물론 트위터 전 세계 트렌드에 올랐다. 세계 각지에 흩어져 있던 팬들은 SNS를 통해 게임의 룰을 공유하고 서로 도우며 2,080개의 퍼즐을 채워나갔다.*

이처럼 반응하는 팬덤은 디지털 문화가 그 가능성을 확대시킨 적극적인 청중 Active audience 이며, 이제 적극적 청중으로서의 자발성과 창의성을 넘어서 네크워크로 연결된 청중 Connected and networked audience 으로 작동한다. 이 네트워크는 위아래가 있는 조직이 아니라 일종의 중심 없는 네트워크, 나무뿌리처럼 여러 방향으로 연결된, 데리다 Jacques Derrida 의 용어를 빌리자면 '리좀적인' 연결체라고 할 수 있다.** 그런데 이처럼 중심 없는 연결체인 아미는 강한 정체성을 지니고 있다. 그렇다면 우리가 아미라고 부르는 세계의 BTS 팬들은 인구학적으로 어떤 특징을 지닐까? 대중음악 스트리밍 플랫폼 스포티파이의 2020년 1월 데이터에 따르면 케이팝의 팬은 73%가 여성이고, 케이팝 소비자의 53%가 18~24세이다. BTS의 팬덤이 공동

---

* 빅히트는 이어서 위버스(Weverse)라는 아미들의 플랫폼을 만들어 팬덤 소비와 연결된 팬 커머스 앱 위플레이(Weplay)와 연동시켰다. 이러한 회사의 개입이 자발적인 팬덤 문화에 어떻게 영향을 미칠 것인지가 향후 주목된다.
** 이지영 (2018). 『BTS 예술혁명』, 서울: 파레시아.

의 행동을 조직하는 방식을 볼 때 유튜브와 SNS 사용이 익숙한 밀레니얼과 Z세대가 중심이다. 유튜브의 댓글, 대형 콘서트 현장에서 관찰할 수 있는 현상, 그리고 전문가들의 공통된 의견을 고려하면, BTS 팬덤은 보통의 케이팝 팬덤보다 남성 비율이 높고 40대 이상도 많은 편으로 팬덤의 연령대가 넓다. 2020년 3월을 기준으로 BTS의 트위터 팔로워는 2,400만여 명이며, 어려운 시험을 통과해야만 회원이 될 수 있어 해외 팬들은 접근이 어려운 다음 팬카페 '성원'이 1,506,079명, 빅히트가 팬들의 공식 플랫폼으로 만든 '위버스' 가입자가 3,598,787명이다. 이를 고려할 때 BTS 팬덤의 코어는 '위버스'보다는 많지만 트위터 팔로워보다는 적은 중간대의 어느 선으로 추정할 수 있다. 이처럼 숫자로 표현되는 팬이 아닌 구체적인 팬 개개인은 어떤 사람들일까? 유명인을 어느 정도 좋아해야 그의 '팬'으로 스스로를 정의할 수 있는 것일까? 더 나아가 팬의 집단 정체성이 매우 강한 '아미'의 정체성을 받아들이는 계기는 무엇일까? 이런 질문을 팬덤 외부로부터의 관찰을 통해 이해하는 것은 쉬운 일이 아니다. 그러나 집단이 공유하는 경험의 추적은 그 집단정체성의 내용을 충분히 엿볼 수 있게 해준다.

BTS를 좋아한다는 이유로 네트워크로 서로 연결된 수평적인 집단으로서의 아미가 어떤 새로운 경험의 장을 열고 있는가는 이들이 그동안 해온 일들을 통해 알 수 있다. 이들의 많은 집단 활동은 위에서도 언급했듯 일단 케이팝 팬덤들이 이미 국내 차원에서 해오던 일들과 그 방식도 유사하다. 예를 들어 케이팝 국내 팬들이 자신들이 지지하는 스타의 이름으로 국내외 자선활동을 하는 것처럼, 아미도 자선활동을 조직한다. 정기 자선단체 '아미로 한데뭉쳐 One In An Army'는 '큰 팬덤, 큰 차이 Big Fandom, Big Difference'를 슬로건으로, 빅히트와 BTS의 메시지(세상에 선한 영향력을 미치자)와 유사한 영향력을 추구하는 기부 활동을 조직한다. 그러나 이러한 활동이 전 지구적 차원에서 벌어지기 때문에, 국내 팬덤의 활동이 동반하던 이슈들이 전 세계적인 대형 이슈가 된다는 근본적인 차이가 생긴다. 이 이슈가 어떤 정치적 의미를 띠는지 여부는 이슈가 전개되는 곳의 맥락에 달렸다.

한국 내 팬덤 문화가 정치성을 띨 가능성이 어떤 정치 사건을 통해 가시화된 적은 없으나, 그 가능성은 이미 여기저기에서 감지된다. 무엇보다 팬덤의 경험으로 얻어진 여성의 자발적인 조직 능력이 팬덤 밖의 사건 속에서 발휘되는 경우 역시 존재한다. 2016년 강남역의 묻지마 살인 사건 당시, 강남역 지하철 출구의 애도 행렬을 관장하던 30대 중반 여성들의 자발적인 참여가 눈에 띄었는데, 이들이 과거 H.O.T.나 god 등 1990년대 중반 1세대 아이돌 팬덤의 간부들이었다는 증언이 있다. 또한 2008년의 촛불 중학생들은 2020년 현재 자발적 조직이 가능한 20대 후반의 페미니즘 메시지에 민감한 성인 여성들로 성장했을 것이다. 이들이 어떤 이슈를 만났을 때 자발적인 행동을 조직할 능력을 충분히 지니고 있으리라는 점을 쉽게 상상할 수 있다. 2016년 겨울 박근혜 대통령 탄핵 촛불 시위에서 볼 수 있었던 민주팬덤연대 Democratic Fandom Union의 깃발은 한국에서 젊은 여성의 집단 행동으로서의 팬덤에 대해 관찰해온 여러 연구자들에게 향후 팬덤이 정치적 이슈에 참여할 가능성을 확인해주는 증표와도 같았다. 한국 연예 문화의 특성상 팬덤은 자신이 지원하는 연예인의 실추와 고생을 원치 않기 때문에 일반적으로 자신의 스타가 정치적으로 참여하는 것을 그리 긍정적으로 보지 않는다. 팬덤 자체가 정치적으로 단일한 입장을 지니고 있지도 않기 때문이기도 하다. 그러나 BTS의 국내 팬은 초기부터 BTS에 대한 비판을 서슴지 않았던 것으로 드러난다. 이들은 때로는 질문하고(리더 RM의 가사 속 여성비하 문제를 지적함) 압력을 넣는 등(일본 작곡가와 협력이 발표되었을 때 그의 극우 성향을 문제 삼아 협력을 반대함) 정치적 입장을 드러내고 개입했다.

BTS의 해외 팬덤이 이러한 한국 팬덤 문화로부터 구체적으로 어떻게 직·간접적 영향을 받는지를 경험적으로 확인하기는 힘들다. 그런데 특히 미국 팬들이 BTS의 성공을 위해 조직한 적극적인 활동을 보면, 한국 팬덤 문화가 글로벌한 차원에서도 확대 재생산되고 있음을 알 수 있다. 또한 BTS의 해외 팬들은 BTS가 전달하는 메시지에 민감하게 반응한다. 이것은 전통적으로 서구 대중문화에서 사회문화적 의미가 있다고 평가되는 모든 스타와 인기인을 둘러싼 인기 현상에서 발견되는 특성이기도 하다. 그런데 서구의 BTS 팬들은 현재 서구에 BTS처럼 메시지를 지닌 아티스트들이 없음을 호소한다. 이들에게 꾸준하고 일관성 있게 메시지를 구축해나가는 BTS의 행보야말로 BTS만이 지닌 엔터테인먼트적인 가치를 넘어서서 서구의 팬들에게 어필하고 있음이 팬을 인터뷰하는 과정에서 드러난다. 어려운 시절을 극복하고 비상했다는 '언더독Underdog 서사'를 지닌 BTS 멤버들의 성장과 성공은, 부모 세대보다 뒤처진 삶의 조건을 받아들여야 하는 전 세계의 청년 세대에게 큰 울림으로 다가왔다. 이들은 BTS가 경험에 기반한 진솔한 가사를 통해서 "스스로를 사랑하자"는 강력하고 보편적인 메시지를 만들고 유니세프 UNICEF와 연결되어 유엔 UN 연설을 하자, BTS의 정치적 입장과 기투 企投에 대해 더욱 큰 믿음을 지니게 된 듯하다. 특히 유니세프 연설에서 강조되었던 "피부 색깔과 어떤 젠더 정체성인지와 상관없이"와 같은 어구는 흑인 여성 아미들과 동성애 커뮤니티에게는 커다란 인정과 지지를 보내는 것이어서 부모 세대보다 훨씬 다문화적이고 정치적 올바름을 중시하는 청년 세대 아미들에 의해 큰 박수 속에 수용되었다.

BTS 멤버 지민이 2017년에 입었다는 팬이 보내준 티셔츠로 인해 발생한 한일 네티즌 사이의 갈등과 해결은 아미의 실질적인 조직력과 정치적 지향성을 보여주었다. 지민의 티셔츠에는 원폭 장면을 배경으로 대한독립 만세를 부르는 사람들의 모습과 "애국주의, 우리의 역사, 해방, 한국 Patriotism, Our history, Liberation, Korea"이란 문구가 쓰여 있었고, 이 티셔츠가 온라인에서 가시화되자 일본으로부터 비인도주의적 메시지라는 비판과 혐한 담론이 드세졌다. 이 일로 BTS의 연말 일본 방송프로그램 출연 및 다른 미디어 출연이 연달아 취소되었는데, 이와 동시에 한일간 역사를 잘 모르는 전 세계의 팬들에게 한국을 침략한 일본의 만행을 알리는 계기가 되었다. 티셔츠 사건에 대한 국제적 반응은 한편에서는 원폭 피해자들에 대해 무감했던 부분에 대해서는 BTS가 비판을 받았고, 지지자들은 그런 의도가 아니었으므로 용서를 구하면 된다고 주장했다. 이 당시 일군의 팬들은 지민의 티셔츠 사건의 맥락과 진상에 대한 백서를 발표했는데*,

---

* www.whitepaperproject.com/ko/

이 백서는 사건의 맥락을 조선말 일본의 제국주의적 침략과 무력 강점으로까지 올라가서 세밀한 각주를 달며 설명함으로써, 전 세계의 아미에게 한일 두 나라의 불행한 과거에 대한 역사적 지식을 높이는 계기가 되었다. 이것은 소수 팬의 지적 컬래보레이션이 팬덤 내에서 리더십을 발휘한 중요한 사례이다. 그 이후 해외 아미들은 광주 세계수영선수권대회의 프로모션 콘서트에 출연하는 BTS를 보러 광주에 방문하면서, 광주 출신 BTS 멤버 제이홉이 노래에서 언급하기도 했던 광주항쟁 희생자 묘지를 먼저 참배하기도 했다. 비록 BTS 멤버들이 어떠한 공공연한 발표도 하지 않지만, BTS 멤버들의 생각과 감정을 공유하는 아미는 정치적 이슈와 참여에 있어서도 이들의 사고와 태도를 지지하거나 근접한 행동을 취한다.

BTS와 아미가 만들어내는 연대 정치의 효과는 사실 가시적인 이벤트 중심의 무엇이라거나, 사건이 발생했을 때 터져나오거나 조직되는 반응의 형태보다는 밀레니얼과 Z세대가 공유하는 경험 속에서, 그리고 젠더와 인종이 교차하는 영역에서 두드러진다. 이 시대의 청년 감수성을 지니고 그들과 같은 어법으로 소통하는 BTS는 신자유주의 세계화가 극심하게 진행된 한국이라는 동아시아의 남성이라는 사실, 그리고 그들이 저항할 수 없이 매력적으로 다가온다는 사실 그 자체가 전 세계의 서로 다른 문화권과 상이한 상황의 국가에 흩어져 있는 팬들에게, 젠더와 인종에 대한 선입견을 뒤흔들고 새로운 젠더와 인종에 대한 상상력의 공간을 열어주고 있다.

4. 젠더와 인종이 교차하는 새로운 연대
: 대안적 남성성과 동아시아인 정체성

BTS의 세계 공연투어는 SNS 세계를 떠들썩하게 만드는 BTS의 팬덤을 잘 이해하지 못하던 외국 기자와 평론가들이 맨눈으로 팬덤 현상을 직접 접하는 극적인 현장이다. 미디어에서 대서특필되는 이유도 팬들이 일찌감치 텐트를 치고 기다린다거나 엄청난 줄을 서면서도 축제적인 모습을 보이는 현상이 미디어제닉Mediagenic해서이기도 하지만, 근본적으로 이들 대부분이 BTS 팬덤을 제대로 이해하지 못하기 때문이다.

이들이 콜드플레이나 U2, 원디렉션의 팬덤보다 BTS의 팬덤에 놀라는 것에는 분명 인종주의적 편견이 들어있다. 서구 기자들은 노골적인 섹스 어필을 하는 서구 아티스트는 비판하지 않으면서 케이팝 아이돌의 복근 노출은 비판하곤 한다. 케이팝과 BTS의 팬들은 이것을 서구 문화중재자Cultural intermediaries의 인종주의적 태도 때문이라고 이해한다. 그동안 서구의 엘리트 기자들은 케이팝이 어린 연습생들을 지나치게 훈육하고 착취한다며 한국 연예산업을 비판해왔다. 몇몇 연예인들의 자살 사건이 이런 주장을 강화해 주었다. 케이팝의 성공은 산업적 성공이고 산물일 뿐이지 아티스트성을 발현시킬 수 없는 억압적인 문화라는 인식이다. 그런데 BTS의 경우 서구의 문화적 중재자들이 이러한 비판을 일률적으로 쏟아부을 수 없는 예술적 자율성과 메시지를 지녔기 때문에 더욱 이들의 섹스 어필이 불편한 것인지도 모른다.

서구의 기자와 비평가들이 케이팝 아이돌 그룹과 BTS가 섹스 어필하다고 보는 것, 더 나아가 이들의 섹스 어필이 위험하고 관습을 넘는Transgressive 행위라고 보는 것 자체가 흥미로운 분석 대상이다. 역사상 서로 다른 문화의 존재만큼이나 다양한 성적 매력에 대한 담론이 있었고, 매력적인 이성이나 신체에 대한 기준은 항상 달랐다. 어느 시대든 성적 매력은 하나의 권력으로써 그 사회의 지배적 가치관을 구현하는 방향으로, 또는 그것과의 관계 아래서 정의되어 왔다. 오랫동안 할리우드가 생산하는 스타들의 이미지가 전 세계의 대표적인 남성성과 여성성이 되어 청소년들의 예민한 감각을 자극하는 영상으로 소통됐다. 모두가 동의할 수밖에 없는 '보편성'을 지닌 지배적 남성 Hegemonic masculinity이려면 이성적이고 강한 의지를 지녀야 하며, 이 능력을 위기 시에 수행할 수 있는 근력을 지니고, 여기에 매력적인 외모를 지니면 더욱 좋다. 감정이나 나약함을 쉽게 표현해서는 안 되고, 유머가 있어야 하며, 외모가 출중하면 더욱 좋다. 서구의 스타들이 이 모든 조건을 충족시키지는 못하지만, 이들은 단순히 외모만으로 평가받지 않았다. 미디어 셀러브리티의 시대, 지배적 남성성의 구현은 더욱 복잡한 미디어 이미지, 개인 캐릭터와 인생사가 결합된 스토리로써, 다차원적인 이야기로 존재한다. 이 이미지는 그동안 여러 변화를 겪으며 보다 포스트모던하게 바뀌었으나 지배적 남성성이 구현하는 가치에는 큰 변화가 없었다.

그런데 BTS는 무대 위에서나 뒤에서나, 상냥하고, 다정하고, 감정을 자유롭게 표현하며, 웃고, 까불고, 의기소침하고, 눈물을 흘리는 등 모든 것을 보여주는 남자들이다. 20세 전후의 나이에 7년 동안이나 같이 살면서 형과 동생, 친구가 된 이 그룹은 미디어를 위한 연출이라고 이해하기엔 너무도 자발적인 방식으로 서로를 배려하고, 어떤 남성성에 대한 기존 기준에 개의치 않고 자유롭게 감정을 드러내는 모습을 보여주었다. 감정의 억제와 자기 통제, 이성적 판단에 가치를 두는 지배적 남성성의 시선에 비해 이들은 주변적이고, 여성적이며, 유아적으로 보일 수도 있지만, 팬들은 BTS의 이런 측면을 인간적이고, 리얼하며, 소프트한 남성성으로 이해한다. 데뷔 초기에 힙합 문화의 강한 남성성을 어필하는 과정에서 여성에 대한 옳지 않은 표현으로 팬들로부터 비판을 받은 후, BTS는 아미의 절대 다수를 차지하는 여성과의 연대 및 동시대 페미니즘의 감수성에 대해 민감하게 대처하며, 보다 현실에 가까운, 지배적 남성성의 긴장에서 벗어난 모습을 보여줄 수 있도록 스스로를 해방시켜왔다.

이들은 일상을 공유할 뿐 아니라 서구의 동성문화 규범을 벗어나는 멤버들 간 신체적 친밀성을 그대로 드러낸다. 아이돌 문화가 보여주는 이런 동성 친밀성은 동성애와 구분되지만 굳이 그 가능성에 대한 팬들의 환상을 거부하지 않는다는 점에서, 미국의 젠더 연구자 이브 세지윅 Eve Sedgwick이 주장하는 것처럼 동성애를 반박하거나 억압하지 않는다. BTS와 여러 케이팝 아이돌이 보여주는 이런 새로운 남성성은 다양한 해석이 가능하도록 충분히 "혼종적"이면서 부드러움이 장착된 이성애 남성성이다. 이 남성성은 인종적으로 다문화에 열려 있는 동시에 이들이 서구적 주체인 개인으로서가 아니라 팀을 유지하며 성공했다는 점에서, 개인 간 무한 경쟁을 독려하는 신자유주의적 성공 주체인 지배적 남성성에 대안적이다. 미국 팬들은 인터뷰에서 입을 모아 BTS의 부드러운 남성성이 반독소적이고 반트럼프적이라고 한다. 트럼프 대통령으로 상징되는 신자유주의적이고 권위주의적인 미국의 동시대 지배적 남성성을 독소적 남성성 Toxic masculinity이라고 부르며, BTS가 보여주는 남성성을 '대안적' 남성성, '반독소적' 남성성 Anti-toxic masculinity이라고 평한다.

BTS가 보여주는 이러한 부드러운 남성성을 구성하는 모든 담론과 장면과 일상과 이미지들은, LGBTQ Lesbian Gay Bisexual Trans and Queer의 정체성을 지니거나 이 운동에 연대하는 청년들, 다시 말해 이분법적인 Binary 성 정체성을 거부하는 청년 세대가 새로운 젠더 감수성을 투사할 수 있는 원재료가 된다. BTS가 팬들에게 지배적 남성성에 대안적일 뿐 아니라, 이분법적이지 않은 젠더 정체성을 재교섭할 수 있는 자료를 널리 제공하고 있다는 사실은 이들이 동아시아의 한국 청년이라는 사실과 연동해서 더욱 의미 있는 연대의 장을 연다.

BTS 공연 현장에서 볼 수 있는 팬들의 인종적, 문화적 다양성과 최근 몇 년 사이 두드러지고 있는 연령 확장성까지 고려할 때, 온라인상에 인종 문제 담론의 열렬한 현장이 펼쳐질 것을 상상할 수 있다. 이미 BTS의 글로벌 인기 속에서 여러 가지 인종적 긴장이 표현된 바 있는데, 크게 국내외 팬들 사이의 화이트워싱 White Washing 논쟁과 흑인 문화의 전용으로 요약된다. 국내 팬들은 BTS 멤버들뿐만 아니라 케이팝 스타들의 사진에서 흰 피부색이 두드러지도록 보정하는 경향이 있는데, 외국 팬들은 이것을 서구의 백인중심성 미학에 종속된 화이트워싱이라고 비판한다. "아이돌들은 그냥 자기모습대로 더 아름답다"고 주장하며 사진을 더욱 황색이 강조된 진한 컬러로 보정하는 옐로우워싱 Yellow Washing을 실천한다. 국내 팬들은 외국 팬들의 황색 보정이 더욱 식민주의적이라고 반박한다. 화이트는 백인을 더 아름답다고 생각해서가 아니라 미백이 전통적인 미의식에 기초한 것이라는 주장이다.

이러한 온라인 토론은 어느 쪽이 올바른가의 여부와 상관없이, 특정 사례를 넘어서서 토론에 임하고 그것을 관망하는 많은 팬들에게 자신이 지닌 인종 감수성을 성찰할 수 있는 계기를 마련한다는 점에서 의미가 있고 정치적이기도 하다. 한국 텔레비전에서 자주 볼 수 있었던 코미디언들의 흑인 분장이나 바나나, 원숭이 조크 같은 것들이 큰 비판 없이 발설되던 시절에 비하면 이러한 토론은 진일보한 것임에 틀림없다.

BTS 국내 팬의 인종적 상상력의 변화는 다른 곳에서도 발견된다. 일부 케이팝 팬들은 해외 팬을 외국인 팬과 바퀴벌레를 합성한 명칭인 '외퀴'라고 부르며 노골적으로 '외국인혐오증 Xenophobia'을 드러낸 적이 있다. 외국 팬들을 '떼로 몰려와 해를 끼치고 우리에게 피해를 주는 바퀴벌레'로 비교하는 일은 다른 문화에 익숙지 않은 한국인들이 갖는 감정을 넘어 타문화를 폄하하는 일이다. BTS의 팬덤은 이러한 적대적 호칭을 문제 삼았고, 국내 '아미'는 해외 팬들을 '외퀴' 대신 '외랑둥이(해외 팬+사랑둥이)'라고 부르며 이들의 활동에 오히려 감사를 표시했다. BTS 또한 사우디아라비아나 동남아시아 공연 등에서 현지의 종교적 제약과 소수자, 장애인을 배려하며, 음악적 내용뿐 아니라 공연문화에서 진일보한 이문화 감수성을 보여준다.

한편 전 세계에 팬덤을 지닌 BTS는 케이팝 팬덤 내부의 인종주의적 문제를 전면에서 겪고 있다. 이 때문에 유독 BTS에 문제들이 집중되어 드러나는 것처럼 보이기도 한다. 다른 케이팝 그룹들이 랩을 음악적 스타일로 차용한 반면 BTS는 데뷔 때부터 아이돌 정체성과 힙합 정체성을 결합해 유지해왔기 때문에, BTS의 팬들로부터 다원주의적 올바름에 대한 요구가 더 강한 것으로 보인다. BTS는 데뷔 초기부터 힙합의 진정성이란 흑인의 힙합을 단순히 스타일로 차용하지 않고 자신의 경험에 충실하고 현실에서 우러나는 진정한 경험을 표현하는 것으로 간주하고, 이를 알아가는 과정을 팬들과 공유했다. 서구 팬들 중에는 성공의 결과로 얻은 돈 자랑과 힘 자랑을 내세운 미국 힙합보다, 현실 속 삶의 내용에 솔직한 한국 힙합이 더 진정하다고 하기도 한다. 흙수저 과거를 딛고 팀의 노력을 통해 이룬 성공 서사를 팬들과 공유하고 있는 BTS야말로 이러한 한국 힙합의 진정성을 공유하고 있다는 것이다. 데뷔 초기에 Mnet에서 방송된 〈아메리칸 허슬 라이프〉(2014년 7월 방송)가 증명하듯 BTS가 직접 미국의 흑인 대중문화를 접하고 배웠다는 사실은 오늘날 이들이 힙합 정체성을 유지하는 데 크게 기여하고 있다. BTS가 미국의 흑인 음악인들과 협업하는 것은 음악적인 이유를 넘어서는 중요성을 띈다. 전 세계 팬들에게 BTS가 단지 다른 케이팝 그룹처럼 흑인문화의 요소를 스타일로만 차용하지 않고 진정으로 배우고 이해하고 인용하고 있다는 중요한 평가를 유지할 수 있게 해주기 때문이다.

BTS는 지금 한류와 케이팝 스타 어느 누구도 걷지 않은 길의 맨 앞에 서 있을 뿐만 아니라, 어떤 동아시아의 스타도 가본 적 없는 길을 가고 있다. BTS가 동아시아의 한국 스타가 아니라 세계 속의 동아시아 스타로서 보여주는 인종적 대표성은 아시아인들의 힘돋우기 Empowering에 매우 중요한 역할을 한다. 그동안 일본이 경제 강국으로 등장하고 중국이 슈퍼파워가 되더라도, 이들은 세계 속에서 보편적인 가치를 소통하는 주체가 되지 못했다. 미국 대중문화 콘텐츠 속 동양인의 모습이 갈수록 입체적으로 형성되고 있지만, 전 세계적 히트를 하는 대중문화 콘텐츠 속에서의 모습은 미친 듯이 부자인 아시아인이거나(영화 〈크레이지 리치 아시안〉), 싸이처럼 실력과 상관없이 코믹한 이방인으로서의 동아시아인, 또는 미성년의 연습생들이 군대와 같은 훈련을 통해 블링블링한 퍼포먼스를 보여주는 케이팝 아이돌들뿐이었다. BTS는 지구상 어느 누구든, 종교, 인종, 성 정체성이 무엇이든 스스로를 사랑하고 자신의 목소리를 내라는 보편적인 메시지를 통해 '선한' 영향력을 전파하고자 하는 최초의 주체로 등장했다. BTS는 소수자성을 잃지 않고, 즉 아시아인의 특성을 잃지 않고 매력적인 남성으로서 세계를 향해 보편적인 메시지를 담지하는 주체가 되는 데 일단 성공한 것으로 보인다. 한류가 추동하는 동아시아의 미백 문화가 이 지역에 새로운 화이트성의 위계를 만들거나 한류가 물신화되지 않도록, 이러한 위험을 의식하고 주의하는 일은 한류와 케이팝 종사자들, 담론을 만들어내는 미디어 종사자들 모두가 앞으로 주의해야 할 부분이다.

5. 나가는 말

2020년 초, 새 앨범 『Map of the Soul : 7』을 발표해 단번에 400만 장이 넘는 기록적인 앨범 판매와 빌보드 200의 네 번째 정상을 차지한 BTS는 아카데미 4관왕의 봉준호 감독, 〈기생충〉과 함께 전 세계의 관심을 끌고 있다. 동아시아의 작은 나라 한국의 대중문화가 어떻게 전 세계가 알아보고 사랑할 수 있는 보편성을 얻을 수 있는지에 대해 관심이 집중되었다. 〈기생충〉의 주거 환경이 상징적으로 드러낸 한국적인 빈부격차 현실은 비단 한국만의 것이 아님을 세계가 확인해주었다. 또한 대학 입시를 위해 아이들을 갈아 넣는 한국의 교육시스템을 떠나 기획사의 연습생이 된 BTS 멤버들의 불안 극복 성공담은 신자유주의와 세계화 속에서 미래가 없다고 느끼는 전 세계 청년들에게 자신의 이야기로 다가왔다. 일곱 명의 청년들이 아름답게 보여준 팀으로서의 성장과 성공은 개인 간 쟁투와 경쟁의 세계에 대안적인 성취라는 희망을 안겨주었다. 이들의 남다른 동성 간 친밀성과 부드러운 남성성은 강한 백인 주체들의 세계를 살아가는 청년 세대에 대안적 남성성의 재료를 제공하고 있다. 이들이 매력적인 동아시아인으로서 자국어인 한국어로 노래하고 소통하면서도 폐쇄적인 미국 대중문화의 정상을 차지한 것은, 〈기생충〉이 영문 자막을 달고 아카데미 작품상을 받은 것과 더불어 한국이라는 로컬이 지닌 보편성을 확인해주었다.

2020년 3월, 세계는 공식 명칭 'COVID-19'라는 바이러스와 싸우고 있다. 세계화가 진전되어 수천만의 인구가 동시에 국경을 넘어 움직이는 현재, 기후변화와 환경파괴로 야생동물과 인간의 접촉이 늘어나는 현재, 바이러스의 창궐은 예상 가능한 시나리오였다. 그런데 바이러스보다 더 무서운 인종혐오가 바이러스를 동반하며 상황을 악화시키고 있다. 유럽과 북미에서 하루가 멀다 하고 동아시아인에 대한 인종혐오적 사건·사고가 보고되고, 소셜네트워크에서는 온갖 흉흉한 혐오의 소문이 유통되며, 정치인은 별다른 과학적 근거 없이 국경을 봉쇄했다. BTS가 쌓아온 '선한 영향력'은 어디서 어떤 형식으로 인종혐오와 맞서고 있을까. 바이러스로 인해 4월에 예정되었던 서울 공연이 취소되자 힘들게 티켓을 구한 팬들의 분노가 있었으나, 이들은 곧 환불받은 티켓 값을 바이러스 퇴치를 위한 기부금으로 내자는 운동을 벌였다.

전 세계의 팬을 향해 자기애의 메시지를 설파해온 BTS는 메시지의 내용과 상관없이 그들의 존재 자체를 통해 청년 세대에게 젠더와 인종이 교차하는 새로운 감수성과 연대의 장을 열어주었다. BTS가 자기애와 자기성찰을 담은 최근 앨범들에서 한 걸음 더 나아가, 팬덤 아미의 대부분을 구성하는 밀레니얼 세대와 Z세대의 감수성과 열정이 집중되는 분야에 관심을 갖고, 이를 겨냥하는 메시지를 생산할 때 어떤 일이 벌어질까? 개인의 행복과 위로, 구원의 메시지가 이 세대가 함께 살아갈 사회와 환경에 대한 이슈에 접목되는 순간을 상상해본다. 밀레니얼과 Z세대에서 채식주의자가 늘어나고 있으며, 이들은 코에 빨대가 꽂혀서 잡힌 바다거북이의 영상에 폭발적으로 분노한다. BTS 멤버들은 여느 한국의 아이돌처럼 여전히 치킨과 한우를 즐겨 먹지만, 애완견을 사랑하고, 자전거를 타고 이동하며, 자연과 예술을 사랑한다. 이러한 BTS 멤버들의 이미지는 이들이 자기애라는 철학적 보편성으로부터 자연보호나 환경이라는 전 지구적인 생존의 문제로 나아가더라도 전혀 큰 괴리가 느껴지지 않을 정도다. 미세먼지든 방사능이든 한중일 갈등 요소가 내포된 민감한 동아시아의 지역적 환경문제가 아닌 전 세계적 이슈, 즉 기후변동의 묵시록적 미래를 피하기 위해 그레타 툰베리 Greta Thunberg가 대표하는 이 시대 청년 감수성을 포용하는 것은 충분히 가능한 일로 보인다. 대규모 세계 투어공연의 실현 가능성이 희박해지는 바이러스 이후의 세계에서, BTS가 담지할 메시지가 어떻게 아미와 공명하며 연대의 장을 공진화할지 주목된다.

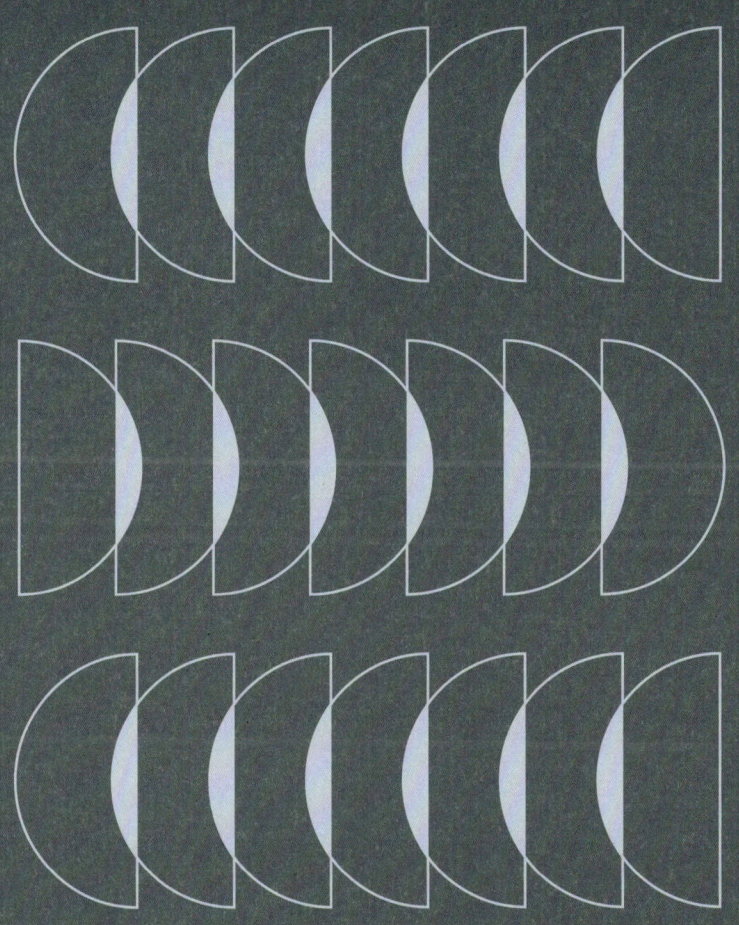

3
탈바꿈의
문화행정

김정수 (한양대학교 행정학과 교수)

1. 들어가는 말

한류는 우리나라 문화사에서 가장 경이로운 현상이다. 역사적으로 한국은 거의 언제나 선진국의 문화를 동경하며 일방적으로 수입만 하는 입장이었기 때문이다. 해방 이후 수많은 한국 청소년들이 미국이나 일본의 대중문화를 동경하며 해외 스타를 열렬히 흠모했다. 오랫동안 외국 문화에 대한 일종의 열등감에 젖어 있던 많은 한국인들에게 한류는 선뜻 이해가 되지 않을 정도로 놀랍고 신기한 현상이 아닐 수 없다. 특히 근래 들어 엄청난 글로벌 팬덤이 형성된 아이돌 그룹 중심의 케이팝은 세계 음악시장에서도 크게 주목받는 존재로 발돋움했다. 전 세계 주요 미디어가 방탄소년단BTS을 팝의 전설 비틀즈에 비견하는 것은 오늘날 케이팝의 글로벌 위상을 단적으로 보여준다.*

그렇다면 케이팝의 놀라운 성공은 어떻게 이루어진 것일까? 이 질문에 대해서는 여러 가지 관점에서 다양한 답변이 가능하다. 한 가지 분명한 사실은 케이팝을 비롯한 한류의 성공은 결코 국가 정책의 의도된 산물이 아니라는 것이다. '한강의 기적'이라 불리는 1970년대의 급속한 경제 성장이나 '통신 혁명'이라고도 불리는 1980~1990년대의 정보화 도약은 모두 정부의 적극적인 리더십에 의해 추진된 각종 정책의 열매였다. 하지만 한류는 본질적으로 그러한 정책적 성과와는 거리가 멀다. 정확히 말하자면 케이팝은 오랫동안 대중음악의 발전에는 신경도 쓰지 않았던 한국 정부의 무시와 차별에도 불구하고 이루어진 성취이기 때문이다. 정부가 대중음악의 진흥을 위해 노

---

* "BTS and K-pop: How to be the perfect fan." 〈BBC News〉. 2018. 10. 9. URL: www.bbc.com/news/uk-45800924.

력했기 때문에 케이팝이 성공한 것이 아니라는 의미다. 반대로 케이팝이 해외에서 성공을 거두면서 정부 역시 비로소 대중음악에 정책적 관심을 보인 셈이다.

사실 케이팝 현상을 깊이 들여다보면 문화예술과 국가 정책과의 복잡미묘한 관계를 발견할 수 있다. 결론부터 단적으로 말하자면, 케이팝이 주도하는 한류 열풍은 해방 이후부터 누적된 여러 국가 정책들의 '의도치 않은' 결과물이라고 할 수 있다. 이 글에서는 한류의 주역인 케이팝 현상을 분석해보며 문화행정의 환상과 실상을 파헤치고 향후 문화행정의 방향을 모색해보고자 한다.

2. 설계되지 않은 성공, 한류

한류는 "설계되지 않은 성공Success Without Design"이라 할 수 있다(김정수, 2002a: 12쪽). 아무도 미리 계획하거나 기대하지 않았음에도 불구하고 일어난 엄청난 사건이요, 의도되지 않았던 우연의 소산이라는 것이다. 물론 그렇다고 해서 아무런 이유도 없이 그냥 성공을 거두었다는 뜻은 아니다. 1990년대 중반 무렵부터 한류 붐이 불게 된 배경에는 다음과 같은 다섯 가지 요인이 작용했다(김정수, 2011).

먼저, 내적 요인으로써 1980~1990년대 한국 대중문화의 경쟁력이 비약적으로 향상되었다는 점이 중요하다. 여기서 경쟁력이란 '대중들의 마음을 사로잡는 매력'을 뜻한다. 이 시기 한국의 대중문화, 특히 대중음악과 드라마는 다른 나라에서는 찾아볼 수 없는 독자적인 매력을 배양하게 되었다. 둘째, 1990년대 동아시아의 정치·경제적 변화가 한류 발생의 외적 요인이 되었다. 특히 한류가 처음 시작된 중국과 베트남은 적극적인 세계화와 개방화 정책을 통해 경제가 급성장함에 따라 국민들의 문화적 욕구 역시 폭발적으로 증가했다. 그리고 마침 그 시기에 경쟁력을 기른 한국의 대중문화가 이 지역의 문화적 진공 상태를 채우게 된 것이다. 셋째, 개인적 요인으로는 한국 대중문화를 해외 시장에 수출하기 위해 노력했던 소수의 기업가적 활동가들이 있었다. 한류가 현실화될 수 있었던 것은 현지에 직접 뛰어들어 연예 비즈니스에 진력했던 열정적인 엔터테인먼트 기업가들이 있었기 때문이다(이형삼, 2000; 유상철 외, 2005, 117~119쪽). 넷째, 기술적 요인으로는 전 세계적으로 연결된 디지털 소셜네트워크의 역할도 중요하다. 특히 2000년대 들어 인터넷과 개인 디지털 미디어의 보급과 확산은 한국의 매력적인 문화콘텐츠가 전 세계 소비자들과 쉽게 만날 수 있는 고속도로가 되었다. 다섯째, 정책적 요인으로 한국 정부도 드문드문 소소한 지원을 제공하기도 했었다.* 물론, 이러한 지원은 규모도 작고 산발적이었으며 본격적인 문화수출정책으로 볼 수준은 결코 아니었다.

여기서 진짜 중요한 점은 이 다섯 가지 요인들이 우연히도 같은 시기에 합류됨으로 인해 한류 붐이 일기 시작했다는 사실이다. 이러한 요인들의 우연한 합류를 한국 정부가 한류를 목표로 정책적 노력을 기울인 결과라고 해석하는 것은 명백한 난센스다. 무엇보다도 각각의 요인들 자체가 한국 정부와는 별 상관없이 각자의 논리에 따라 독자적으로 진행되었기 때문이다. 먼저, 뒤에서 살펴보겠지만, 한국 대중문화 특히 대중음악의 경쟁력이 향상된 것은 정부의 지원 정책에 힘입은 게 결코 아니었다. 엔터테인먼트 기업인 역시 정부의 체계적인 지원과 지도를 받으며 비즈니스 활동을 한 게 아니었다. 그리고 동아시아 국가들의 정치·경제적 변화와 글로벌 디지털 네트워크의 확산 같은 요인은 당연히 한국 정부의 권한 밖이자 능력 밖의 일이었다. 그럼에도 불구하고 이러한 요인들이 정말 우연히도 비슷한 시기에 합류해 한류가 발생한 것이다. 그래서 한류는 "어느 날 갑자기 찾아오다시피 한(이기형, 2006, 247쪽)" "행운의 안타(박재복, 2005, 15쪽)"와도 같은 것이다.

---

* 예컨대, 세계적인 문화콘텐츠 견본시에 한국 제작자들의 참가를 지원했고(권호영·김영수, 2009), 한국 대중음악을 아시아 지역에 소개하는 각종 방송 프로그램을 지원하였으며(문화관광부, 2001, 400쪽), 홍보용 음반을 제작해 해외에 배포하기도 했다.

3. 대중가요에서 케이팝으로, 케이팝의 부상

 한류 열풍을 일으킨 선봉장은 다름 아닌 케이팝이라고 불리는 한국 대중음악, 특히 댄스 뮤직이었다(문화관광부, 2001, 62쪽; 한국문화정책개발원, 2001, 27쪽; 김정수, 2002a; 신항우, 2002). 그렇다면 한국의 대중음악은 어떤 성장 과정을 거쳐 지금과 같이 케이팝이라는 전 세계적 성공을 거두게 되었을까? 케이팝은 "1990년대 이후의 한국 대중음악 중 아이돌이 주축이 되어 생산된 서구 음악 장르, 특히 힙합, R&B, 록, 일렉트로닉 음악이 가미된 댄스 음악"을 지칭한다(이수완, 2016, 80쪽).* 원래 한국의 대중음악은 보통 '가요' 혹은 '대중가요'라는 명칭으로 불렸다. 그러다 아이돌 그룹 중심의 댄스 음악이 동아시아 지역을 넘어 서구 음악시장까지 진출하면서 한류 열풍의 주역이 되었다. 그리고 이제는 케이팝이라는 단어가 한국 대중음악을 대표하는 용어로 통용되기 시작했다. 따라서 한류의 선봉장 격인 케이팝의 등장을 이해하기 위해서는 한국 대중음악사에 대한 고찰이 필수적이다.

 한국 최초의 현대적 대중음악은 일제강점기 당시 일본 엔카演歌의 영향을 받아 탄생했다. 엔카는 19세기 말 유럽에서 유행하던 폭스트롯Foxtrot이라는 2박자 춤곡 스타일의 음악을 일본화한 것이었다. 그래서 엔카를 모방해 탄생했던 전통가요가 트롯 혹은 뽕짝(쿵짝 쿵짝 하는 2박자 리듬)이라 불리게 되었다. 트롯은 그 후 한국 대

---

* 사실 케이팝(K-Pop)이라는 용어는 과거 일본 음악평론가들이 한국의 대중가요를 다소 낮추어 부르는 단어로 사용했다. 그래서 처음에는 일본 대중음악, 즉 J-Pop의 아류라는 뉘앙스 때문에 한국 음악계에서는 거부감을 드러내기도 했었다. 그러나 이제는 글로벌 음악시장에서 J-Pop보다 더 큰 영향력을 갖게 되었디.

중음악, 특히 성인가요를 대표하는 메인스트림 장르로 자리매김하게 된다(강헌, 2015, 325쪽). 한편 해방 이후 미 군정기와 한국전쟁을 거치면서 미국 대중문화가 한국에 밀려들어왔다(한지수, 2009). 특히 미군 방송과 미8군 쇼 무대를 통해 다양한 미국 팝송이 홍수처럼 유입되었다. 미국 팝송의 영향으로 소위 스탠다드 팝이 한국 가요계의 또 다른 대표 장르로 등장한다. 이렇게 해서 트롯과 스탠다드 팝은 한국 대중음악의 양대 축으로 자리 잡게 되었다.

한편 1970년대 들어 기성세대의 질서에 저항하는 새로운 청년문화가 힘차게 태동했다. 그 중심에는 통기타로 상징되는 포크Folk와 그룹사운드 위주의 록Rock 음악이 있었다(박찬호, 2009, 531쪽; 염대형, 2018). 1970년대 중반까지 폭발적인 전성기를 누리던 포크와 록은, 1975년 긴급조치 9호 이후 일련의 정부 탄압조치에 짓밟히며 강제로 퇴출된다(염대형, 2018). 정부의 탄압 속에 살아남은 이들은 기성 가요계에 합류하며 변신했다. 포크 음악은 스탠다드 팝과 결합해 세련되게 "속류화"되면서 양적으로 확산되었다(이영미, 1998, 243쪽). 강렬한 일렉트릭 기타와 드럼이 주도하던 록 음악은 기성세대의 트롯과 결합해 소위 '트롯 고고(혹은 로꾸뽕)'라는 대중친화적인 모습으로 순화되었다.

포크와 록이 사라져버린 대중음악계에는 1980년대에 들어와 댄스 음악과 발라드가 새로운 대세로 자리를 잡게 된다(김현정, 2007; 이충상, 2013; 염대형, 2018). 댄스 음악과 발라드는 사회 비판과 저항 의식과는 거리가 아주 먼 장르다. 따라서 군사 정부 입장에서 볼 때 이들은 체제에 대한 하등의 위협도 되지 않았기에 별다른 통제나 간섭도 필요 없었다. 이러한 상황에서 특히 1980년대 중반 이후 노래보다는 춤을 앞세운 댄서 출신 가수들과 백댄서와 같은 전문적인 춤꾼들이 대거 등장하며 한국 가요계를 점령하게 되었다(천창훈, 2003, 40~41쪽). 훗날 이들이 바로 케이팝 아이돌 그룹의 모태가 된다. 그리고 1992년 혜성처럼 등장한 '서태지와 아이들'은 힙합과 댄스 음악을 한국 대중가요의 확고한 주류로 만들었다(김상우, 2012, 178쪽). 이때부터 이들을 벤치마킹해 랩과 댄스로 무장한 숱한 댄스가수들이 백가쟁명식으로 경쟁하며 한국 가요의 본격적인 해외 진출도 시작된다. 그리하여 1990년대 한국 가요계는 그야말로 댄스 음악의 춘추 전국 시대가 펼쳐진다. 바로 이 한국형 댄스 음악이 글로벌 음악시장에서 케이팝이라는 하나의 독자적인 장르로 인정받게 된 것이다.

케이팝이 발전하는 과정에서 핵심 역할을 수행했던 것은 소위 '기획사'들이었다. 케이팝 아이돌 그룹은 전통적인 음악 그룹과는 달리 자생적으로 형성된 것이 아니라 인위적으로 조합된 기획물이다. 기획사의 오디션을 통해 선발된 수많은 후보 연습생들은 오랜 시간 치열한 훈련과 경쟁을 거친다. 그리고 그중에서 가장 뛰어난 정예 인원만이 마침내 아이돌 그룹으로 데뷔하게 된다. 한국 대중음악계에서 이처럼 독특한 시스템을 처음 시도한 이는 1970년대 대학가수였던 이수만이었다. 그가 설립한 SM엔터테인먼트를 선두로 '서태지와 아이들' 출신의 양현석이 세운 YG엔터테인먼트와 댄스가수 출신 박진영의 JYP는 경쟁적으로 정상급 아이돌 그룹들을 배출하면서 케이팝의 3대 천왕으로 자리 잡는다. 그리고 JYP의 수

석 작곡가였던 방시혁이 설립한 빅히트 엔터테인먼트가 2013년 데뷔시킨 보이그룹이 바로 BTS다.

4. 정부의 통제와 무관심, 그리고 케이팝

글로벌 음악시장의 변방에 머물러있던 한국의 대중가요가 오늘날 세계가 주목하는 케이팝으로 성장하는 동안 한국 정부는 무엇을 하였는가? 케이팝과 한류의 성공이 정부의 지원 정책에 힘입은 성취일까? 결론부터 말하자면 정부는 케이팝의 성장 과정에 힘을 보탠 바가 거의 없었다. 해방 이후 1990년대까지 대중음악에 대한 한국 정부의 태도는 통제와 무관심이라는 두 단어로 요약될 수 있다. 유신 정권 당시의 대마초 파동과 금지곡 광풍은 우리 가요계에 대한 잔혹한 폭압의 상징이었다. 또한 가요는 유흥의 소재에 불과했을 뿐 진흥을 위한 정책적 관심의 대상으로는 여겨지지 않았었다. 대중음악에 대한 정부의 무관심과 홀대는 영화산업의 보호·육성을 위해 온갖 다양한 정책 지원이 제공된 것과 극명한 대조를 이룬다(김정수, 1999). 요컨대 한국 대중음악은 정부의 통제와 푸대접에도 불구하고 케이팝이라는 화려한 글로벌 성공을 일구어낸 것이다.

그렇다면 정부의 정책은 케이팝의 등장에 아무런 영향을 미치지 않았던 것일까? 그렇지는 않다. 정책은 사회 문제를 해결하기 위해 정부 차원에서 마련한 해결책이다. 그런데 모든 정책이 항상 원래의 목표를 충실하게 달성하는 것은 아니다. 때로는 문제 해결에 실패하기도 하고 또 때로는 당초 기대하지도 않았던 엉뚱한 결과를 초래하기도 한다. 전혀 생각하지 못했던 부작용이 발생했다고 해서 꼭 부정적인 것만은 아니다. 정책의 나비효과는 때로 누구도 예상치 못한 시기와 영역에서 기적처럼 경이로운 열매를 맺기도 한다.

그 대표적인 사례로 1975년에 발표된 긴급조치 9호 이후 한국 대중음악의 전개 과정을 살펴보자(김정수, 2019). 긴급조치 9호는 박정희 대통령의 유신정권에 대한 일체의 비판과 반대를 억압하기 위한 초헌법적 조치를 총망라한 정책이었다. 당연하게도 대중음악 자체를 염두에 둔 문화정책은 결코 아니었다. 하지만 긴급조치 9호는 이후 여러 가지 정치적 사건과 사회적 변화들을 격발시켰다. 비록 당시 위정자들은 전혀 의도하지 않았지만 향후 한국 대중음악계의 지형을 완전히 바꾸어놓음으로써 종국적으로 케이팝의 등장 배경이 되었다. 긴급조치 9호가 대중음악에 미친 나비효과는 다음과 같이 크게 두 갈래다.

첫째, 가요계에서 포크와 록이 강제로 퇴출당하면서 댄스 음악이 대세로 자리 잡는 환경이 조성되었다. 긴급조치 9호로 촉발된 대중음악에 대한 무지막지한 탄압은 특히 당시 청년문화의 중심에 있던 포크 가수와 록 밴드들에 집중되었다. 기성세대의 트롯과는 달리 퇴폐와 저항의 상징이었던 포크와 록은 유신체제에 대한 위협으로 비춰졌기 때문이다. 1970년대 초반을 풍미하던 포크와 록이 정부의 탄압으로 강제 퇴출되자 가요계는 마치 갑자기 주인공이 사라진 무풍지대처럼 되어버렸다. 그리고 사회 비판과 저항 의식과는 거리가 아주 먼 댄스 음악과 발라드가 그 빈자리를 채우며 1980년대 한국 음악시장의 새로운 대세로 자리 잡았다. 특히 댄스 음악은 이때부터 가요계의 중심축으로 성장하기 시작했다. 댄스 음악의 본질은 사람들이 신나게 춤추도록 흥을 돋우는 것이므로 사회에 대한 비판적 메시지가 들어설 여지가 없었다. 따라서 군사정부의 감시와 통제의 대상 자체가 되지 않았다. 그런데 결과적으로 정부의 무관심이 오히려 댄스 음악의 발전이 가능했던 환경이 되었다. 재능 있는 음악인들이 자신들의 끼를 자유롭게 발산하면서 한국 댄스 음악이 급성장할 수 있었다.

둘째, 유신정권의 몰락으로 정권을 차지한 신군부 세력에 의해 1980년대 정보통신혁명이 추진되었고, 그 결과로 일상화된 디지털 기술을 사용함으로써 댄스 음악의 수준이 급상승했다. 긴급조치 9호는 극심한 정치적 반발을 초래함으로써 결국 유신정권의 종말로 이어졌다. 갑작스러운 권력의 진공상태 속에서 정권을 잡은 신군부(제5공화국)는 정보화 정책을 강력히 추진해 큰 성과를 거두었다(김정수, 2000). 댄스 음악의 현격한 수준 향상을 가능케 한 것이다. 긴급조치 9호라는 정치적 폭압은 국민의 분노와 저항을 키운 끝에 결국 유신정권의 자멸을 초래한다. 절대 권력자의 갑작스러운 죽음이라는 혼란 속에 전두환 보안사령관을 중심으로 한 신군부 세력이 새로이 정권을 장악했다. 그리고 이 새로운 권력자에 의해 기용된 일군의 젊은 테크노크라트들에 의해 전자·반도체·정보통신산업의 획기적 발전을 위한 야심찬 정책 구상이 추진되었다. 정보화 정책의 열매였던 정보통신혁명으로 인해 PC와 컴퓨터 통신의 보급이 보편화되기에 이른다. 이러한 디지털 기술은 1990년대 한국 댄스 음악의 질적 수준을 크게 도약시킨 비장의 무기가 되었던 것이다(신현준, 2002, 229쪽; 송현주, 2011, 94쪽; 이규탁, 2011, 66쪽; 권현우·박재록, 2016, 229쪽; 박선민, 2017, 817쪽).

5. 문화예술이라는 요지경 세상

케이팝의 탄생 비화가 갖는 함의는 무엇일까? 루이스 캐럴의 소설 『이상한 나라의 앨리스 Alice's Adventures in Wonderland』에서 중요한 비유적 힌트를 발견할 수 있다. 소설 속 '이상한 나라Wonderland'에서는 우리에게 익숙한 현실 세계의 일상적인 규칙과 패턴이 무시되며 갖가지 기묘한 사건이 펼쳐진다. 문화예술의 세계는 마치 앨리스가 떨어져 들어간 바로 그 '이상한 나라'와도 같다(김정수, 2017, 598쪽). 거기에는 '이렇게 하면 저렇게 된다'라는 식의 기계론적 인과 법칙은 존재하지 않는다. 그리고 '이것이 저것보다 더 좋다'라는 평가가 보편적이고 항시적이지도 않다. 문화예술이란 한마디로 불규칙성과 불확실성으로 가득찬 요지경 세상인 것이다.

사람들이 언제, 어떤 예술 작품을 보며 감동을 받고 좋아하게 되는지는 예측하기 어렵다. 사람의 마음은 대단히 변덕이 심해 도무지 종잡을 수 없기 때문이다. 예측이 가능하려면 어떤 규칙이나 법칙이 존재해야 한다. 그러려면 반드시 논리성이 있어야 하고 합리적 설명 역시 가능해야 한다. 하지만 인간의 감정은 논리적으로 설명할 수 없는 경우가 대부분이다. 이 때문에 사람의 마음이 언제 어떤 이유로 감동을 받게 되는지 그 누구도 정확히 내다볼 수 없다.

이러한 불규칙성과 불확실성은 문화예술의 소비(향유)뿐 아니라 생산(창작)에도 그대로 적용된다. 예술을 창조하는 작업에 관해서는 그 과정이나 동기에 있어서 어떤 체계적인 인과관계 패턴을 발견하기 어렵다(Throsby, 2001, 6장). 누가, 언제, 어떻게 해서 불후의 명작을 창조하는지 예측하는 게 애시당초 불가능하다는 말이다. 사실 무엇이 훌륭한 예술인지, 누가 위대한 거장인지 보편적인 정의를 내리기도 어렵다. 어떻게 하면 위대한 예술가 혹은 불멸의 명작이 탄생할 수 있는지에 대한 객관적 규칙 혹은 일반 법칙도 존재하지 않는다. 설령 훌륭한 예술작품이 어떤 과정을 통해 창조되는지 분석할 수 있다고 해도 그 방식을 그대로 반복한다고 해서 또 다른 걸작이 나오리라는 보장은 전혀 없다.

한류가 "설계되지 않은 성공"이라는 것은 기계론적 인과관계 관점에서는 납득하기 어려운 명제다. 그러나 불규칙성과 불확실성으로 가득 찬 요지경 세상에서는 그러한 사건은 하등 희한한 현상이 아니며 얼마든지 일어날 수 있는 일이다. 사실 한류의 발생 요인을 파악했다고 해서 향후 한류가 어떤 식으로 전개될지 예측할 수 있는 것은 아니다. 한류가 시작될 당시의 여건을 인위적으로 다시 반복한다는 것도 사실상 불가능하지만 설령 그렇다고 해도 제2의 한류가 탄생하리라는 보장은 없다. 예컨대 싸이나 BTS가 세계적 인기를 끌게 된 비결을 분석해낼 수는 있다. 하지만 그 패턴을 그대로 따른다고 해서 반드시 제2의 싸이나 BTS가 탄생할 것이라 장담할 수는 없다. 오히려 아류라는 이유로 외면당할 가능성이 크다.

6. 문화행정의 환상과 실상

그렇다면 문화예술계가 요지경 세상이라는 사실은 문화행정에 어떤 함의를 던질까? 문화예술의 세계는 논리와 이성보다는 감정과 마음이 지배하는 세상이며 불규칙성과 불확실성이 가득한 '이상한 나라'다. 따라서 정부가 어떤 정책을 어떻게 시행하면 어떠한 성과를 얻는다는 식으로 딱 떨어지는 인과법칙을 기대할 수는 없다. 문화행정은 다른 부문의 행정과는 달리 본질적으로 불확실하고 불규칙적인 세상을 상대해야 하는 어려운 과업이다. 따라서 철저한 분석과 기획을 통해 세상을 통제할 수 있으리라는 기계론적 세계관은 문화행정에는 결코 적합하지 않다. 물론 정부가 문화 발전을 위해 나름대로 고민하며 각종 정책을 수립할 수는 있다. 또한 충분한 예산을 지원해주고 규정대로 잘 집행하면 좋은 성과가 나오리라 바랄 수도 있다. 그러나 정말 그렇게 되리라고 믿는 사람이 있다면, 그는 마치 성탄절에 산타클로스의 선물을 기다리는 어린아이와도 같다. 문화예술이라는 '이상한 나라'에서는 마치 '앨리스'가 겪었던 것처럼 전혀 예상 못했던 희한한 일, 그것이 좋은 것이든 나쁜 것이든 많은 일들이 언제라도 벌어질 수 있기 때문이다.

그런데 문화행정에 관한 기존 연구들은 이 점을 충분히 고려하지 못한 채 간과하고 있다. 수많은 학술 문헌과 정책 보고서들이 문화 발전을 위한 정부의 역할을 논하면서 지극히 비현실적인 환상에 갇혀있는 듯하다. 문화행정에 관한 몇 가지 환상과 그에 대한 비판을 간략하게 살펴보면 다음과 같다(김정수, 2017, 565~571쪽).

첫째, '행정은 사회 문제에 대한 만능 해결사'라는 환상이다. 즉 정부는 모든 사회 문제를 완벽하게 해결할 수 있거나, 완벽하게 해결해야만 하는 존재로 그려진다. 그러나 이는 실제 현실과는 거리가 아주 먼 착각이요, 환상이다. 시장이 때로 실패하듯이 시장실패를 치유·예방하려는 정부의 정책적 개입 역시 종종 실패하는 게 엄연한 현실이다(Wolf, Jr., 1988). 인간의 합리성은 제약되어 있으며 관료조직의 문제해결 능력 역시 결코 완벽하지 않고 불완전하기 때문이다.

둘째, '행정은 문화의 마술사'라는 환상이다. 즉 정부가 문화예술 문제에 개입하면 잘 해결할 수 있고 또 마땅히 그래야만 한다는 것이다. 그러나 실상은 그 반대이다. 정부 관료제 조직은 예측 가능하고 일반화된 질서와 엄격한 상명하복의 규율을 바탕으로 작동한다. 반면 문화예술은 고정된 틀 속에 가두어둘 수 없는 자유로움과 예측 불가능한 창의성이 그 근본 속성이다. 따라서 명령과 규칙을 생명으로 하는 행정 시스템은 불규칙성과 불확실성으로 가득한 문화예술계와는 본질적으로 정합적일 수가 없다. 즉 문화예술에 관한 문제를 다루는 데 있어서 행정은 그다지 효과적이지 못한, 대단히 서투를 수밖에 없는 매커니즘인 것이다.

셋째, '문화 발전을 촉진하기 위해 정부의 적극적 지원이 꼭 필요하다'는 인식도 근거가 미약하다. 문화예술은 그냥 시장원리에 방임해두면 망하기 쉬우므로 정부의 지원, 특히 경제적 보조가 꼭 필요하다는 것이 많은 논자들의 주장이다. 하지만 현실적으로 문화예술에 대한 정부의 재정 지원은 마치 승률이 불투명한 도박과도 같다.

문화의 발전과 융성은 돈 이외에도 매우 다양한 요인에 의해 복합적으로 영향을 받기 때문이다. 문화예술을 위한 공적 자금을 충분히 확보하고 지원금을 늘리면 반드시 좋은 성과가 있을 것이라는 생각은 순진한 단견에 불과하다(정홍익, 2001). 사실 동서양의 예술사를 훑어보면 금전적으로 풍족한 상태에서 불후의 명작이 탄생한 사례도 있고, 반대로 지독한 가난 속에서 위대한 역작이 태어난 경우도 있다. 이는 돈이 예술 창조를 위한 필요조건도, 충분조건도 아님을 의미한다.

넷째, '이상적인 문화행정은 지원은 하되 간섭은 하지 않는 것'이라는 환상이다. 소위 '팔길이 원칙 Arm's-Length Principle'이라고도 불리는 이 주장은 우선 실현 가능성 차원에서 비현실적이다. 상당한 액수의 돈을 제공하면서 아무런 조건도 달지 않는다는 것은 상상하기 어렵다. 팔길이 원칙의 탄생지인 영국에서도 실제로는 정부의 간섭이 상당하며(Taylor, 1997), 결국은 '손뺨길이 Palm's length'일 뿐이라고 비판받는다(김경욱, 2000). 사실 팔길이 원칙은 논리적 타당성 측면에서 문제가 적지 않다(김정수, 2018a). 무엇보다도 행정의 책임성 Accountability이라는 기본 원칙에 정면으로 위배될 가능성이 다분하다. 정부가 문화예술계에 제공하는 지원금은 국민으로부터 모아들인 공적 자금이기 때문에 그 용처에 대해 마땅히 국민에게 책임을 져야하기 때문이다. '돈만 주고 간섭은 하지 마라'는 주장은, 특히 공금이 지원되는 상황에서는, 매우 무책임하고 비민주적인 떼쓰기로 전락할 우려가 크다(Blomgren, 2012).

7. 왕자 패러다임 vs. 야수 패러다임

　문화행정에 관한 이러한 환상들은 정부를 마치 '백마 탄 왕자'로 바라보는 인식에서 기인한다. 문화행정에 임하는 정부를 마치 '위기에 처한 공주를 구하러 달려오는 잘생기고 무술에 능한 왕자'와 같은 존재로 여긴다는 것이다. 이러한 시각을 '왕자 패러다임'이라고 한다(김정수, 2002b). 왕자 패러다임에서 볼 때, 정부는 문화예술의 시장실패를 완벽하게 해결할 수 있고 또 마땅히 그래야만 한다. 나아가 정부는 문화예술이 발전하고 융성하도록 노력해야 할 책임과 의무가 있다. 정부가 나쁜 생각을 품거나 게으름 피우지 않고 최선을 다한다면 문화행정의 제반 과제들은 반드시 성공적으로 완수될 수 있다. 이런 주장은 어쩌면 지극히 당연한 상식처럼 들리기도 한다.

　하지만 앞에서 지적했듯이 이러한 왕자 패러다임은 장밋빛 환상에 불과하다. 정부의 능력이 제한적이라는 사실은 특히 문화행정 영역에서 더욱 적실성適實性이 높은 명제다. 문화예술의 세계는 불규칙하고 불확실한 요지경 세상이며, 행정 시스템의 문제해결 능력은 여러모로 불완전하기 때문이다. 정부의 기획과 정책을 통해 예술적으로 탁월한 창의성이 배양될 수 있다고 믿는 것은 허황된 신화와도 같다(Frey, 1999). 현실 세계의 문화행정에는 바람직한 정책목표의 설정부터 시작해서 최선의 정책수단을 선택하고 집행, 그리고 평가에 이르기까지 곳곳에 많은 한계가 존재한다(김정수, 2017, 571~578쪽). 이는 문화의 본질과 행정의 속성을 고려할 때, 아무리 노력해도 어쩔 수 없는 근본적이고 필연적인 한계다.

그렇다면 이제 어떻게 해야 할 것인가? 문화행정의 개혁을 위한 첫걸음은 불가능한 것을 불가능하다고 인정하는 데서 출발해야 한다. 불가능한 것을 가능하다고 외치는 것은 정치적 수사 혹은 정책적 구호로는 멋지게 보일 수 있다. 그러나 실제 문제에 부딪혀 씨름해나가야 하는 행정 현장에서는 어리석은 헛수고만 반복될 가능성이 매우 크다. 불가능을 불가능으로 인정하지 않는다고 해서 불가능한 일이 술술 풀리는 것은 아니다. 불가능한 한계에 부딪혀 정책실패가 이어지면 실망과 좌절이 이어지게 된다. 해결될 수 있는 문제임에도 불구하고 제대로 해결하지 못한 (것으로 비추어진) 관료들에게는 자연히 무능하거나 부패했다는 비난이 퍼부어진다. 이런 상황이 계속되면 결국 국민, 예술가, 공무원 모두가 불만이 쌓일 수밖에 없다. 이렇듯 왕자 패러다임은, 설령 그 의도가 선하다 해도 결국은 모두가 불행해지는 결과로 귀결될 뿐이다.

기존의 비현실적인 왕자 패러다임을 대체할 대안은 정부의 제한된 능력과 책임을 전제로 하는 '야수 패러다임'이다(김정수, 2002b). 야수 패러다임은 정부를 마치 동화『미녀와 야수 Beauty and the Beast』의 주인공처럼 힘만 세고 세련되지 못한 야수와 같은 존재로 이해한다. 정부는 그다지 심미적이지도 천재적이지도 않지만, 대신 돈과 힘은 아주 많이 소유한 존재라는 것이다. 야수로서의 정부는 무엇이 매력적인 문화인지, 매력적인 문화를 꽃피우기 위해 무엇을 어떻게 해야 하는지 등에 대해서는 거의 무지하다. 하지만 정부의 불필요하거나 잘못된 개입, 간섭, 규제는 문화의 싹을 잘라버리고 피폐

하게 만들어버릴 정도로 엄청난 파괴력을 갖는다. 그 때문에 정부가 전면에 나서서 문화 발전을 주도하는 게 오히려 위험할 수도 있다. 그 대신 정부는 자유로운 창작과 경쟁에 걸림돌이 되는 방해물을 제거하는 데 힘써야 한다. 아울러 재능 있는 인재들이 자신의 끼를 마음껏 발산하며 발전해나갈 수 있는 여건, 즉 창작의 자유, 경쟁과 개방, 그리고 다양한 섞임이 가능하도록 사회 환경을 정비하는 역할을 담당하면 된다. 또한 정부는 민간부문의 역량을 신뢰해주어야 하며, 좀 더디더라도 기다려줄 인내를 가져야 한다. 조급한 마음에 야수의 그 큰 힘을 무지막지하게 휘두르다가는 자칫 원래 의도와는 반대되는 결과를 초래할 수도 있기 때문이다.

8. 벤처 투자로서의 문화행정

야수 패러다임에서 바라보는 문화행정은 본질적으로 '벤처 투자'와도 같다고 할 수 있다(김정수, 2017, 600쪽; 김정수, 2018b, 91쪽). "예술이란 불확실한 선택과 도박이다." 세계적인 비디오아티스트 백남준이 남긴 말이다. 사실 문화란 그 예상 효과가 대단히 불확실하므로 문화에 대한 투자는 지극히 "모험적"일 수밖에 없다(김문조, 1998, 28쪽). 문화예술의 밭에 뿌려지는 다양한 정책의 씨앗이 언제 어디서 어떤 식으로 싹을 틔울지 아무도 미리 정확하게 내다볼 수 없다. 이것은 물론 관료가 지닌 능력상의 한계 때문이기도 하지만, 그보다는 문화예술의 본질적인 특성에 더 기인한다. 문화정책이라는 씨앗을 뿌린 후에는 싹이 트고 자라나기를 그저 기다리며 지켜볼 도리밖에 없다. 정부의 책임은 거기까지다.

이처럼 문화행정의 한계를 인정하는 야수 패러다임 시각에서는 정부에게 문화 발전을 위한 무한 책임을 요구하지 않는다. 문화예술계가 '이상한 나라'이고 정부는 야수와 같은 존재라면, 문화행정의 성과에 대해 너무 많은 기대를 하는 것 자체가 불합리하다. 물론 그렇다고 해서 문화 발전을 위한 정부 지원이 아무 소용이 없다는 것은 아니다. 중요한 것은 정책의 미래 성과에 대해 지나친 기대를 하지는 말자는 것이다. 아무리 많은 전문가가 머리를 맞대고 근사한 정책을 수립한다고 해도 그것이 장차 어떤 성과를 가져다줄지는 매우 불확실하다. 기대했던 결과를 전혀 얻지 못할 수도 있고, 반대로 한류와 케이팝 사례에서 보듯이 전혀 기대하지 않았던 성공을 거둘 수도 있는 것이다.

벤처 투자가 대부분 그러하듯이 문화행정에서는 많은 정책 시도들이 다 수포로 돌아갈 것을 각오해야 한다. 그렇다고 실패를 두려워할 필요는 없다. 문화예술에 대한 정책적 지원과 투자를 중지하는 게 더 어리석은 일이 될 수 있다. 왜냐하면 여기저기 많이 뿌려둔 씨앗 중에서 운 좋게 하나의 대박이 터지면, 그동안의 수많은 헛발질로 인한 손실을 벌충하고도 남기 때문이다. 그런데 도대체 누가, 언제 그 대박을 터트릴지 미리 짐작하기도 불가능하니 여기저기에 씨앗을 뿌리는 작업을 계속해야 하는 것이다.

이런 관점에서 보면 문화행정의 세계에서는 어쩌면 정책 실패란 있을 수 없다고 할 수 있다. 문화와 예술에 대한 투자는 비록 단기적으로 뚜렷한 효과가 보이지 않는다고 해서 성급하게 실패를 단정해서는 안 된다. 문화예술에 대한 지원 프로그램의 성과를 가시적 성취물이나 경제적 효율성이라는 잣대로만 평가하면, 자칫 쓸데없는 낭비로 낙인찍힐 우려가 크다. 그러나 공공행정에서는 가시적 성과도 중요하지만, 눈에 보이거나 손에 잡히지 않는 비계량적·비경제적 효과도 매우 중요하다. 더구나 문화예술의 세계에서는 투자의 회임 기간도 길고 불투명하다. 따라서 단기적 관점에서 성급하게 실패 판정을 내린다면 자칫 싹이 트기도 전에 씨앗을 파헤쳐버리는 우를 범할 수도 있다. 설령 어떤 프로그램이 아무런 성과가 없었다고 해도 그 자체가 나름 소중한 문화적 경험이 될 수 있다. 이러한 경험은 예술가 개인 혹은 공동체 속에 어떤 식으로든 문화자본Cultural Capital의 축적으로 이어진다. 그리고 언젠가 그 속에서, 마치 한류처럼, 예전에는 감히 상상하지도 못했던 엄청난 대박이 터져 나올 수 있다. 그렇다면 문화예술에 대한 투자는 설령 별다른 성과가 안 보인다 해도 헛된 낭비가 아니라 사람들을 즐겁게 해주는 '아름다운 낭비朗費'라고 할 수 있다(김정수, 2017, 597쪽).

9. 맺음말: 실망하거나 놀라거나

한류는 누구도 기대하거나 의도하지 않았던 뜻밖의 선물 같은 성공이었다. 한국 문화사의 최대 사건인 케이팝의 글로벌 성공은 정부의 주도면밀한 기획의 산물이 아니다. 이 사실은 문화예술에 있어서 정부의 적극적인 정책개입만이 결코 능사가 아님을 증명한다. 문화예술의 발전이란 '경제 개발 5개년 계획'처럼 정부의 지휘와 통제를 통해 이루어질 수 있는 성질의 것이 아니기 때문이다(김상배, 2007, 226쪽).

문화행정의 세계는 '이상한 나라'이다. 문화예술의 기본 생리 자체가 요지경 같기도 하지만 그 속에서 살아가는 사람들 역시 희한하기 때문이다. 정책담당자에게는 문화예술을 생산 혹은 소비하는 사람들의 생각과 행태가 납득되지 않을 때가 많다. 반대로 문화예술의 생산자나 소비자 입장에서는 관료들의 논리나 행동이 불가사의하게 비칠 때가 많다. 이 '이상한 나라'에서 도대체 무엇을 기대할 수 있을까? 필자의 생각으로는 '실망하거나 놀랄 준비'가 필요하다고 본다(김정수, 2017, 601).

앞서 강조했듯이, 문화행정은 어떤 정책이 언제, 어떻게, 어떠한 결과를 가져올지 불확실하다는 점에서 마치 벤처 투자와도 같다. 왕자 패러다임은 겉으로는 멋지고 화려하게 보이지만 실상은 좌절과 실망만 안겨 준다. 이제 문화행정은 야수 패러다임으로 탈바꿈해야 한다. 야수 패러다임이 제시하는 교훈은 문화행정에 관한 한 우리는 늘 실망할 준비를 하고 살아야 한다는 것이다. 정부의 불완전한 문제해결 능력은 문화예술이라는 요지경 세상에서는 더욱더 제약될 수밖에 없기 때문이다. 문화행정의 성과와 정부의 책임에 대한 우리의 기대 수준도 낮출 필요가 있다. 고도의 불확실성을 고려하면, 아무리 최선을 다했던 문화정책이라고 해도 그 결과는 형편없는 실패작이 될 수 있음을 인정하고 각오하자는 것이다.

그런데 케이팝과 한류의 기막힌 성공담은 미래의 불확실성이란 결코 두려운 것만이 아님을 시사한다. 케이팝의 글로벌 성공은 과거 그 누구도 기대하지 못한 가운데 발생한 뜻밖의 사건이었다. 문화행정은 벤처 투자와도 같이 매우 불확실하다. 하지만 미래가 불확실하다는 것은 곧 무엇이든 가능하다는 뜻이기도 하다. 케이팝의 성공담이 이를 잘 보여준다. 아무도 주목하지 않던 아티스트 혹은 작품이 전혀 예기치 못한 시기에 뜻밖의 장소에서 기막힌 '대박'을 터뜨리는 '즐거운 놀라움'의 연속이었다. 이 때문에 미래를 알 수 없다는 것은 두려운 일인 동시에 가슴 설레는 일이기도 하다.

케이팝의 성공은 그 과학적 근거 여부를 떠나서 한국의 문화예술과 문화행정의 밝은 미래에 대한 확신과 꿈을 갖게 한다. 정부의 능력에 대해 너무 많은 기대를 갖지 말자. 무제한적인 책임을 요구하지도 말자. 그러나 누구도 예상하지 못했던 기막히게 멋진 일이 일어날 수 있다는 기대를 버리지는 말자. 문화예술이라는 요지경 세상에서는 우리의 합리적 계산과 예측을 초월하는 경이로운 일이 얼마든지 일어날 수 있기 때문이다. 그리고 이것이야말로 한류가 우리에게 전해주는 최고의 교훈인 것이다(김정수, 2011, 27쪽).

참고문헌

강헌 (2015). 전복과 반전의 순간: 강헌이 주목한 음악사의 역사적 장면들. 서울: 돌베개.

권현우·박재록 (2016). 「한국 대중음악에서의 전자악기 수용 연구: 1970년대부터 1980년대 초까지의 사례를 중심으로」. 《음악과 민족》, 51권, 211~233쪽.

권호영·김영수 (2009). 「한류 확산을 위한 전략과 정책: 방송영상물을 중심으로」. KOCCA 연구보고서, 2009년 1호.

김경욱 (2000). 「팔길이 원칙과 문화정책」. 《민족예술》, 2000년 11월호.

김문조 (1998). 「문민정부의 문화정책 평가와 새로운 문화정책 방향의 모색」. 문화정책학회 1998 춘계세미나.

김상배 (2007). 「한류의 매력과 동아시아 문화네트워크」. 《세계정치 7》, 28권 1호.

김상우 (2012). 스트리트 댄스: 현대 대중 무용의 역사. 서울: 좋은땅.

김정수 (1999). 「스크린쿼터와 딴따라: 대중문화에 대한 정부개입과 문화산업경쟁력에 관한 시론」. 《한국행정학보》, 33권 3호, 195~213쪽.

_____ (2002a). 「한류 현상의 문화산업정책적 함의: 우리나라 문화산업의 해외진출과 정부의 정책지원」. 《한국정책학회보》, 11권 4호, 1~21쪽.

_____ (2002b). 「'미녀와 야수': 문화행정의 새로운 패러다임 모색」. 《한국행정연구》, 11권 1호, 29~54쪽.

_____ (2011). 「(신)한류에서 배우는 문화정책의 교훈」. 《한국행정연구》, 20권 3호, 1~33쪽.

_____ (2017). 『문화행정론: 이론적 기반과 정책적 과제』. 서울: 집문당.

_____ (2018a). 「'팔길이 원칙'에 대한 비판적 재검토: 문화정책의 진정한 금과옥조인가?」. 《한국정책학회보》, 27권 4호, 249~270쪽.

_____ (2018b). 「한류 정책의 재조명: 문화정책의 변천, 딜레마, 그리고 나아갈 방향」. 『한류와 문화정책』, 62~98쪽. 서울: 한국국제문화교류진흥원.

_____ (2019). 「긴급조치 9호에서 BTS까지: 거대한 나비효과 이야기」. 《문화와 정치》, 6권 2호, 139~170쪽.

김현정 (2007). 「미디어의 발전이 한국 대중음악에 미친 영향에 관한 연구」. 단국대학교 대중문화예술대학원 석사학위논문.

박선민 (2017). 「디지털 매체 수용에 따른 대중가요의 변화 양상」. 《인문사회 21》, 7권 6호, 807~824쪽.

박재복 (2005). 『한류, 글로벌 시대의 문화경쟁력』. 서울: 삼성경제연구소.
박찬호 (2009). 『한국가요사 2: 해방에서 군사 정권까지 시대의 희망과 절망을 노래하다』(1945~1980). 서울: 미지북스.
송현주 (2011). 「녹음기 발전에 따른 한국 녹음 스튜디오의 전환에 대한 시론」. 《대중음악》, 8권, 79~98쪽.
신항우 (2002). 「수출용 앨범 제작으로 활로를 찾아라」. 한국문화콘텐츠진흥원 웹진. 11. 25.
신현준 (2002). 『글로벌, 로컬, 한국의 음악 산업』. 서울: 한나래.
염대형 (2018). 「1980년대 한국 대중음악의 성장과 확산에 관한 연구」. 성공회대학교 문화대학원 석사학위논문.
유상철 외 (2005). 『한류 DNA의 비밀: 소프트 파워, 소프트 코리아의 현장을 찾아서』. 서울: 생각의나무.
이규탁 (2011). 「한국 힙합 음악 장르의 형성을 통해 본 대중문화의 세계화와 토착화」. 《한국학연구》, 36호, 59~84쪽.
이기형 (2006). 탈지역적으로 수용되는 대중문화의 부상과 '한류현상'을 둘러싼 문화정치. 김수이(편). 『한류와 21세기 문화비전: 욘사마에서 문화정치까지』. 서울: 청동거울.
이수완 (2016). 「케이팝(K-Pop), Korean과 Pop Music의 기묘한 만남」. 《인문논총》, 73권 1호, 77~103쪽.
이영미 (1998). 『한국 대중가요사』. 서울: 시공사.
이충상 (2013). 「한국 인기 대중음악의 시대별 특성 분석: 1960~2000년대 인기 가요 및 가수를 중심으로」. 건국대학교 언론홍보대학원 석사학위논문.
이형삼 (2000). 한류 비즈니스 주역 김윤호의 중국체험: 한류 대박? 중국인이 먼저 몸달게 하라. 《신동아》, 10월호.
정홍익 (2001). 「문화정책의 정치·경제학과 자가성찰적 비판: 정부와 문화예술의 관계」. 《문화예술》, 8월호.
천창훈 (2003). 「한국힙합댄스 발전 과정에 관한 연구」. 중앙대학교 예술대학원 석사학위논문.
한지수 (2009). 「미8군쇼 무대를 통한 미국 대중음악의 국내 유입 양상」. 《음악과 문화》, 20호, 131~149쪽.
문화관광부 (2001). 문화산업백서.
한국문화정책개발원 (2001). 「한국 대중문화산업의 해외진출을 위한 지원방안 연구: 한류의 지속화방안을 중심으로」.

Blomgren, Roger. (2012). Autonomy or Democratic Cultural Policy: That is the Question. *International Journal of Cultural Policy*. 18(5).

Jackson, Marie., & Browne, Kesewaa. (2018. 10. 9). BTS and K-pop: How to be the perfect fan. 《BBC News》. URL: www.bbc.com/news/uk-45800924.

Frey, Bruno S. (1999). State Support and Creativity in the Arts: Some New Consideration. *Journal of Cultural Economics*. 23(1).

Taylor, Andrew. (1997). Arm's Length But Hands On. Mapping the New Governance: The Department of National Heritage and Cultural Politics in Britain. *Public Administration*. 75(3).

Throsby, David. (2001). *Economics and Culture*. Cambridge: Cambridge University Press.

Wolf, Jr., Charles. (1988). *Markets or Governments: Choosing between Imperfect Alternatives*. Cambridge: The MIT Press.

4
신한류 담론과
문화산업의 정치경제학
: 신한류라는 기표 너머의 그 무언가를 상상하기

류웅재(한양대학교 미디어커뮤니케이션학과 교수)

1. 들어가며

 한국 대중문화의 영향력이 동아시아를 넘어 전 지구적으로 확산된 지 벌써 사반세기 가까이 되었다. 이른바 '한류 韓流, Korean Wave' 현상이라 명명된 다양한 지역에서의 한국 대중문화의 인기는 여전히 현재 진행형이다. 일례로 방탄소년단(이하 BTS)의 세계적 성과와 글로벌 팬덤 열기는 2020년에도 여전히 사그러들 줄 모른다. 누군가는 방송과 영화로 시작된 초기 한류가 케이팝과 음식, 패션, 관광을 거치며 'K-컬처'로 통칭되는 한국문화 전반에 대한 지구촌의 관심과 열기로 순차적으로 파급되어 왔다고 낙관적으로 평가한다. 이런 맥락에서 최근 '신한류 新韓流'라는 언술은 오늘날 한국 언론과 미디어를 통해 광범위하고 통상적으로 쓰이는 용어가 되었다.

 다른 한편에서는 다소 음울하긴 하나 상당히 강한 어조로 이러한 사회문화 현상이 그리 오래지 않아 소멸할 것이라는 진단을 내놓기도 한다. 한 예로 최근 결혼이나 노동이 매개하는 한국 사회로의 이주와 그로 인한 새로운 사회 구성원뿐 아니라, 대학 캠퍼스 내 급증한 어학연수생과 교환학생, 그리고 외국인 유학생의 수는 바로 한류 현상의 직·간접적 결과라는 주장이 그중 하나이다. 그런데 이것은 한류 현상이 현재의 전성기를 지나 거품이 빠지면 곧 사라지거나 극적으로 변화될, 바꿔 말해 영원히 지속될 현상은 아니라는 주장으로 연결된다. 이는 초국적 문화산업이 자신의 욕망을 구현하기 위한 수단으로 만들어낸 자본주의의 유령이나 허상과 같은 우발적 사건, 또는 분명한 실체가 존재하지 않는 유명론 唯名論: nominalistic 적 문화현상이라 보는 견해(류웅재, 2008, 6쪽)와 맞닿아 있다. 향후 10~20년 내 이주민과 외국인 유학생, 특히 중국 등 아시아권의 미디어와 문화산업이 발전하면 한국으로 이주하는 구성원의 수도 급감할 것이라는 예언이다. 그러나 이 역시 그리 새롭지 않고 왠지 낯익은 이야기 아닌가?

한류는 잘 알려진 바와 같이 한국의 미디어와 대중문화를 포함한 한국과 관련된 것들이 한국 외의 나라에서 인기를 얻는 현상을 뜻한다. '한류'라는 단어는 1990년대에 한국문화의 영향력이 타국에서 급성장함에 따라 등장했다. 초기 한류는 아시아 지역에서 주로 드라마를 통해 촉발되었다가, 이후 케이팝으로 분야가 확장되었다. 2010년대에 들어서는 동아시아를 넘어 중동, 중남미, 동유럽, 러시아, 중앙아시아 지역으로 넓어졌고, 최근에는 북미와 서유럽, 그리고 오세아니아 지역으로도 급속히 확산되고 있다. 1990년대 말부터 본격적으로 한국의 대중음악이 해외로 진출하기 시작하면서 현재의 한류라 볼 법한 현상들이 등장했다. 당시 대만에서는 '하일한류 夏日韓流(여름에 부는 한국 바람)', 중국에서는 '일진한류 一陣韓流(한바탕의 한류)'와 같은 표현이 가끔 사용되었다. 이 단어들의 유래는 한류가 차가운 해류를 뜻하는 '한류 寒流'와 발음이 비슷하다는 데서 보듯 한국을 내려다보는 의미가 담겨 있다. 이후 이 단어가 공식적으로 사용된 것은 1999년 대한민국 문화관광부에서 대중음악의 해외 홍보를 위해 『韓流 - Song from Korea』라는 이름으로 음반을 제작했을 때였다. 한류의 기원에 관한 또 다른 해석은 1997년 중국 CCTV에서 방영되어 큰 인기를 끈 〈사랑이 뭐길래〉와 이 드라마의 인기로 인해 비슷한 시기에 소개된 일군의 한국 드라마와 가요가 대만과 홍콩을 포함한 중화권에서 새로운 사회문화 현상으로 주목받기 시작한 때라는 것이다(심두보, 2019, 112쪽; 위키백과 2020. 1. 6.).

이 글은 한류의 기원과 전개, 변화라는 거시적 문맥에서 최근 언론을 중심으로 활발하게 생성, 굴절 및 변형되고 있는 신한류 담론이 가진 인식론적, 실천적 의미와 문제, 한계 등에 관해 일별하고 그 대안적 전망을 조심스럽게 논의하고자 한다. 이를 위해 기존에 관련 주제에 관해 다룬 저자의 작업*을 비롯한 학술적 논의들을 복기하고 유용한 개념적 자원으로 삼아 이를 일련의 현재 진행형의 현상과 사례들을 읽어내는 틀거리로 활용하고자 한다. 이는 우리 사회의 신한류 논의를 포함해 문화 및 문화정책과 관련한 언론 담론과 정치경제적, 정책적, 문화적 문제들을 성찰해볼 기회가 될 것이다. 이는 역설적으로 문화의 정책적, 산업적 발전을 위해 익숙한 동어반복이나 내재적 논리를 벗어나 이것들을 보다 심층적이며 비판적으로 응시함으로써 기존의 도식화된 논리와 관행을 극복하고 새로운 대안을 모색하고 공론화하는 데에 기여할 수 있을 것이다.

---

* 이를 위해 관련 주제에 대한 저자의 언론 기고문, 학술 논문, 웹진 칼럼 등을 유연하고 연계적으로 활용했다. 특히 신한류와 관련한 주요 쟁점 소개, 유의미한 논의와 논쟁을 촉발하기 위해 저자의 「신한류, 혹은 새로운 초국적 문화(2011)」라는 글의 주요 논의와 분석의 일부를 현재적 사례와 시각에 조응하는 방식으로 가져와 재구성했음을 밝혀둔다.

2. 신한류 담론의 기원, 전개, 문제들

지난 25년간 한류와 그 파급효과로 이해할 만한 경제와 문화 현상들은 경이적으로 성장해왔다. 한류 현상은 언론과 대중문화 종사자뿐 아니라 학자들도 적극적으로 개입하게 만들어 2010년 초까지 많은 한류 관련 학술논문과 저작 들이 쏟아져 나왔다. 이런 작업들에서 유용하게 활용되던 개념적 자원, 특히 과거 중화권을 비롯한 아시아와 중동 일부에서 드라마와 대중가요 등을 통해 인기를 끌게 된 한류 현상을 설명할 때 사용되던 몇 가지 개념들, 가령 문화적 친연성이나 문화적 근접성 Cultural proximity, 또는 문화적 할인 Cultural discount 등은 이후 케이팝을 필두로 유럽과 북미, 중남미로 확산된 한류 현상을 설명하는 데 있어서 더 이상 적절한 개념적 도구로 그 명맥을 유지하기 어렵게 되었다. 일부 학자들과 언론은 이러한 현상을 두고 한국 드라마와 대중가요가 견인한 초기 한류, 혹은 구한류와 대비되는 이른바 신한류新韓流에 접어든 때문이라고 해석하였다.

신한류라는 명칭이 구체적으로 언제, 어떤 계기를 통해서 생성되었는지 그 기원은 분명치 않다. 다만 이것이 통시적으로 볼 때 2000년대 후반 이후 이명박 정부(2008~2013년)의 문화산업에 대한 투자와 맞물려 있다고 보는 데에 큰 이견은 없다. 이 시기는 이전 김대중, 노무현 정부를 '잃어버린 10년'이라 명명하며, 이후 보수 정부에서 기존의 문화정책과는 다른 입장을 취하려 한 때이다. 이런 시대적 문맥에서 '신한류'는 케이팝과 더불어 컬처 테크놀로지, 문화 관광, 한식의 세계화 등의 정책적 언술과 더불어 확대 재생산되었다.* 물론 진보와 보수 정부의 문화정책을 이항대립적으로, 바꿔 말해 선명하게 구별되거나 이질적인 것으로 다룰 순 없다. 허나 심화하는 전 지구화Globalization와 아르준 아파두라이Arjun Appadurai가 지적했듯 오늘날 미디어와 테크놀로지, 인구와 자본의 자유로운 월경越境이라는 맥락하에서, 기존의 제조업을 대체하거나 보완하는 문화산업에 대한 국가의 관심과 지원이 점차 늘어났음은 주지의 사실이다.

일례로 정부의 이념적 성향과 무관하게 공히 문화산업에 대한 직·간접적이며 다양한 지원 정책을 시행하거나 확장함과 동시에 신자유주의적 탈규제 정책이 확대된 것은 공통적인 현상이다.** 다만 김대중, 노무현 정부의 문화정책은 문화와 예술의 중심 가치를 경제적 생산력에 둔 과거의 패러다임에서 벗어나, 보다 문화적이고 인간적인 삶, 그리고 사회적 연대를 중시하는 방향으로 전환하고자 했다. 이런 정책적 지향과 의제에 기반을 둔 노무현 정부는 거시적인 문화산업보다는 소규모 문화단체에 대한 지원이나 그간 문화산업 발전 과정에서 소외되어온 독립영화 제작사와 문화단체 등 주로 문화 복지, 예술가 지원, 문화 소외 계층 지원 등에 주안점을 두었다(진달용, 2014, 16쪽; 문효진, 2018, 115쪽). 반면, 이명박 정부의 그것은

---

* 이 시기에 신한류와 관련한 정부와 지자체의 연구보고서들은 주로 케이팝의 지구적 인기와 확산이라는 문맥에서 「신한류 발전을 위한 정책방안 연구(한국문화관광연구원)」, 「K-Pop이 주도하는 신한류(한국콘텐츠진흥원)」 등의 주제를 집중적으로 다루고 있다. 이를 통해 케이팝의 해외 진출 성공 요인 분석, 타 문화산업에의 파급효과, 국가 이미지 제고와 한국 브랜드 형성 등 국가외교에 미치는 영향력, 이를 통한 상품 소비와의 선순환 등 기업 활동에 미치는 영향력에 대한 분석과 제언을 내놓고 있다.
** 일례로 노무현 정부는 2003년 한류 관련 정보교환, 문화산업 관련 기업의 현지 진출 지원 등 한류 사업을 다각도로 활성화하고자 '아시아문화산업교류재단'이라는 민간 전담기구를 설립했고, 이 기구의 산하에 '한류정책자문위원회'를 구성해 운영하였다. 정부 차원에서도 관련 부처가 참여하는 '한류지원정책협의'를 운영했고, 한류와 직접 관련된 부처에서는 자체별로 '한류지원단'을 구성해 운영하는 방향을 제시했다(문효진, 2018, 115~117쪽).

문화산업에 대한 경제적 관점을 전면에 내세워, 관련 분야의 파이와 시장 점유율을 키우고, 한류를 국가 주도의 공공외교나 문화외교의 마중물, 또는 국가 주도형 개발주의적 시각에서 과거의 조선이나 반도체, 자동차 등 제조업과 유사한 방식으로 문화정책을 문화 외적인 것을 위한 수단이나 도구적인 것으로 확장하려 했다.* 이들 정부의 문화정책과 수행에서 이러한 이념적, 정책적 차이를 읽어낼 수 있다.

이러한 시대적 문맥에서 신한류는 그 이전의 일본과 중국을 비롯한 아시아권이라는 지역적 경계 내에 국한된 '오래된 한류'와는 구분되는 개념으로 볼 수 있다. 이러한 분류에는 우선 후자가 공유된 문화적 경험과 역사적 기억을 공유하는 근거리상의 제한된 지역 내에서만 공명을 일으키던 한국의 미디어 콘텐츠와 대중문화를 지칭함을 전제로 한다. 이에 반해 전자인 신한류는 초기 한류를 촉발하고 견인했던 드라마와 영화 등의 영상 콘텐츠에서 한 발 더 나아간다. 유럽과 북미, 중남미, 중동 등 전 지구적으로 확산되고 있는 한류를 대표하는 케이팝의 영향력을 포함해, 이를 매개로 한국의 언어와 역사, 패션과 미용, 음식과 관광 등 전통문화를 포함하는 다양한 문화산업의 영역으로 파급효과를 내는 현상을 통칭한다.

여기에서 주목할 만한 점은 과거 〈겨울연가〉나 〈대장금〉 등 이른바 구한류를 추동했던 일련의 킬러 콘텐츠 Killer contents들과 달리, 신한류의 주역인 케이팝에서는 뚜렷하게 한국적이라는 느낌을 주

---

* 이명박 정부하에서 한류 문화 진흥을 위해 구성된 '한류문화진흥자문위원회'나 '한류지원협의회' 등의 협의체는 주로 한류와 기업의 선순환 동반 성장을 모토로 활동했다. 문화체육관광부와 전국경제인연합회 등이 파트너십을 통해 한류 관련 정보 공유뿐 아니라, 제조업, 서비스업 등 한국산 제품과 한류 관련 업계의 협력 방안, 한류가 기업과 시너지 효과를 낼 수 있는 사업 및 프로그램 개발 등을 중점적으로 논의하고 추진했다(문효진, 2018, 124~125쪽).

거나 한국적 정체성이라 이해될 만한 요소가 그리 많지 않다는 점이다. 실제로 유튜브와 인스타그램, 페이스북 등 다양한 형태의 소셜 네트워크를 통해 확산된 케이팝에 프랑스, 영국, 독일, 스페인, 포르투갈, 네덜란드, 체코, 스웨덴, 스위스, 스코틀랜드, 이탈리아, 폴란드, 오스트리아, 그리스, 세르비아 등 유럽 내 다양한 국가의 젊은이들이 열광하고 있다는 사실이 소개되었다. 이러한 현상의 원인은 프랑스의 유력 일간지《르몽드 Le Monde》가 몇 해 전 지적했듯, 한국 가수들의 무대가 더 '다이내믹 Dynamic'하고 더 '미국적 Americanized'이라는 데에 있다. 달리 말해 언어와 지역, 뚜렷한 실체가 있다고 여겨지던 과거의 문화적 경계를 가벼이 부유하고 유동하는 특정한 형태의 '초국성 Transnationality'이나 '문화적 보편성'을 견지하고 있다는 점일 것이다.

그런데 2010년대를 기점으로 새롭게 생성 및 변화하는 한국 대중문화의 전 지구적 수용에 관해 한국의 언론들은 이를 매우 일방향적이며 과잉된 감정적 어조로 상찬하거나 비판했다. 한 예로, 1960년대 영국의 비틀즈 The Beatles가 미국에 상륙했을 때 사용했던 '영국의 침략 British invasion'과 유사한 맥락에서 '케이팝의 침략 K-Pop invasion'이라 선정적으로 명명하기도 했다.* 다른 한편으로 일부 학자들과 진보적 언론은 케이팝을 비롯한 한류 현상이 로컬 시장과 제도와의 충돌이며, 생산과 수용에서 발생하는 균열 등의 문제점이 있다고 지적하기도 한다. 과거 서구의 미디어 콘텐츠가 한국을 비롯한 제3세계의 문화전경 Culture scape과 지형에 막대한 영향을 주는 현상을 가리키던 '문화제국주의 Cultural imperialism'라는 표현을 차용해, '역전된

---

* 유사한 문맥에서 BTS와 그들의 성취를 음악적 장르나 스타일, 수용의 양상과 팬덤의 성격, 반세기 이상이라는 시차에도 불구하고, 종종 비틀즈의 그것과 비교하는 한국 언론의 프레이밍이나 레토릭도 자주 등장하고 있다.

문화제국주의Reverse cultural imperialism'라 명명하는 인식론적 오류를 범하기도 한다. 그럼에도 불구하고 이미 이러한 대중문화를 둘러싼 능동적 수용과 실천의 양상들은 최근 20년 사이 급격하게 확장되고 있으며, 질적 전회를 가져온 삶의 조건과 방식, 관계와 일상의 변화라는 문맥에서 일정한 사회문화적 파급효과를 지닌다. 이러한 움직임을 통해 한류가 우리 일상에서 촉지하고 경험하는 초국적 문화현상으로 자리매김되고 있음을 예의주시해야 한다.

예를 들어 한국의 미디어 콘텐츠와 대중문화를 통해 한국과 한국어를 공부하고, 한국 여행이나 유학, 결혼과 구직을 통해 이주하고 싶어 하는 한류 수용자들이 있다. 또한 한국 드라마나 대중음악이 좋아 한국 레스토랑이나 음반 가게에서 근무하거나, 우울증에 시달리다 〈겨울연가〉의 욘사마, 혹은 동방신기나 BTS의 음악으로 인해 비로소 마음의 평정을 되찾고, 더 나아가 삶의 의미와 이유를 회복하게 되었다*는 프랑스와 멕시코, 일본 수용자들의 구체적인 이야기도 존재한다. 이들의 이야기는 과장이나 허구가 아니며, 문화산업의 부정적 영향과 무관하게 주체와 일상, 그리고 문화와의 관계를 웅변적으로 설명해주는 좋은 사례다. 동시에 바로 이러한 점이 전술한 바와 같이 과거 한류의 부상과 영향을 분석하는 데 활용되곤 하던 이론적 틀인 문화적 할인이나 문화적 근접성 등의 개념이 현재 진행형의 지구적이며 역동적 문화현상을 설명하는 데 더 이상 유용하지 않다는 인식과 이해 지평의 확장을 가능케 한다. 또 이들에 대한 '낯설게 하기'와 재구성을 통해 보다 세련되고 입체적으로 진화한 이들을 대체하거나 보완할 수 있는 이론적 틀이 필요한 이유이기

---

* 물론 이처럼 미디어가 투사하는 이미지가 현실과 언제나 일치하지 않고 또 상당히 과장되고 괴리감이 있는 것임을 미디어의 영향으로 한국에 와 정착해 살아가면서 더욱 크게 느낀다는 사람들의 담담한 증언을 접하는 일도 어렵지 않다.

도 하다. 이는 구체적으로, 과거 아시아란 상상의 공동체 내의 한류 현상을 설명할 때 줄곧 차용되던 문화적 친연성, 유교 문화권, 문화 간 공동체 구성론, 혹은 공통의 아시아적 가치 등의 정태적靜態的이며 낭만화한 개념들이 전쟁과 식민주의를 거치며 형성된 역사적 경험과 기억이라는 유사한 삶의 경험을 공유하지 못한 '멀고도 다른' 지역에서의 문화 수용이나 확산을 설명하는 데 있어 분명한 인식론적, 이론적 한계를 가지고 있기 때문이다(류웅재, 2011).

가령 아시아라는 지역적 층위에서 한류의 약진은 역설적이지만 오랫동안 소외되어 왔던 제3세계나 주변부의 수용자들이 지난 몇십 년 동안 식민지 경험이나 서구로부터 일방적으로 이식된 근대화의 과정에서 망각하고 있던 지역성Locality의 복원과 그 궤를 같이한다. 또 이런 이유에서 한류 현상을 단순히 국적이 없거나 역사성이 없는 우수한 콘텐츠와 그를 가능하게 하는 기술이나 인프라의 상승에 따른 경제적이고 산업적인 결과로만 보기는 어렵다. 결과적으로 아시아권 수용자가 한류 콘텐츠의 어떠한 면에 열광하는지 실증적으로 분석해 깊이 있게 이해해야 한다(류웅재, 2007)는 논리에 대한 전면적인 성찰과 대안적 설명이 필요하다. 이를 위해 향후 더욱 필요한 정책적, 사회적 논의와 관련 연구는 광범위하고 이질적인 지역의 수용자와 그들의 능동적 실천과 같은 '아래로부터의' 한류 현상과 관련된 수행과 실천을 면밀히 관찰, 분석하고 이러한 과정을 중층적으로 이해하는 것이다. 이를 위해서는 심두보(2019)가 제안했듯 다양한 질적 연구방법론을 활용하고 한류가 전개되고 수용되는 지역에서의 현지조사가 더욱 활발하게 이루어져야 한다(심두보, 2019, 113~114쪽).

즉, 아시아 등 특정 지역 내 한류 수용이 할리우드 등 서구 대중문화가 포착하거나 대변하기 어려운 특정한 근대성, 또는 (후기) 식민지의 공통된 경험으로 이루어진 상상된 공동체라는 의식을 통해 친밀하거나 알아볼 수 있는 즐거움을 충족시킨 결과이기도 하다는 한류에 대한 과거의 분석은, 현재의 유럽, 중남미, 북미 등지에서의 케이팝 인기 현상을 설명할 때에는 오로지 부분적으로만 설명적 정합성을 가지며, 다른 중요한 부분을 놓치게 된다. 예를 들어 구체적 미디어나 콘텐츠의 형식과 내용은 물론 대중문화 일반의 질이나 총체적 문화 전경에 있어 아름답고 선한 것에 대한 대중의 보편적 욕망을 놓친 주장이다. 그리고 일정 정도 의식적이며 장기적인 자본의 투입과 이를 초기 단계부터 기획·운용하는 시스템, 가령 잘 조직된 엔터테인먼트산업과 문화산업, 그리고 문화경제의 중요성과 역할에 대해 고민할 것을 주문하기도 한다(류웅재, 2011).

일국적이거나 특정 지역을 넘어 전 지구적으로 확산되고 있는 한류 문화 현상은 유럽과 남미의 경우를 보더라도 한국 대중음악과 드라마 등에 우연한 계기를 통해 노출되고 이를 반복적으로 경험한 현지의 수용자들에 의해 생성된다. 한류는 이들이 자발적으로 한국의 영상물이나 음원 등 대중문화를 소개하는 웹사이트나 소셜네트워크를 통해 내용과 반응을 실어 나르거나 번역과 편집을 통해 전파하는 일종의 구전효과 Word of mouth에 의해 확산·증폭되는 양상을 보인다. 여기서 생산자는 기존의 매스미디어 종사자와 같은 전문 생산자가 아닌 관심 있는 인터넷 이용자에 불과하다. 이들은 서로의 텍스트를 언급하고 인용하며 원본을 찾아내기 힘들 정도의 상호텍스트적 내용을 만들고 배포하며 즐긴다(류웅재, 2011; 원용진, 2019, 90~91쪽).

이러한 상향식Bottom-up 경로는 기존의 한국 대중문화가 정부의 지원을 받은 일부 거대 연예기획사나 방송국의 주도하에 대중문화 콘텐츠의 수출과 해외 소개를 통해 해외에서 수용되던 하향식Top-down 확산과 대비된다(류웅재, 2011). 이는 과거 미국, 중국, 일본과 같은 강대국을 넘어 다양한 지역에서 한류 현상이 어떤 방식으로 수용되고 해당 지역의 역사성이나 맥락과 어떻게 접합되며, 어떤 구체적 의미를 생산하는지에 대해 관심을 가질 필요를 제기한다. 그러므로 한류 현상이 하나의 흐름이라면, 각 지역에서 새롭게 생산한 의미를 이것이 생성된 모국으로 도로 가져오는 글로컬성Glocality을 견지(심두보, 2019, 114쪽)하면서 한국과 한국인의 변화를 추동할 것이다.

3. 신한류 담론의 회고, 성찰, 전망

 이제 신한류 담론이 내장한 국가주의적, 경제주의적 담론 구성체와 그 함의를 비판적으로 다루어보자. 이러한 작업이 관련된 제도와 정책적 방향, 나아가 사회적 논의를 확장하는 데 기여할 수 있기를 희망한다. 우선 이와 관련해, 이전의 비평들을 곱씹어보는 것은 내재된 문제를 드러내고 현상을 탈피하거나 그러한 전기를 마련하기 위해 유의미하다. 한 예로, 새로운 디지털 기술의 발달로 인해 과거에 방송이나 영화 등이 제한적으로만 수행하던 대중문화의 빠르고 광범위한 확산은 신한류 현상의 직접적 근인이자 새로운 사회적 상상의 원인이 되기도 했다. 그렇지만 동시에 이러한 상상은 의외의 경로와 만나기도 하였다. 이는 세계에 대한 상상의 반응으로서 민족주의의 강화, 이주민에 대한 증오 등의 사건으로 연결되기도 한다. 특히 인터넷을 통해 혐오 발언이 증가하거나 흔히 '국뽕'이라고 비판받는 국수주의적 발언, 혹은 심하게는 위협을 느낄 만큼의 공격*으로 이어지기도 한다(원용진, 2019, 94쪽).

 우리는 이처럼 새로운 기술, 그리고 이를 매개로 하는 삶의 방식의 도입과 확산이 삶의 질과 인간관계를 의심할 여지없이 더 나은 방향으로 추동하거나 인도할 것이라 믿는다.** 실제로 과거에 상상

---

* 이와 관련해 한국에서 뛰고 있는 외국인이나 귀화한 농구 선수들에게 SNS를 통해 행해지는 인종차별적 발언은 하나의 예이다. 가령 "한국에서 돈 많이 벌더니 늙은이처럼 뛰고 있다", "다른 외국인 선수가 더 잘하니까 너희 나라로 돌아가라", "흑인을 보면 역겹다", "넌 피부색이 왜 그러냐" 등은 무수한 예들 중 하나이다(김지섭, 2020).

** 2020년 1월, 한 통신사는 "기술은 언제나 당신을 향합니다"라는 카피의 텔레비전 광고를 냈다. 이러한 기술 결정론적 언술들은 차갑고 무미건조한 기술이라는 대상을 생명이나 온기를 지니고 우리를 돕거나 삶을 윤택하게 하는 인격화, 혹은 주체화 과정을 통해 사회와 일상에 안정적으로 착근한다. 나아가 이는 우리의 의식과 무의식에 습착해 별다른 저항이나 도전, 접합의 과정이 생략된 채 활용, 전파, 수용되는 모습을 보여준다.

하기 어렵거나 불가능한 것이라 여기던 해외여행과 통신, 이동과 커뮤니케이션, 공유와 참여, 정보와 의료 등의 분야에서 이러한 믿음은 시간이 지나 종종 '그럴듯하게' 실현되거나 자명하고 구체적인 물질성으로 체감된다. 그러나 테크놀로지의 발달과 이로 인한 삶의 변화는 늘 평평하거나 한 방향으로 이루어지지 않고, 많은 경우 예측 불가능하거나 우리의 기대를 저버리고 정반대로 진행되는 경우가 다반사이다(류웅재, 2020).

일례로 새로운 미디어와 커뮤니케이션 기술이 추동하는 소통의 경우, 표면적으로는 시공간의 제약 없이 누군가와 대화할 수 있다고 여겨지지만, 동시에 이는 타자를 향한 존재의 두께를 줄여 놓는다. 즉 가상의 공간에서는 타자성他者性과 타자의 저항성이 부족해진다. 가상 공간에서 자아는 사실상 '현실 원리' 없이, 다시 말해 타자의 원리와 저항의 원리에 구애받지 않고 자유로이 움직일 수 있다. 이러한 가상 현실 속의 상상적 공간에서 나르시스적 주체가 마주하는 것은 대개의 경우 상당한 물리적, 감정적 노동과 때로 고통을 수반하는 진정한 타자나 소통이 아닌 자기 자신이다. 이는 강력한 유대를 끊어버리는 대신 탈진과 우울 상태, 소진 등의 징후로 연결된다(한병철, 2012, 94~96쪽).

흥미롭고 주목할 만한 일이지만, 미주와 유럽에서의 케이팝 열풍은 그 내용이 일부, 또는 상당 부분 과대 포장된 측면이 있다. 특히 이는 국내 대중매체에 의해 선정적이고 상업적인 양상으로 증폭되며, 과장된 일면도 있다(류웅재, 2011). 물론 현 시점에서 BTS의 지구적 인기는 그 정도와 양상, 이것이 미치는 영향력으로 볼 때 이전의 케이팝 아티스트들에 비해 훨씬 더 광범위하다. 유엔UN과 미주 지역에서의 활약을 포함해 텔레비전 토크쇼 출연, 해외 팬들과의 깜짝 만남, 리액션 비디오, 콘서트 티켓, 서프라이즈 선물 비디오 등이 차고 넘치며, 댓글이 달리는 일도 기본(원용진, 2019, 91쪽)이기 때문이다.

다만 이는 엄밀히 말해 BTS에게만 국한되는 팬덤 현상은 아니며, 해외의 다른 아티스트들에게도 유사하게 적용되는 사례이다. 특히 이러한 정보와 소통을 매개로 한 실천은 오늘날 새로운 미디어 테크놀로지가 매개하는 다양한 상호작용 수행과 활동들로 인해 무한 증식한다는 측면에서 특정 아티스트에게만 고유한 것은 아니다. 그런데 이러한 우연적이고 이례적인 현상들을 과도하게 일반화해 향후 국가 경제를 추동해낼 미래의 먹거리나 기간산업, 더 나아가 신한류의 동의어로 오남용하는 경향은 개발주의적 국가주의, 또 기업 사회의 자장 내에 감금되어 있을 뿐 아니라, 이러한 논리들과 능동적인 공모 관계에 있는 한국 언론에서 특히 두드러진다.

2011년 6월 10일 프랑스 파리 북부의 대형 공연장인 '르 제니스 드 파리'에서 있었던 SM엔터테인먼트 소속 가수들의 케이팝 공연에서 프랑스를 비롯한 유럽 14개국에서 모여든 젊은 팬들은, 한국 언론의 '현장을 가득 메운 뜨거운 열기'나 'SM엔터테인먼트 파리 공연 횟수를 늘려달라고 시위했다'는 등의 선정적 수사에 어울리지 않게 7,000여 명에 불과했다. 더욱이 여기에 모인 팬들은, 케이팝에 대한 유럽 사회의 객관적 반응은 물론 청년문화의 전반적인 수용 양상을 대변한다고 보기 어렵다. 또 이에 대한 유럽 각국 언론의 보도 양상 역시 한국의 그것처럼 일방향적이거나 낙관적이지만은 않고,

다양한 해석과 더불어 성찰적 시각들이 혼재하고 있다.

가령 《르몽드》는 2011년 6월 11일 "음악을 수출품으로 만든 제작사가 길러낸 소년, 소녀 가수들이 긍정적인 국가 이미지를 팔 수 있다고 여기는 한국 정부의 전폭적인 지원을 받고 있다"고 보도했다. 또한 영국 BBC는 같은 달 14일 "아시아를 넘어 유럽과 미국에까지 시장을 확대하고 있는 케이팝의 성공에는 어린 가수들에 대한 연예기획사의 장기간 불평등 계약이 존재한다"고 보도한 바 있다. 짧게는 2년에서 길게는 7~8년간 또래 연령의 정상적인 교육의 기회를 박탈당한 채, 또 한참 성장해야 할 나이에 문화산업의 기획된 용도에 부합하게 철저하게 몸을 훈육당하고 외국어 교육 등 철저한 현지화 전략을 거치는 이러한 맞춤형 기획의 관행은 마치 대기업의 제품 기획과 출시, 홍보와 수출로 이어지는 제조업의 그것과 닮아 있다(류웅재, 2011). 동시에 이는 마이클 하트 Michael Hardt 와 안토니오 네그리 Antonio Negri 가 제시한 비물질 노동의 한 유형인 정동노동의 문제를 제기한다. 즉, 케이팝 아이돌로 거듭나기 위한 감정과 정동은 과거 공동체적 삶을 구성하고 인적 교류를 활성화하는 요소로 이해되었으나, 이제 노동의 자원으로 활용되고 경제적 가치로 환산된다. 이는 인간관계와 교류, 집합적 주체성과 사회성이 자본에 의해 직접적으로 잠식당하고 착취당할 수 있다는 우려와 맞닿아 있다(방희경·오현주, 2018, 92쪽).

또한 이러한 일방적인 기획, 제작, 수출 관행은 급부상한 케이팝의 전 지구적 열기 이전에 아시아 내 일부 국가들을 중심으로 점증하는 반한류反韓流의 원인이 되기도 했다. BTS의 출현 이전, 한동안 한류의 침체 혹은 쇠퇴기 담론이 대두되거나, 다른 한편에선 한류에 대한 거품이나 유령 담론이 양산되기도 했다. 가령 이는 문화 논리 외에 복잡다기한 국제정치적, 경제적 요인이 작동하는 공간으로 기존 일본과 중국에서의 혐한류와 한한령 등에서 가시적으로 드러나기도 했다. 이는 단순히 한국문화나 콘텐츠의 문제를 넘어 한국이라는 국가의 정치적, 경제적, 사회문화적 문제들, 또는 전통과 역사성, 가치나 지향 등이 해당 국가의 이해관계와 복잡한 방식으로 충돌하고 교통하는 문제이다. 그러므로 이제 새로운 패러다임과 전망을 모색해야 한다. 지역성과 수용자, 문화정책과 기획의 우연성 등이 예기치 않게 혼재된 문화 및 콘텐츠와 관련된 생산, 유통, 소비, 제도, 기술 등을 '차세대 국부'나 '기간산업' 혹은 '4차산업혁명' 등 편향된 경제적 시각에서 감정적으로 논의하는 데에서 벗어나야 한다는 것이다. 현재 한국에서는 아티스트나 문화교류보다 문화산업 자체에 포커스를 맞추는 경향이 강하다. 또한 아이돌이나 특정 예술인을 통해 대외적으로 알려지는 한국의 이미지나 브랜드 파워가 일정한 역할을 수행해왔고 앞으로도 그럴 개연성이 있지만, 여기에 보다 다채롭고 인간적인 색깔을 입힐 필요가 있다는 지적도 나온다(류웅재, 2011; 김태훈, 2020).

이를 위해 우리 문화산업에서 종종 전범으로 삼거나 인용되곤 하는 프랑스나 북유럽의 문화정책, 영국의 창조산업 등 선진국의 사례를 보다 깊이 있고 세밀하게 검토하고 이를 현장에 성찰적, 선별적, 실험적으로 적용 및 응용하는 것도 하나의 대안이 될 수 있다. 가령, 대중문화와 문화산업 분야의 지원이나 해외 진출에 국가가 가시적으로 나서는 것보다 좀처럼 외부로 드러나지 않는 지원 시스템을 갖추는 등 영국을 비롯한 유럽의 '팔 길이 원칙 Arm's length principle'처럼 문화예술 활동의 지원 대상에 이른바 '지원은 하되 간섭은 하지 않는다(김정수, 2018, 73쪽)'는 일정한 거리감을 둔 문화정책을 적극적으로 고려할 필요가 있다. 이는 단순한 당위론이나 선언적 담론을 넘어 문화예술 생산자의 자율성과 창의성을 최대한 존중하고 보장한다는 믿음에 기인하며, 특히 이는 제조업 등 다른 산업의 논리와 구별되는 문화산업에 대한 적확한 이해를 기반으로 한다. 여기에서 더 나아가 케이팝, 혹은 관광이나 스포츠 등 성공이나 효과를 수치화하기에 용이하다고 여겨지는 콘텐츠 외에 한국어*와 문학, 미술과 영화, 복식과 음식, 전통 문화 등 품격 있는 고급문화**에 관한 꾸준한 투자와 지원이 단기적 이윤이나 효율성, 공적 책무성 Public accountability 등의 경제 논리에 앞서 보다 능동적이고 적극적으로 이루어져야 한다.

---

* 일례로 세종학당재단은 국외에서 한국어와 한국문화 보급 기관인 '세종학당'의 지원을 총괄하는 본부로 2012년 출범했다. 재단은 외국어 또는 제2언어로서의 한국어 보급을 효율적으로 수행하기 위해 한국어 및 한국문화 교육을 총괄 지원하는 기관으로 2012년 10월 설립되었고, 2013년 1월 공공기관으로 지정되어 운영하고 있다(세종학당재단, 2019, 6쪽).
** 봉준호 감독의 〈기생충〉이 2019년 칸 영화제와 2020년 골든글로브와 아카데미 시상식에서 작품상을 수상하면서 최근 한국영화에 대한 세계의 관심이 높아지고 있다. 향후 잘 만든 블록버스터급 영화 외에 장르나 스타일, 내용 등에서 사회와 소수자의 비주류적, 다원적 가치를 반영하고 드러내는 다양성 영화, 인디 영화 등에 대한 적극적 지원을 포괄해야 한다. 나아가 일부 지자체에서 시행하고 있는 클래식 음악과 연극, 뮤지컬, 패션 등에 걸친 다양한 분야에 대한 투자와 지원을 확대해 문화 다양성을 확장하는 방향으로 이루어져야 한다. 이는 봉준호 감독이 2020년 1월 제77회 골든글로브 시상식에서 "1인치 정도 되는 장벽을 뛰어넘으면 여러분은 훨씬 더 많은 영화를 즐길 수 있습니다"라고 수상 소감을 밝혔던 것과 궤를 같이한다. 자막이 있는 외국 영화를 즐겨보지 않는 미국인들의 자문화 중심주의나 문화적 스노비즘이 종국에는 미국 영화산업이나 문화산업, 나아가 삶의 질에 도움이 되지 않을 것이라는 일침이다. 그런데 이는 한류 문화와 콘텐츠의 혼종성(hybrid) 성격, 한국 근대화 과정의 모순과 양가성, 혹은 신산한 역사성을 망각한 채, 한민족의 문화적 우월성, DNA에 각인된 본질적인 신명이나 한(恨) 등을 강조하는, 정확하게 한류와 문화산업을 바라보고 접근하는 국가주의와 자본의 욕망 및 이들의 공모, 이것이 생성하는 주류적 시각과 담론의 이중성, 또는 안일한 습속에도 놀라운 함의를 주는 메시지이다.

이는 과거 문화를 통한 시장 확대론이나 문화강국론, 최근의 소프트파워나 문화기술론, 문화경제론 등을 넘어 국가와 국가 간, 지역과 지역 간, 문화와 문화 간, 그리고 무엇보다 다양한 욕망과 경험을 가진 개인들의 진정한 상호이해와 교류, 소통과 정동의 장이 될 수 있도록 고심해야 할 것이다. 우선 이는 협애하고 단기적인 문화정책과 경제 논리를 넘어, 우리 사회의 차이와 다양성에 대한 포용력의 수준을 높이는 일과 밀접하게 연결된다. 양적으로는 세계화와 다문화 사회의 진전으로 우리 사회의 차이와 다양성에 대한 인식과 수용력이 향상된 듯 보임에도 불구하고, 지구촌의 어느 곳보다 여전히 끈끈한 인종주의가 '날것 그대로' 혹은 세련된 형태로 은밀하게 작동하는 사회가 한국이다. 우리는 평소 이를 잘 의식하지 못하거나, 강한 톤으로 이를 부정하곤 한다.

그러나 역설적으로 이 강한 부정의 제스처는 우리 안의 차별과 인종주의, 혐오와 배제의 논리가 동전의 앞뒷면처럼 공존하고 끊임없이 배태됨을 보여준다. 한 예로 유럽이나 북미에서 온 구성원들과 아시아나 아프리카에서 온 구성원들을 다르게 대하는 우리 사회의 이중성은 자기 부정적이고 분열적이다.

그러므로 향후 무엇보다 BTS의 성공과 같은 우연적이며 흔치 않은 기회를 손쉽게 신한류라 명명하며, 잘 만든 문화상품을 수출하고 문화를 넘어 한국 브랜드를 세계에 알릴 국가 홍보의 전략적 수단으로 이해하고 접근하는 것의 위험성에 대해 보다 폭넓은 공론의 장이 마련되어야 한다. 이것은 한류 현상이 그간 이루어낸, 세계사적으로도 주목할 만한 놀라운 성취의 지향과 정신을 창발적으로 계승하면서, 이의 주체이자 대상이기도 한 대한민국이라는 일국적이며 배타적 경계를 넘어 세계의 보편적 문화로 지속가능하게 하는 길이다(류웅재, 2008, 5~6쪽; 류웅재, 2011). 또한 이는 원용진(2018, 176~179쪽)이 지적했듯, 한류가 동아시아가 한국을 상상하게 된 계기이기도 했지만 역으로 한국이 동아시아를 상상할 기회를 제공해왔고, 더 나아가 동아시아의 복수성을 인식하게 되는 일, 글로벌 차원에서의 사회성을 강조하는 일, 그리고 그것이 다시 한 사회 내 차원의 강조점으로 옮겨질 수 있는 특이성과 무관하지 않다.

이제 과거 드라마와 영화, 현재의 케이팝으로 촉발된 한국 문화에 대한 국제적 관심을 수출이나 국가 이미지 등의 경제적 언어를 넘어 한국의 언어와 전통, 생활양식에 대한 관심과 문화적 실천으로 확장할 필요가 있다. 이와 동시에 우리 사회의 구성원들, 특히 정주민의 삶과 일상, 예술과 놀이를 기반으로 다채롭고 풍성한 작은 문화들을 만들어가는 데 사회적 역량을 모아야 할 때이다. 나아가 문화를 통해 돈을 벌고 국제 경쟁력을 높이는 일뿐 아니라, 문화의 자율성, 창의성, 사회 윤리적 고려, 깊이 있는 인문 전통과 비판적 인문·사회과학 역량의 강화, 삶과 놀이로서의 참된 문화 역량을 키워가는 데 힘써야 한다. 작고 소박하지만 다채롭고 창의적인 문화정책은 특정 장르를 넘어 다양한 한국 문화를 자발적으로 배우고 향유하는 수용자의 확산에, 그리고 국가와 지역 간 소통과 연대에 기여할 것이다(류웅재, 2016).

더불어 한류로 대변되는 문화와 관련된 문화정책을 이를 가능하게 하거나 유기적으로 연동하는 다른 부문들, 가령 정치와 경제, 사회나 교육 등과 분리된 것으로, 또는 전문가주의나 영역주의의 틀 내에서 사유하는 관행을 벗어나 우리 사회가 그 지평을 확장하는 데 힘과 지혜를 모을 수 있기를 기대한다. 일례로 2016년 말 시작되어 정권 변화를 견인한 촛불 시위의 경험은 한국 사회의 누적된 적폐를 청산하고 학교와 직장, 가정과 일상에 깊숙이 착근한 나쁜 관행들과 문화, 왜곡된 젠더 구조와 척박한 노동 현실, 권위주의적이고 물화한 인간관계 등 일상과 사회의 많은 영역에 불가역적인 변화의 단초로 기능(류웅재, 2017)할 수 있다. 이 과업은 현재 진행형이다.

많은 외신들이 찬탄했던 평화로운 광장의 촛불과 그 동력은 삶과 일상으로 전이되어 그간 우리 사회 곳곳에 뿌리내린 위계와 억압, 폭력과 권위주의 문화, 동시에 우리 내면에 침윤된 타자 지향적이며 물신화한 나르시시즘적 욕망과 스노비즘 Snobbism을 담담히 응시하고 교정하는 가운데, 새로운 공동체로 나아갈 수 있는 현장과 생활 세계의 민주주의로 승화되어야 한다. 이는 정치 제도나 생산 양식의 변화와 더불어 새로운 의사소통 양식, 더 나은 사회에 대한 지속적 상상과 실천을 포함한 생활양식, 즉 문화의 변화와 연결된다는 점에서 레이몬드 윌리엄스 Raymond Williams가 저서 『장구한 혁명』에서 갈파한 것처럼 가시적인 제도적, 정치경제적 변화와 더불어 인간과 사회, 존재와 의식에 대한 간단間斷 없는 성찰과 개선을 실험하는 기나긴 여정이 되어야 한다(류웅재, 2017). 이제 일방향적이고 좁은 범위의 문화산업으로서의 신한류를 넘어, 삶과 소통, 일상성을 기반으로 한 생활문화와 문화교류, 문화현상과 문화철학으로서의 신한류를 보다 적극적으로 사유하고 실천할 때이다. 좋은 문화와 문화산업은 결국 좋은 삶과 사회를 떠나 상상할 수 없는 이유에서다.

참고문헌

김정수 (2018). 한류 정책의 재조명: 문화정책의 변천, 딜레마, 그리고 나아갈 방향. 한국국제문화교류진흥원 엮음. 63~98쪽. 『한류와 문화정책: 한류 20년 회고와 전망』. 서울: 한국국제문화교류진흥원.

김지섭 (2020. 1. 22.). 농구코트發 악플 미투 왕별 박지수도 울었다. 《한국일보》.

김태훈 (2020. 1. 24.). 세계 속 한국 이미지 견인한 K팝의 '칼군무'. 《경향신문》. URL: news.khan.co.kr/kh_news/khan_art_view.html?art_id=20200124 1019011

류웅재 (2007. 7. 6.). 한류에 대한 오해. 《경향신문》.

_____ (2008). 한국 문화연구의 정치경제학적 패러다임에 대한 모색: 한류의 혼종성 논의를 중심으로. 《언론과 사회》, 16권 4호, 2~27쪽.

_____ (2011). 신한류, 혹은 새로운 초국적 문화. 《학술웹진 소셜 2.0》. 서울: 경희사이버 대학교 미래고등교육연구소.

_____ (2016. 6. 1.). 맨부커상과 창조경제. 《한겨레》.

_____ (2017). 촛불의 시대정신과 촛불 이후의 사회. 《호모쿨투랄리스》.

_____ (2020. 2. 11.). 바이러스, 혐오, 위험사회. 《경향신문》.

문효진 (2018). 정부 별 한류 정책과 법제: 문민정부에서 촛불정부까지. 한국국제문화 교류진흥원 엮음. 101~137쪽. 『한류와 문화정책: 한류 20년 회고와 전망』. 서울: 한국국제문화교류진흥원.

방희경·오현주 (2018). 아이돌의 정동노동(affective labor)과 노동윤리: 리얼리티 오디션 쇼 〈프로듀스101〉을 중심으로. 《한국언론정보학보》, 91호, 76~117쪽.

심두보 (2019). 한류의 효용: 산업 너머, 강대국 너머. 한국국제문화교류진흥원 엮음. 111~125쪽. 『한류, 다시 출발점에 서다』. 서울: 한국국제문화교류진흥원.

원용진 (2018). 새 문화정책 기다리기: '사회적인 것'과 문화정책. 한국국제문화교류 진흥원 엮음. 139~180쪽. 『한류와 문화정책: 한류 20년 회고와 전망』. 서울: 한국국제문화교류진흥원.

_____ (2019). 디지털 기술 시대의 사회적 상상과 한류. 한국국제문화교류진흥원 엮음. 85~107쪽. 『한류, 다시 출발점에 서다』. 서울: 한국국제문화교류진흥원.

진달용 (2014). 신한류의 문화정치. 《문화와 정치》, 1권 1호, 7~30쪽.

한병철 (2012). 『피로사회』. 서울: 문학과지성사.

세종학당재단 (2019). 2020년 신규 세종학당 지정 신청 안내.

2

더 나은
문화교류를 위한
다섯 가지 쟁점

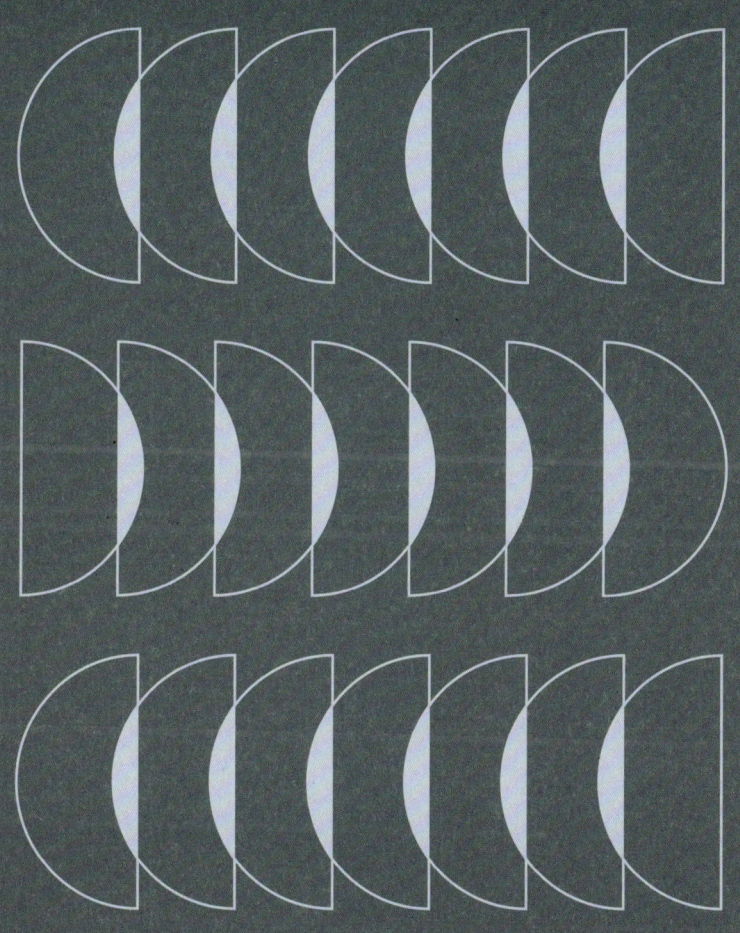

1
외교 갈등과 문화교류의
본성을 묻다

김휘정(사우스오스트레일리아대 문화예술경영전공 객원교수)

1. 국제문화교류와 공공외교 담론

특정 국가의 교육과 문화, 지식 등을 기반으로 하는 영향력을 평가하는 소프트파워 순위에서 한국이 2019년 19위에 올라 역대 최고 순위를 썼다. 아시아권에서는 일본(8위)에 이어 두 번째로 높은 기록이다. 영국의 싱크탱크인 포틀랜드 커뮤니케이션 Portland Communication이 미국 서던캘리포니아대학교 USC 공공외교센터와 협력해, 매년 세계 30개국을 대상으로 정부, 기업, 참여, 교육, 디지털, 문화 여섯 항목에 가중치를 둬 점수를 매기고, 세계 25개국 1만 2,500명을 대상으로 각 나라 외교정책과 친밀감 등에 대해 국제 여론조사를 실시한 결과를 합산, 발표하는 「소프트파워 30 보고서」 2019 Softpower 30 report에 따르면, 한국은 교육 부문에서 교육예산의 확대와 유학생 증가 등으로 지난해 15위에서 3단계 상승한 12위에 올랐고, 디지털(5위)과 기업(9위) 부문에서 상위 10위권에 들었다. 즉, 디지털과 기업 부문에서는 우수한 경쟁력을 갖추고 있고, 문화와 교육, 참여 부문의 경우도 종합평가 결과를 견인하는 긍정적인 요소로 작용하고 있다는 것을 알 수 있다.

그중에서도, 문화 부문(12위)은 한국의 소프트파워에 있어서 점차 중요한 자산이 되고 있다. 케이팝 스타들이 주도하는 대대적인 관광 캠페인과 더불어 한국이 방문객을 적극적으로 유치하고, 그들로 하여금 한국의 고유한 문화를 경험하게 하고, 지역 활동에 참여시킴으로써, 개별 시민 대 시민 수준의 국제적 연대를 강화하는 노력을 기울이고 있다는 것이 비교적 높은 순위를 유지한 원인으로 분석되었다. 또한 보고서는 한국과 관련해 문화와 디지털 등 강력한 소프트파워 자산을 홍보하기 위해 세계 관객들을 더 많이 참여시키고 스토리를 전달하는 등 '공공외교' 캠페인에 대한 대대적인 투자가 필요하다고 권고했다. 특히 문화 부문이 2018년도에 비해 한 단계 순위가 하락한 점은 유명 케이팝 스타들이 연루된 버닝썬 스캔들이 한국 음악산업의 명성에 흠을 남겼기 때문이라고 분석하면서, 이를 다시 회복하기 위해 한국 문화의 범위와 다양성을 보여주는 또 다른 문화적 자산에 더 투자해야 한다고 제안한다. 이를테면, 꽃피우고 있는 한국 영화산업과 한국의 유네스코 문화유산의 영향력을 확산시킴으로써 현대적인 문화와 역사적인 문화의 균형을 맞추는 것을 예로 들고 있다. 그뿐 아니라, 강력한 디지털 자산의 지렛대 효과로 한국이 국제 관객에게 더 접근성을 높이고 신뢰할 만한 파트너로서 외부 세계에 대한 기여를 더 명확하게 전달할 수 있다고 보고 있다.

반면, 정부 부문에 대한 평가는 중하위권의 순위(19위)를 기록했다. 이는 민간의 전반적인 소프트파워 경쟁력보다 공공 영역에서의 경쟁력이 뒤처지고 있음을 보여준다. 국제 투표에서는 소프트파워 순위가 집계되기 시작한 2015년 이래 계속해서 가장 낮은 순위(23위)를 기록했다. 이 두 부문은 한국의 소프트파워를 위협하는 약점으로 여겨지고 있다. 포틀랜드 보고서는 이를 한국이 보유한 소프트파워 자산과 외부 세계가 한국에 대해 가지는 인식과의 차이 때문인 것으로 분석했다. 그나마 2018년에 비해 한 단계 순위가 상승한 정부 부문은, 2019년의 경우 북한의 비핵화 협상 테이블에 미국-북한 정상회담, 남북한 정상회담 등이 잇달아 열리면서, 한국의 외교

정책에 대해 이전보다는 더 호의적인 시각을 갖도록 만들었다고 평가되었다. 그럼에도 불구하고 이러한 성과가 현재 추진 동력을 잃어가는 중이며, 일본과의 외교적 분쟁이 양국의 소프트파워와 평판에 흠을 내게 될지도 모른다는 고민을 안고 있다고 보았다.

이 글에서는 2000년대 초반부터 동아시아 및 남방국가에서 인기를 끌던 한류가 2010년대 이후 해당 지역 국가와의 외교적 마찰과 경제적 제재 등 하드파워의 발현에 직면하면서 도전을 맞게 된 상황을 배경으로 한다. 이와 더불어 문화교류의 위축을 겪는 상황적 맥락에 따라 국가 간 정치·외교적 갈등과 국제 문화교류의 관계를 고찰해 봄으로써 그 본질에 대한 더 나은 이해를 얻고자 한다. 그러기 위해서는 문화교류와 관련된 외교 담론에 대한 검토가 반드시 필요하다. 현재 한국에서 통용되는 국제 문화교류와 공공외교는 불과 3~4년 전에 법적으로 정의된 정책 용어이지만, 서구 담론에 있어 문화외교의 기원은 멀리는 19세기 말 프랑스, 가깝게는 1990년대로 거슬러 올라간다. 다음 장에서는 국제 정치 International Relations 와 문화를 연계시키는 데 있어 핵심적인 담론이라 할 수 있는 공공외교와 소프트파워, 이의 실용적인 발현인 국가브랜딩, 그리고 공공외교의 일부로서의 문화외교와 그것의 개념적·실천적 확장 등에 대해 논의한다.

1) 공공외교 담론의 발전

미국의 서던캘리포니아대학교 공공외교센터는 공공외교를 "다수의 주체와 네트워크를 관여시키는 공적이고 상호적 차원의 외교활동이자, 국가가 '상호 신뢰'와 '생산적인 관계'를 조성하는 핵심 메커니즘"으로 정의한다. 공공외교라는 용어에 대해서는 단일하게 합의된 정의가 있지 않은데, 이는 실무적 차원에서 공공외교의 영역 확장과 더불어 학문적으로는 다양한 분야, 즉 신문방송학, 역사학, 국제정치학, 매체 연구, PR, 지역학 등과 이론적, 개념적, 방법론적 차원에서 연계되어 새롭게 부상하는 영역이기에 그러하다.

공공외교의 역사를 간략하게 살펴보면 다음과 같다. 1960년대 중반 미국의 전직 외교관이자 터프츠Tufts대학교 법률·외교 스쿨 학장인 에드먼드 걸리언Edmund Gullion에 의해 최초로 고안된 공공외교 개념은 부분적으로는 부정적인 함의를 가진 '대외선전'이라는 용어로부터 정부의 해외 공보 활동을 분리시키려는 목적으로 개발되었다(Cull, 2006). 지난 수십 년에 걸쳐 공공외교는 국가가 자국의 이익과 외교정책의 목표를 달성하기 위해 타국의 공중에 정보를 전달하고 영향을 미치는 수단으로 광범위하게 인식되었다. 이러한 전통적인 의미에서의 공공외교는 '국가 대 국가 외교'의 필수적인 요소로 인식되었으며, 국가를 대표하는 정치가나 외교관 간의, 또는 민간 영역에서 '공식적 관계'의 수행을 의미했다. 여기에는 학자나 학생들 대상의 교육 관련 교환 또는 방문 프로그램, 언어 교육, 문화행사 및 교류, 라디오와 텔레비전 방송 활동이 포함되었다. 이러한 활동들은 일반적으로 수신국의 정책 환경을 우호적으로 조성하는 방법으로 발신국의 이미지나 평판을 향상시키는 데 중점을 두었다.

2001년 뉴욕시와 워싱턴 D.C.에서 발생한 9·11 테러 이래로, 공공외교는 전 세계의 정책입안자나 학자들의 주목을 끌게 되었다. 공공외교는 전통적으로 정부에 특정한 활동으로 국한되었던 협의의 개념으로부터 최근에는 일련의 '비정부 주체들', 즉 초국가기관, 지자체, 비정부기관, (몇몇 학자들에게는) 민간 기업까지도 포함한 이들이 해외 공중과 소통하고 의미 있는 관계를 형성함으로써 자신들만의 공공외교 정책과 실천을 개발하고 증진하는 광범위한 개념으로 그 영역이 확장되고 있다. 새로운 공공외교의 주창자들은 신매체와 커뮤니케이션 기술의 진보를 통해 '정보의 민주화'가 일어남으로써 비정부 주체에게 권한이 주어지고, 국제정치에 있어 그들의 역할과 정당성이 제고되었다는 점을 지적한다. 그 결과 신공공외교는 더 이상 국가 중심이 아닌 '상호 수혜적 관계'라는 구조에서 발생할 뿐 아니라, 복수의 주체와 네트워크로 구성되고, 새로운 이슈와 맥락에 놓인 유동적인 국제 환경 속에서 운영되는 것으로 인식된다.

이러한 신 외교가 각국의 외교부가 실시하던 전통적인 국가 대 국가 외교를 단기간에 대치하지는 않을 것으로 전망된다. 그렇지만 외교부가 그동안 수행해 오던 양자 간 혹은 다자 간 외교를 넘어서 새로운 주체들과 관계를 형성해야 한다는 과제를 제시한다. 최근 공공정책에 대해 증가하는 관심은 다른 분야에서의 개념 발전에 의해 촉진되어 왔다. 공공외교를 연구하는 학자들은 대표적으로 '브랜딩'과 같은 마케팅 개념을 국가, 지역, 도시 등을 다루는 데 효과적으로 포함시켰다. 이와 유사하게 하버드대학교의 국제정치학자 조지프 나이Joseph Nye가 1990년에 고안한 '소프트파워' 개념은 공공외교 연구에 있어 핵심적인 개념이 되었다. 나이가 "강제나 보상보다 매력을 통해 자신이 원하는 것을 얻는 능력"이라고 정의한 소프트파워는, 정치 주체인 국가의 문화적 자산, 정치적 가치와 외교 정책이 타인에게 존중이나 호감을 불러일으키는 정도를 가리킨다. 따라서 소프트파워는 '자원'으로써, 공공외교는 소프트파워라는 자원을 통해 영향력을 행사하고자 하는 '메커니즘'으로 인식된다(USC Center on Public Diplomacy).

2) 문화외교의 확장과 융합

본래 문화외교는 "국수주의와 국제주의가 합쳐지는 공간에서 국가 또는 지역의 대표라는 이름으로 운영되는 정부 활동"이다. 그렇지만 동시대를 지배하는 문화주의는 이 용어를 좀 더 매력적으로 만들면서 문화외교의 영역은 상당 부분 확장되었다(Ang et al., 2015). 따라서 이 용어는 국제 문화 관계, 국제 문화교류 또는 국제 문화협력과 같은 개념을 부분적 혹은 전부 대치하는 것으로 사용되기에 이르렀다. 엄밀히 보아 문화외교와 문화 관계Cultural relations의 개념상 차이는, 전자가 근본적으로 이익을 추구하는 정부의 활동인 반면에, 후자는 이익보다는 '이상Ideals'에 의해 추구되고 대체로 비정부 주체에 의해 수행되는 활동으로 구분되기도 한다(Ang et al., 2015). 훗날 작가가 된 전직 미국 외교관 리차드 안트(Arndt, 2006)는 '문화관계'는 정부의 개입 없이 자연스럽게 성장하는 것인 반면, '문화외교'는 정부 외교관이 국익을 증진시키기 위해 이러한 자연스러운 흐름을 형성하고 내보낼 때 발생하는 것으로 구분했다. 그러나 이러한 구분은 점차 흐려지고 있으며, 현재는 이처럼 다양한 용어들이 번갈아가면서 사용되는 경향을 띤다.

문화외교의 외연 확장은 '이중의 목적'을 가지는 것으로 최근의 공공외교 추세와 무관하지 않다. 다시 말해 공공외교가 전통적인 정부 중심의 외교정책을 넘어서서 관련된 집단의 '상호 이해와 이익 증진'이라는 또 하나의 목적(Nye, 2004; Snow, 2014)을 가지는 것으로 확장되면서 이에 영향을 받은 문화외교의 범주 역시 '상호성'과 '문화교류'를 조성하는 데 많은 강조를 두는 것으로 확장되었다고 보는 시각(Holden, 2013)도 있다. 커밍스(Cummings, 2003)는 문화외교에 대해 "상호 이해를 형성하기 위한 국가 간 또 그 국민 간의 아이디어, 정보, 문화·예술 등의 교류 활동"이라는 확장된 정의를 제공한 바 있다. 이처럼, 소프트파워의 여러 자원 중에서도 특히 자국의 문화적 매력의 투사를 외교정책의 핵심 목표로 삼는 '문화외교'가 담론적으로 확장하는 가운데, 문화외교는 '공공외교', 즉 정책 대상이 더 이상 타국의 정부뿐 아니라 다양한 전 세계 청자와 공중들의 명분에 종종 덧붙여지곤 한다. 한국의 경우도 여기에 해당된다. '문화외교 활성화 및 증진에 관한 특별법(안)'이 제18대 국회에서 최초로 입법 발의(2012)되었지만, 최종적으로는 제19대 국회에서 '공공외교법'으로 명칭이 바뀌어 제정(2016)된 것이 그 예이다. 이와 더불어 현재 한국 외교부는 문화외교국 내에 공공정책과를 두고 문화외교 관련 업무를 수행하도록 업무 분장을 함으로써, 문화외교와 공공외교를 동일시하거나 문화외교라는 용어를 공공외교라는 용어로 대체해 사용 중이다. 요컨대, 한국에서 문화외교는 공공외교의 특정 형태로 종종 이해되곤 하지만, 세계적으로 논의되는 국제 문화 정책 담론에서 공공외교는 "상호성과 상호 귀 기울임에 바탕을 둔 국제 문화의 '대화'의 형태"로 그 의미가 확장되어 이해되고 있다.

3) 문화 관계의 새로운 지평: 국익을 넘어서

문화외교와 관련된 최근의 연구들은 문화외교 비전의 본질인 국가주의적 바탕을 강조하지만, 다른 한편으로는 국익을 넘어서는 시각으로 옹호되는 다른 전략도 시사한다. 이것은 국가의 이름으로 만들어지지 않은 '공유된 이익'에 바탕을 둔 '대화'와 '협력'을 강조하는 전략인데, 이 전략이 우리나라에서는 '국제문화교류'에 해당되는 활동이다. 이 전략은 예술가나 예술기획자와 같은 문화 인력들이 매우 구체적이고 실용적인 목적(상호학습, 자원의 공유, 공동 파이낸싱, 기술적 원조, 공동 연구, 토론, 연구 및 실험, 창작과정에서의 협력, 창작 등)보다 더 고차원적인 이익에 동기화될 수 있을지 하는 문제와 관련된다. 컬(Cull, 2009)은 노골적인 외교적 목표와 옹호 역할에 대한 불편함은 문화외교를 수행하는 기관으로 하여금 그 용어들로부터 거리를 두도록 하였다고 인식했다. 하지만 그 용어가 그들에게 부여하는 지원금으로부터 동등하게 거리 두지는 않는다고 보았다. 즉, '상호 문화적 대화'라는 거대한 문화 내러티브를 이용하는 것은 예술가나 문화외교 수행기관으로 하여금 이처럼 기회주의적 입장을 취하는 것을 더 용이하게 할 수 있다는 것이다.

문화외교의 지평은 그 실천에 있어 모순적인 범위를 때때로 포함한다. 문화외교의 목표, 수행기술, 가정된 임팩트와 효과는 종종 부합되지 않고 어긋난다. 전반적으로 문화외교의 비전과 목표에 대한 과장된 수사와 실천 간의 부조화로 말미암아 다소 혼란스러운 영역에 직면하게 되는데, 그 부조화의 중심이 되는 모순은 다음과 같이 요약될 수 있다. 첫째, 문화외교는 세상의 다른 편들에게 자국을 가장 좋은 관점에서 제시함으로써 국익을 증진하도록 설계된다. 둘째, 다른 한편으로 문화외교는 주로 비정부 주체에 의해 모두의 혜택을 염두에 두고 더 조화로운 국제 질서를 증진할 것으로 기대된다. 이 모순적인 이해는 폭넓게 나타나는 경향, 즉 정부기관이라는 문화외교의 제도권 내의 위치가 사라지는 현상에 바탕을 둔다.

양자 간의 구분이 분석적으로 중요하지만, 문화외교가 '국제 문화관계'라는 광범위한 개념과 융합하는 경향은 문화외교가 무엇이고, 무엇이어야 하는가 하는 문제뿐만 아니라 그것이 성취할 수 있는 것에 대한 불확실성의 중요한 징표다. 앞서 인용된 커밍스의 문화외교에 대한 정의는 정부에 의해 주도된 문화외교 사업이 짐작컨대 교류국과의 '공통된 관심사'인 상호 이해를 형성함으로써 어떤 당파나 국익을 넘어설 수 있다는 것을 제시하는 것처럼 보인다. 하지만 국익과 공통의 관심사 사이의 '긴장' 관계를 가정하는 것이 현실에 더 부합하는 제안일 수 있다. 문제는 이 갈등을 어떻게 없앨 수 있겠는가 하는 것이다. 구체적으로, 어떻게 문화외교 활동이 국익과 국익을 넘어서는 양쪽 모두의 것일 수 있겠는가?

2. 문화교류와 정치외교의 역학관계

흥미로운 점은 앞서 살펴본 바와 같이 외연이 확장된 문화외교에 대한 국제적 논의에서도, 새롭게 등장한 '상호 이해의 형성'은 정작 문화외교의 실천에 있어서 이따금씩만 목표가 될 뿐이라는 비판적 성찰이 등장했다는 점이다. 그 이전까지, 자국 프로모션의 도구로서의 문화외교, 소프트파워, 공공외교의 부상이나 윌리엄스(Williams, 1984)가 '디스플레이로서의 문화정책Cultural policy of display'이라고 불렀던 것에 대해서 충분한 분석이 이루어지지 않았다. 정부의 실천으로서 문화외교의 핵심 차원으로 주장될 수 있는 문화 국수주의 담론에서조차도 문화외교, 소프트파워, 공공외교가 차지하는 위치에 대해 이렇다 할 분석이 없었다. 지난 20여 년간 문화외교 혹은 국제 문화 관계라는 주제는 많은 관심을 받았지만, 국제정치학자들이 이른바 '신공공외교'의 진화에 방점을 두었던 반면에 문화연구나 문화정책 연구, 혹은 문화사회학 연구에서는 문화 관계의 실천에 대한 비판적 분석을 찾아보기 힘들었다. 다음 글에서는 역설적으로 외교적 갈등을 초래할 수 있는 소프트파워 정책에 대한 비판적인 논의와 외교 갈등과 문화교류 사이의 인터페이스에서 벌어지는 상반된 역동에 대해 고찰한다.

1) 소프트파워 담론에 대한 오해와 비판

공공외교의 자원이 되는 소프트파워는 텔레비전 드라마나 대중음악, 영화와 같은 매스미디어 콘텐츠뿐 아니라 언어, 교육, '문화교류'로 구성된다(Nye, 2004; Snow, 2014). 나이는 공공외교가 '국가이미지'와 '문화 근접성'을 증진하는 효과적인 도구라는 것을 인정한다. 알브로Albro는 소프트파워 개념이 사실 미국이라는 국가에 특수한 고안이라는 점을 강조한다. 다시 말해, 미국이 수출하는 대중문화 상품과 서비스의 물량에 의해 주도되는 이 개념은 미 대중문화의 전 지구적인 소비에 바탕을 둔 신자유주의적 전개의 일환으로써 그 영향력을 기약한다는 것이다. 나이의 후속 아이디어는 '초소프트파워 Meta-soft power'(Nye, 2002)로, 국제사회에서의 매력, 정당성과 신뢰성에 기여하는 "국가 자신을 비판할 수 있는 국가의 역량과 성찰 능력"이었다.

소프트파워와 관련된 오해는 '문화적 매력'이 소프트파워 그 자체가 아니라는 점이다. 문화적 매력은 소프트파워의 '자원'이다. 또 소프트파워는 하드파워를 대치하고자 하는 것이 아니라 그것을 '보완'하는 개념이다. 나이가 주창한, 미국이 (하드파워 '대신'이 아니라) 하드파워와 '함께' 사용하는 소프트파워는 문화상품과 서비스에 구현된 대중문화의 보편적인 매력뿐 아니라, 미국의 민주주의와 인권의 가치에 대한 정치적인 매력이었다는 점을 빼놓을 수 없다. 전술한 바와 같이 많은 국가들이 '소프트파워'를 주로 자국 문화의 매력의 투사를 통해서 문화외교정책의 핵심목표로 추구하고 있지만,

이는 나이가 주창한 소프트파워의 '자원'으로서의 문화라는 개념을 잘못 이해한 것이다.

  오늘날 '문화'라는 어휘에 포함된 수많은 다른 개념처럼, 소프트파워는 매우 유동적인 정책 개념일 뿐 아니라, 다양한 맥락에서 동원된다. 따라서 정책 개념이 그것의 발상지가 아닌 새로운 지역에서 채택될 때 정책은 변형될 뿐 아니라 동원의 과정을 통해 재형성되는 방식에 주목해야 할 것이다. 멜리슨(Melissen, 2011)은 소프트파워가 근본적으로 상대적인 개념으로 인식되는 동아시아에서, 규범적인 소프트파워가 '공유'된 가치, 다자간의 접근방식과 지역의 역할을 바탕으로 운영된다고 주장한다. 그렇지만 실제로 수집된 동아시아 사례는 이런 '공유된 가치(국가 중심 전략의 반대로서)'라는 시각을 뒷받침하고 있지 않다. 예컨대, 이와부치(Iwabuchi, 2015)는 국가 간 문화적인 이해를 증진할 수 있는 대중문화의 잠재력을 부인하지 않았지만, 쿨재팬Cool Japan 캠페인에 수반된 국가브랜딩 전략이 일방향적으로 일본 문화에 대한 프로모션을 촉발했으며, 중국이나 한국을 포함한 타 국가와 역사적 맥락에서의 적대적인 관계를 완화시킬 수 있는 '교환과 대화'를 회피했다고 주장한다. 국가브랜딩은 소프트파워 담론보다 문화행정에 있어 더 실용적인 전략이 강조되는 개념으로, 국가 위상과 경제 이윤 증진의 목표를 위해 매력적인 대중문화를 생산하고 투사하는 것을 지원한다(Fan, 2010). 엄밀히 말해, 그동안 동아시아에서의 문화교류는 소프트파워 담론이 국가브랜딩 기술과 결합해 국가 간 문화 경쟁력의 향상에 도구적으로 사용된 국가 주도의 하향적 방식 Top-down approach에 의한 실천으로 볼 수 있다.

주목할 만한 점은 아시아 지역에서 소프트파워 증진을 둘러싸고 고조되는 경쟁은 지역에서의 국제적인 반감을 완화하기보다 오히려 '강화'할 수 있다는 주장이다(Hall and Smith, 2013). 이로부터 얻을 수 있는 시사점은 소프트파워가 국가의 문화적 영향력 향상을 위한 의도적 노력으로 인식될 때, 국가 간 문화 관계를 향상하는 데 그다지 효과적이지 않다는 것이다. 홀과 스미스는 막대한 자원을 쏟아부었음에도 불구하고, 지역의 소프트파워 사업이 세계 여론을 긍정적으로 조성하는 데 있어서 실패했다고 주장한다. 이와부치 역시 일본의 대중문화 중심의 외교 활동이 소프트파워와 국가브랜딩 전략을 융합하는 소프트파워 무한 경쟁을 촉발했다고 주장했다. 이러한 점들은 문화외교와 문화교류 간에 내재된 긴장, 즉 '경쟁'과 '상호성'이라는 상반되는 역동성을 가리킨다.

홀과 스미스는 정부에게 소프트파워가 그토록 매력적인 이유가 정책 입안자들이 소프트파워 전략을 그만큼 신뢰하고 있기 때문이라고 주장한다. 문화이론 관점에서 보면 이 믿음은 두 가지 잘못된 가정에 의해 뒷받침된다고 비판할 수 있다. 첫째, 문화라는 것이 이미지, 아이디어, 가치 등으로 구성된 콘텐츠처럼 당장 제시할 수 있는 구체적인 물질로 인식된다는 가정이다. 둘째, 문화상품 패키지 안에 담긴 이와 같은 이미지, 아이디어, 가치를 소통하는 것은 직선적이고 일방적인 과정으로, 수신국 국민들이 이 상품 안에 담긴 메시지를 단순히 흡수할 뿐이라는 가정이다. 이러한 가정들이 널리 퍼져 있음을 감안하면, 문화외교 전문가들이 '메시지 전파'와 '이미지 투사'를 성취하고자 하는 목적을 묘사할 때 종종 이야기한다는 것이 놀라운 일은 아니다. 알브로의 미국 공공외교관 대상 설문조사에서는 미국의 문화상품이 자명하고 맥락으로부터 독립적인 의미를 담고 있다는 것과 국가의 가치에 대한 수단으로 문제가 없다는 폭넓게 공유된 가정이 드러난다.

그러나 클라크(Clark, 2014)가 지적한 바처럼, 문화외교정책에 있어 문화상품의 역할과 소프트파워 성과 간의 직선적 관계에 대한 주장은 회의적으로 다루어져야 한다. 왜냐하면 타국의 문화 수용자들이 문화상품을 읽고, 해석하고, 이해하는 방식이 문화외교 활동을 통해 원래 의도했던 바와 일치할 것이라는 보장이 없기 때문이다. 문화외교의 메시지 전달이나 이미지 투사의 효과와 임팩트는 결코 미리 정해질 수 없다. 이런 점에서 대부분의 소프트파워 전략은 투명성에 대한 환상을 바탕으로 한다고 볼 수 있다.

2) 문화교류가 외교 갈등에 직면할 때

나이(2019)가 주장해왔듯이 일국의 '평판'은 세계 정치에서 항상 중요한 부분이었고, 해당 국가의 신뢰성은 더욱 중요한 권력 자원이 되었다. 따라서 위선, 오만, 타인에 대한 무관심, 또는 국익에 대한 좁은 이해를 바탕으로 한 국내외 정책은 소프트파워를 약화시킬 수 있다. 예컨대, 2003년 미국의 이라크 침공 이후 실시된 여론조사에서 미국의 매력이 급격히 감소한 것, 더 거슬러 올라가 1970년대에 전 세계 대다수 국가가 미국의 베트남 전쟁을 반대하면서 세계적으로 미국에 대한 비호감도가 높아졌다는 사실이 이를 입증한다. 미국 국무성이 2005년 발간한 '문화외교: 공공외교의 핵심'이라는 보고서는 '문화외교'가 국가 안보와 국제 사회에서의 위상을 증진시키는 관점에서, 자국의 문화를 도구적으로 사용하는 것을 포함한다고 언급한다. 이 보고서는 미국의 이라크 침공으로 미국에 대한 국제적 여론, 특히 아랍권에서 국가의 신용이 추락한 데 대한 대응으로 발간되었다. 보고서는 문화외교의 실행을 통해 미국이 겪는 신뢰와 신용의 추락을 뒤집고, 미국이 지지하는 가치에 대해 우호적인 여론을 형성하는 데 도움이 될 수 있다고 주장한다. 흥미로운 것은 문화외교가 수행한다고 주장하는 일 중 몇 가지는 협소한 국익을 넘어서는 성과를 명백하게 가리키고 있다는 것이다. 즉, 사람들 간 신뢰의 바탕을 만들고, 국가 간 정책의 차이에도 불구하고 '협력'이라는 긍정적 아젠다를 제공하고, 사람 간의 접촉을 위한 중립적인 플랫폼을 만들고, 외교 관계가 경직되거나 결여된 국가와의 화해 또는 접근을 위해서 유연하고 보편적으로 통용될 수 있는 수단으로써 기능한다.

그렇다면 문화교류 활동의 실천은 실제로 외교 관계가 경직된 국가와의 화해를 촉진했을까? 일본의 '문화외교 정책문'에는, 군사력을 사용하는 것보다 문화교류의 증진이 문화 다양성이 상호 존중되는 다자간 이해와 대화가 증진되는 평화로운 세상의 창조에 핵심이 된다는 주장이 등장한다. 문화교류와 대화가 강조되었지만, 일본의 대중문화 외교는 실제 이 가치들에 진지한 헌신을 수반하지 않았을 뿐 아니라, 일본의 대중문화가 타국과 역사적·문제적 관계를 초월하는 능력이 있다는 순진한 가정에 의지했다고 이와부치는 지적

한다. 즉, 중국, 한국에서 반일본 시위가 강화되고 있을 때, 일본 대중문화의 전파는 이들의 반감을 지울 것으로 기대되었다는 것이다. 2005년 임명된 일본 외무성 장관도 일본과 중국의 관계는 애니메이션 같은 일본 대중문화가 양국 간 문화교류를 진척시키는 만큼, 아무 문제가 없다고 말했다. 같은 해 일본 경제성이 발간한 백서에서도 일본 대중문화의 전파 없이는 한국의 반일 정서는 더 강해졌을 것이라는 언급이 있었다. 일본 대중문화 소비하기를 좋아하는 한국 젊은이들이 일본의 식민지 지배 역사에 대해 더 관용적일 것이고, 따라서 일본 대중문화를 아시아 시장에 더 많이 수출하면 일본 공공외교의 성과를 자연스럽게 촉진할 것이라는 가정에 근거한 것이다.

안타깝게도 현실은 그런 추론보다 훨씬 복잡하다. 현장연구 결과, 한국과 중국에서 일본 대중문화를 좋아하는 젊은이들은 실제로 역사 문제를 문화적 선호와는 무관하게 비판적으로 생각하는 경향을 나타냈다고 이와부치는 지적한다. 일본 대중문화에 대한 공감은 동시대 일본의 이미지를 긍정적으로 변화시킬 수 있을지도 모르지만, 사람들의 기억이나 과거까지 지우지는 않는다는 것이다. 이와 같은 연구 결과는 일본과의 외교 마찰이 발생한 이후에 한국이 일본인을 대상으로 실시한 설문조사(한국국제문화교류진흥원, 2019) 결과에서도 알 수 있다. 해당 조사에 따르면, 문화콘텐츠에 대한 관심과 소비 지출에 대한 비교적 긍정적인 전망과는 별개로, 한국이라는 국가에 대한 인식은 부정 응답률이 과반을 넘긴 점과 일맥상통한다. 이와 같은 점은 혐한류 서적의 내용에 의거, '한류'가 직접적인 혐오의 대상이라기보다는, 양국 간 현안에 대한 '한국의 반일' 입장에 대한 비난과 혐오를 담고 있다는 해석(Liscutin, 2009), 일본 내 한류 현황을 보여주는 각종 지표와 평가는 양국 간 역사적으로 형성된 적대감에도 불구하고, 보편적이고 다양한 취향을 반영하는 문화현상으로 지속되고 있다는 주장(정수영 외, 2018)으로도 뒷받침된다.

하지만 위의 분석과 주장 역시도 현실의 일부만을 설명할 수 있을 뿐이다. 2019년 한국 대법원의 일본에 대한 강제징용 배상 판결에 이어 일본 정부의 화이트리스트상에서 한국을 배제하는 조치가 있었다. 이후 한국 대상 수출 규제의 부과로 한일 관계가 악화일로를 걷게 되면서, 문화예술 공연·전시·행사 등이 취소, 연기되는 등 양국 간 문화교류가 위축되었다. 대표적인 예로 일본 위안부 피해자를 표현한 '평화의 소녀상'은 일본 아이치 트리엔날레의 기획전에서 전시되었지만, 일본 내 극우 세력의 테러 협박과 일본 정부의 압박으로 전시가 중단되었다가 가까스로 재개되는 해프닝을 겪기도 했다. 이후 양국 간의 군사비밀보호 협정인 지소미아GSOMIA 연장 여부를 둘러싼 마찰에 이르기까지 일련의 국제 경제·외교·안보 이슈와 관련해 첨예한 대립을 보인다. 이에 따라 정부와 지자체의 후원을 받는 문화교류 행사는 물론, 문화와 관련된 제반 논의는 국제정치 상황의 추이에 따라서 교착 상태에 빠지는 악순환에 놓이게 되었다.

3) 정치외교 이슈와 문화교류 간 역학에 관한 기존 담론의 한계

소프트파워는 공공정책에 대한 '환경'을 조성함으로써 간접적으로 작동하는 경향을 띤다. 그 때문에 바라는 성과를 얻기 위해서는 오랜 시간이 걸린다(Nye, 2004). 결과적으로, 소프트파워는 군사력의 행사, 전쟁 도발, 타국에 대한 경제 제재의 부과와 같은 강압적인 하드파워에 직면하게 되면 취약해질 수 있다(Kim, 2018). 2000년대 초반부터 약 20년 가까이 한국이 한류의 인기를 등에 업고 집중적으로 전개해왔던 문화교역과 교류가, 핵심 대상국이었던 중국과 일본의 하드파워 행사 앞에서 모멘텀을 잃어가고 있는 상황이 이를 잘 예시한다. 그 원인과 대응책을 둘러싼 담론은 분분하지만 앞서 살펴본 바와 같이 크게 두 가지로 요약된다.

대상국 혹은 인접 국가와의 국제 정치·외교적 마찰을 문화교류 교착의 주요 원인으로 보고, 이러한 갈등이 역시 외교적으로 또는 경제 협력에 의해 우선적으로 타개되기 전까지는 순수하게 문화교류·협력의 재개 노력만으로 해법 마련이 쉽지 않다는 문화의 정치·경제 예속론이 첫 번째 담론이다. 두 번째는, 대상국 국민 간의 상호 이해를 바탕으로 대화와 협력을 강조하는 문화교류는 국제 관계의 부침에 크게 영향을 받지 않는 자율성을 가지고 있다는 문화의 역동성 담론이다. 후자는 오히려 국제사회의 외교 분쟁과 충돌의 해결 장치로 문화교류가 촉진하는 초국가적인 연결이라는 가치에 대한 커가는 기대를 반영하기도 한다.

위의 두 가지 담론 중 어느 한쪽이 옳거나 그르다는 판단은 실질적으로 내리기 어렵다. 두 담론 모두가 복합적이고 입체적인 현실을 구성하는 각기 다른 단면을 설명하고 있기 때문이다. 바꾸어 말하면, 하나의 담론만으로는 그것이 설명하는 현상과 반대인 현상을 설명하지 못한다. 심지어 하나의 담론으로는 설명하고자 하는 현실에 있어서도 단순히 계량적인 분석 방법으로 대상국과의 외교 갈등이 변수가 되어서 '문화교류에 영향을 미친다' 또는 '미치지 않는다'는 식의 인과관계로 설명하기에는, 통제할 수 없는 외생변인이 너무나 많다는 한계가 있다. 이 점은 그동안 많은 연구자들(Clarke, 2014; Fan, 2010; Hall and Smith, 2013)이 거꾸로, 소프트파워나 국가브랜딩의 성과가 문화의 전파와 직접적 연관이 있다고 주장하거나 판단하기 어렵다고 지적한 바와 유사한 논리다. 문화제국주의와 국수주의 담론이 교차하는 가운데 늘 정치적 긴장을 동반해왔다는 점을 상기하면, 차제에 국가 간 대중문화교류에 있어서는 문화교류가 정치·경제에 예속되어 있다는 시각이나 반대로 문화교류가 정치적 장벽을 뛰어넘는 초월적인 가치라는 대립되는 프레임에서 벗어나서 문화와 정치·외교·통상과의 '동반자적' 관계를 허심탄회하게 인정할 필요가 있다(김휘정, 2018).

어떤 경우든지간에 분명한 것은, 정치·역사적으로 형성된 이슈는 분별 있게 그 자체로 다뤄질 필요가 있다. 문화정책은 갈등의 소지가 있는 대화를 포함해서 이미 벌어지고 있는 국제적인 연결을 더욱 촉진하는 것을 목표로 삼아야 한다는 것이다. 국가 간에 형성된 이슈에 대해 성찰적으로 재논의하고, 타인과 교환하는 것을 장려함으로써 국가 간 대화에 진지하게 참여하는 행위는 나이가 이야기한 '초소프트파워,' 즉 국가 자신을 비판할 수 있는 국가적 역량과 '성찰 능력'을 갖추는 것을 의미한다. 그로부터 국제사회에서 매력, 정당성과 신뢰성을 쌓아가게 되는 것이다. 이것은 과거 한국의 문화외교정책이 국가주의나 과도한 상업주의로 흘러서 국제사회에서의 위상 제고나 경제적 파급 효과 등 하드파워의 역량 강화에 주로 활용되고, '쌍방향 문화교류'는 정책 선언문의 구색 맞추기 차원에서 언급되던 것과는 다른 차원의 접근방식이다. 국제공연예술교류센터 Pacific Basin Arts Communication 의 마루오카 히로미 Maruoka Hiromi 이사장의 인터뷰 내용은 국제관계와 문화교류의 역설을 잘 보여준다.

"국가 간 문화교류의 의미는 이를 통해 각 나라 사람들의 이해력과 감수성을 풍요롭게 하는 데 있습니다. 그리고 정치적인 대립이나 알력 다툼이 일어도 관계를 지속하게 만드는 백업 장치와 같은 기능이 있습니다. 지금의 한일 관계 문제도, 대화를 어렵게 한다기보다는 더 깊은 대화의 기회를 만들어주리라 생각합니다. 국제관계와 문화교류가 일치할 필요는 없습니다. 가령 어느 한 나라의 정부가 역사 인식을 바꾸는 데는 100년이 걸릴지도 모르지만, 예술가라면 단 1초 만에 그 일을 할 수 있습니다. 그러한 어긋남을 운용하고 관리하는 것이 저희의 일이 아닐까요. 따라서 계속하는 것이 무엇보다 중요합니다. 한국과 일본 간의 예술 교류는, 지금까지와 똑같이 최우선 과제 중 하나로 추진해나갈 예정입니다(예술경영지원센터, 2019)."

3. 국제 문화 관계의 미래

현재 국제 문화 관계의 실천은 국제화된 문화 영역에서 시장 경쟁을 전제에 둔 활동으로부터 정부의 전략적 이익을 취하려는 목적과, 국민 대 국민의 참여, 협력 프로젝트 등과 같은 사회문화적 교환을 통해 더 큰 공공의 이익 Greater good 을 지원하기 위해 국익을 넘어서는 가능성을 견지하는 것 사이의 딜레마에 놓여 있다. 끊임없이 변화하는 세계에서 문화 관계의 실천에 영향을 미치는 긴장 상태는 국익과 타국 공중으로부터 신뢰와 타당성을 획득하기 위해 지켜야 하는 중립성 사이에서 균형을 이룬다. 결국 국가는 '이중의 게임'을 해야 하는 것이다.

문화 관계 담론이 긍정적 또는 일부 부정적인 측면에서 지난 20년 동안 문화 관계에 지배적으로 영향을 미쳐왔던 국가 간 경쟁에 중점을 두는 소프트파워 담론과 국가브랜딩 전략으로부터 진일보하기 위해서는, 문화이론으로부터 파생된 문화와 커뮤니케이션에 대한 이해라는 관점을 채택하는 것이 적합할 것이다. 이 관점은 문화는 근본적으로 상대적이며 의미의 공동 생산이라는 사회적 과정으로서의 커뮤니케이션이라는 것을 강조한다. 이는 문화교류와 관련해 더욱 대화를 지향하며, 협력적인 접근방식을 합리화하고 지지하는 데 도움이 된다. 따라서 최근의 문화교류 연구는 교류 프로젝트와 참여 주체에 의해 생성된 현장의 과정에 중심을 둔, 민족지학적 Ethnographic 인 접근 방식을 지지한다. 이러한 분석에서는 문화교류 활동에 앞서 추구하는 국익이 도구적이거나 계산적인 사고에 의해 미리 결정될 수 없다. 정부에 의해 부여되는 하향식 대상이 아니라, 상대적이고 개방적인 이해를 지지하면서 국가라는 배타적이고 협소한 개념을 극복하기 위해 생성되는 메커니즘으로 부상한다. 만일 문화교류가 국익을 지원한다면, 그것은 교류활동을 통해 개발된 신뢰, 이해, 관계의 '부산물'로써, 항상 간접적인 방식에 의해서이다(Institute for the European Studies, 2019).

EU의 정책 방향은 대화 지향적이고 범세계주의적인 방식에 의한 문화 관계 활동에 관해 벤치마킹할 만한 사례다. 유럽 28개 회원국 간 정치·경제 통합체인 EU는 국가가 소프트파워 자원을 '행사'하기 위해 위계 구조에 의지하는 반면에, 자신들은 소프트파워를 '창조'하기 위해 네트워크 커뮤니케이션 접근방식을 사용한다는 데 차이가 있다고 주장한다. EU가 추구하는 문화적 가치는 '유럽 공통의 문화적 페르소나'가 아니라 국민 대 국민의 협력을 위한 플랫폼 생성을 촉진하는 '문화의 파트너십'을 개발하는 데 있다는 것이다. 따라서 권한과 자원을 탈중심화하고 교류·협력 대상국과의 공유를 추구함으로써 외교 관계에 있어 문화를 도구적으로 이용한다는 의심을 피할 수 있다고 설명한다(Institute for the European Studies, 2019). 자연히 문화교류 활동이 EU와 같은 지역의 통합 프로젝트에 더 적합하다는 것인데, EU가 촉진하는 문화 간 대화와 협력은 개발도상국의 경제·사회적 발전의 동력으로서 문화의 개발도 포함한다.

한국은 2018년 2월 한국국제문화교류진흥원(구 한국문화산업교류재단, 이하 '진흥원')을 '국제문화교류진흥법'상 전담기관으로 지정하고 최초의 법정 계획인 '제1차 국제문화교류진흥 종합계획(2018~

2022)'을 발표하면서 체계적으로 문화교류 활동을 전개하기 위한 첫 걸음을 내디뎠다. 진흥원은 과거 수행해 오던 한류 진흥 사업 외에도 예술경영지원센터와 한국문화예술위원회가 진행하던 일부 문화교류 사업을 이관받아 진행하게 됨으로써 문화산업 교류와 문화예술 교류를 망라해 사업을 추진하게 되었다. 최초의 종합 계획은 2010년대 초·중반에 '문화강국 이미지 각인', '우리 문화 향유권 확대' 등 전략적 성과까지도 강조하였던 문화교류의 비전과 목표 대신에 '문화교류 대상의 다양화'와 '지속가능한 문화 생태계 조성' 등을 전략으로, 문화 수용성의 증진, 국제사회의 일원으로서 세계 문화 발전에 기여 등 문화교류의 여러 가치들이 수렴되는 개념으로써, '다양성'을 문화교류의 운영 원칙으로 삼고 있다. 정책의 전반적인 방향성만을 놓고 보았을 때, 다자간 협업의 범국가적 문화교류 추세에 발맞추고 있다. 또한 외교부에서 발표한 '제1차 대한민국 공공외교 기본계획(2017~2021)'의 목표와도 차별화되고 있음을 파악할 수 있다.

거창한 정책 수사와 실천에서의 부정교합이 그동안의 고질적인 문제였다면, 향후 어떻게 현실에서 국제 문화교류의 비전과 목표를 구현해 나갈지가 정책 성패의 관건이라고 할 수 있다. 먼저, 문화체육관광부가 지원하는 문화교류 사업 중 문화산업 분야와 문화예술 분야 각각을 대표하는 문화콘텐츠 국제협력 및 수출기반 조성사업(131억 8,000만 원)과 국제문화교류 단위 사업(66억 5,000만 원)의 2019년도 예산은 2018년도 대비 모두 삭감되었다.* 특히 국제문화교류 사업의 경우, 전담기관으로 지정한 진흥원 운영 예산이 단위

---

* 국제문화교류 단위 사업의 총액만을 놓고 보면, 2018년에 비해 18억 가량 증가했지만, 격년제로 지원하는 유네스코 ODA 사업의 2019년 예산 편성과, 한류 진흥 사업 예산이었던 진흥원 운영 지원이 신규 세부 사업으로 약 18억 5,000만 원의 예산 편성이 반영된 금액이다.

사업에 추가된 것을 제외하면, 대부분의 세부 교류 사업은 상당 부분 예산이 삭감되었다. 교류 분야가 기존의 순수 문화예술과 전통문화 프로젝트 중심의 교류에서, 문화 전반·정책 교류·연구·문화산업 분야까지 확장되고 있다. 교류 대상국 역시 동아시아·북미·일부 서유럽 국가에 편중되던 상황에서 북방·아세안 지역으로 확장 중임을 감안하면, 안정적으로 사업을 추진하기 위한 예산의 증액이 절실히 요구된다.

두 번째로, 진흥원이 한류 진흥 사업 외에 일부 문화예술 교류 사업까지도 추가적으로 진행하게 된 것은 바람직한 전환이다. 2003년에 진흥원의 전신인 아시아문화산업교류재단 설립 당시에는 반한류·혐한류 기류를 극복하고 한류의 지속 가능성을 재고하는 차원에서 상호주의적 문화교류가 활성화될 필요성(국회교육문화체육관광위원회, 2016)이 제기되었던 것이 배경으로 작용했다. 다시 말해, '문화 간 갈등 해소의 기제'로서의 기능이 문화교류의 다른 가치, 즉 공유된, 혹은 공동의 가치 창출 추구보다 우선적으로 요구되었던 것이다. 국제문화교류진흥원이 그동안 주력 사업으로 문화산업의 교류에 집중해왔던 것도 이 때문이라고 볼 수 있다.

반면 문화예술 교류는 문화부의 유관 기관과 민간 교류 주체들에 의해 산발적으로 실행되어 왔다. 따라서 2018년 한국국제문화교류진흥원으로 명칭이 변경되고, 문화교류 전담기관의 역할을 담당하는 진흥원이 새롭게 출범함에 따라, 문제에 대한 처방적 차원에서의 문화교류에서 전방위적인 문화교류로 그 접근방식을 바꾼 것은 적절한 조치라고 여겨진다. 다만 타 기관에서 수행되던 일부 문화예술

교류 사업과 수행 인력이 진흥원으로 고스란히 이관된 만큼, 성격이 다른 문화산업 교류와 문화예술 교류 사업이 단순한 물리적 결합을 넘어서, 유기적으로 결합되어 시너지 효과를 내기 위해서는 어느 정도의 시일이 걸릴 것으로 예측된다.

셋째, 진흥원이 수행하는 민·관 협력 해외 사회공헌 사업(착한 한류 사업)과 개발도상국 문화자원 역량 강화 ODA 사업은 각각 문화산업 분야와 문화예술 분야의 대표적인 공적 개발 원조 사업이다. 대상 국가와의 전문가 인적교류 및 현지 지역사회와의 협업을 활성화함으로써 '동반 성장'을 추구한다는 측면에서, 장기적으로 볼 때 국제문화교류가 추구하는 '공동의 가치'를 창출하는 데 부합하는 사업이다. 나아가, 한국이 한류의 발신국으로서뿐 아니라, 국제사회의 문화 선진국으로서 세계의 문화 발전에 기여하는 역할을 수행함으로써 우호적이고 협력적인 국가로서의 이미지를 '덤'으로 얻을 수 있을 것이다. 문화 관계가 협소하게 정의된 '국익'을 넘어서는 방법은 '국익을 넘어서는 문화교류 활동'에 중점을 두는 것이 결국 국익인 것으로 이해될 때, 비로소 가능성을 보여준다.

넷째, 한국과 일본, 중국과의 문화 관계는 역사적으로 형성된 한일 간 적대감으로 인한 외교 갈등, 중국의 안보 및 자국 문화보호주의에 기인한 콘텐츠 규제 등 서로 다른 원인이 작용해 교착에 빠진 상황이다. 따라서 시야를 좀 더 넓혀서 양자 간의 문제를 동아시아 안에서의 다자간 관계로 바라봄으로써 문제의 해법을 마련할 필요가 있다. 예를 들자면, 국제 문화 관계 분야에서 유럽의 회원국들과 각국의 문화 기관, 문화 네트워크의 협력체를 구성한 EU는 초국가적인 문화적 대화의 촉진자로서 스스로를 자리매김했다. 이들은 특정 회원국이 지닌 부정적 이미지를 상쇄하고 갈등 해결의 기제로 작동함으로써 부가 가치를 제공한다. 문화가 일국의 특징으로 간주되는 '정체성의 정치학 Identity politics'이라는 프레임에서 탈피해 유럽 차원의 '통합적'인 프로젝트에 중점을 두었을 때 이점이 발생한다. 국가 간 문화적 차이를 지워나가는 것이 아니라 조화시키는 역할을 맡는다는 것이다. 현재 한국은 한중일 문화 장관 회의 개최와 동아시아 문화 도시 협력 강화를 교류 사업으로 추진하고 있지만, 동아시아 혹은 아세안 지역까지 포함한 초국가적 협력체를 구성하는 데에는 이르지 못했다. 이러한 협력체가 매개한 '초국적성 문화콘텐츠'가 성공을 거두고, 성찰적인 국가 간 문화적 대화가 계속될 때 국가 간 정치적·외교적 차원에서 일어나는 역풍을 최소화할 수 있을 것이다. 그와 동시에 결코 간과해서는 안 될 점은, 대화와 협력과 같은 '이상화'된 과정의 실질적인 동력과 조건은 그 과정의 어려움, 모순, 실질적인 성취를 끄집어내기 위해 조심스럽게 분석되어야 한다는 것이다.

참고문헌

김휘정 (2018). 착한 한류: 더 나은 글로벌 문화교류를 위한 생각. 『한류와 문화정책』(편), 302~344쪽. 서울:한국국제문화교류진흥원.

정수영 외 (2018). 「한류의 확산 지체 요인에 관한 연구」. 『2017 한류파급효과 연구』(편), 139~359쪽. 서울: 한국국제문화교류진흥원.

예술경영지원센터 (2019. 9. 11). 국제관계와 문화교류가 일치할 필요는 없다. 예술경영 웹진 431호.

한국국제문화교류진흥원 (2019). 『2019 글로벌 한류트렌드』. 서울: 한국국제문화교류진흥원.

Ang, Ian., Yudhishthir. Isar, and Phillip, Mar. (2015). Cultural Diplomacy: Beyond the National Interest? *International Journal of Cultural Policy*. 21(4), 365~381.

Arndt, Richard T. (2006). *The First Resort of Kings: American Cultural Diplomacy in the Twentieth Century*. Washington DC: Potomac Books.

Clarke, David. (2014). Theorising the Role of Cultural Products in Cultural Diplomacy from a Cultural Studies Perspective. *International Journal of Cultural Policy*.

Cull, Nicholas. (2009). *Public Diplomacy: Lessons from the Past*. LA: Figueroa Press.

Cummings, Milton C. (2003). *Cultural Diplomacy and the United States Government: A Survey*. Washington DC: Center for Arts and Culture.

Fan, Ying. (2010). Branding the Nation: Towards a Better Understanding. *Place Branding and Public Diplomacy*, 6(2), 97~103.

Hall, Ian., & Smith, Frank L. (2013). The Struggle for Soft Power in Asia: Public Diplomacy and Regional Competition. *Asian Security*. 9(21), 1~18.

Holden, John. (2013). *Influence and Attraction: Culture and the Race for Soft Power in the 21st Century*. London: British Council.

Institute for the European Studies (2019). *Culture in EU External Relations: Strategic Reflections and Future Scenarios*. Brussels: Institute for the European Studies.

Iwabuchi, Koichi. (2015). Pop-culture Diplomacy in Japan: Soft Power, Nation Branding and the Question of 'International Cultural Exchange. *International Journal of Cultural Policy*. 21(4), 419~432.

Kim, Hun Shik. (2018). When Public Diplomacy Faces Trade Barriers and Diplomatic Frictions: the Case of the Korean Wave. *Place Branding and Public Diplomacy*. 14, 234~244.

Liscutin, Nicola. (2009). Surfing the Neo-nationalist Wave: A Case Study of Manga Kenkanryu. *Cultural Studies and Cultural Industries in Northeast Asia: What a Difference a Region Makes*, edited by C. Berry, N. Liscutin, and J. Mackintosh, 171~194. Hong Kong: Hong Kong University Press.

Melissen, Jan. (2011). Concluding reflections on soft power and public diplomacy in East Asia. *Public Diplomacy and Soft Power in East Asia*, edited by S. Lee, and J. Melissen. Basingstoke: Palgrave Macmillan, 247~262.

Nye, Joseph S. (2002). *The Paradox of American Power: Why the World's Only Super-power Can't Go It Alone*. NY: Oxford University Press.

_____ (2004). *The Means to Success in World Politics*. NY: Public Affairs.

Snow, Nancy. (2014). Public Diplomacy: New Dimensions and Implications in *Global Communication: Theories, Stakeholders, and Trends*, edited by T. McPhail. Wiley Blackwell: Chichester.

Williams, Raymond. (1984). State Culture and Beyond in *Culture and the State*, edited by L. Appignanesi. London: Institute of Contemporary Arts, 3~5.

Portland Communications (2019). *2019 Softpower 30 Report*. URL: softpower30.com.

USC Center on Public Diplomacy. *What is Public Diplomacy?* URL: uscpublic diplomacy.org.

2
국제문화교류, 누가 함께하고 있는가?

정정숙(한국문화기획평가연구소 소장)*

* 전주문화재단 대표이사 임기(2017. 2. 10. ~ 2020. 2. 9.) 동안의 경험을 바탕으로 전주 지역의 문화교류 사례를 기술했다.

1. 국제문화교류를 왜 하는가?

국제문화교류를 왜 하는지 이유를 묻는 질문은 왜 사는지에 대한 이유를 묻는 것과 비슷하다. 무척 막연하다. 교류는 보통 당연히 좋은 것이거나, 당연히 해야 할 활동이라서 굳이 콕 집어 이유를 내세우지 않기 때문이다. 많이 하면 할수록 좋은 것이 교류인데, 기실 예산상의 한계로 인해 오히려 교류의 기회가 충분히 제공되지 못해서 아쉬운 상태라는 것이 문화계의 일반적인 인식이고, 문제의식이기도 하다.

우리가 출생한 이래 양육되어 직립하고, 그 후 제도교육을 받고 적당한 학교와 직장을 선택하는 생애사를 돌아보면, 왜 살았는지에 대한 이유가 명확한 게 오히려 어색하다. 억지스러울 정도로 생각에 생각을 거듭해야만 가능한 답변이기 때문이다. 출생 자체가 우리 스스로 선택한 것이 아니고, 양육의 주체나 환경도 우리 스스로 선택한 것이 아니므로 사는 것에 대한 이유가 살기 이전에 선행될 수 없다.

우리의 삶은 부모와 사회와 제도에 의해 그 윤곽과 방향이 이미 확정되어 있었다. 그래서 왜 사는지보다는 어떻게 살아야 하는지를 자문하면서 사회의 기대치와 우리 자신의 가능성을 저울질하고 맞춰보는 등 매일 크고 작은 판단을 내리며 생명이 다하는 시점까지 계속 삶을 이어가고 있는 것이 현실이다.

국제문화교류라는 행위나 활동의 이유는 사는 이유에 비하면 그래도 조금은 구체적이고 덜 막연하다. 출생과 같은 불가역적이고 의

지가 개입될 수 없는 활동이 아니라, 의지에 기초해 실행하기도 하고 중단할 수도 있기 때문이다. 그렇지만 여전히 막연한 질문이라고 판단되는 이유는, 교류라는 게 움직이는 존재인 인간 사이에서 오고 가고 주고 받는 이동성과 상호성이 있는 움직임 그 자체를 의미하기 때문이다. 즉 아주 자연스러운 활동이므로 그러한 자연스러운 활동의 이유를 찾는다는 것은 대단히 의도적일 뿐 아니라 명분과 논리를 생산해내야 하는 부담이 따른다.

물론 국제문화교류가 개인이 자신의 사유재산을 활용해 자유롭게 실행된다면 어느 누구도 그 이유를 묻거나 답변할 필요가 없을 것이다. 자유로운 행위로서의 교류는 어떤 이유 없이 추구하거나 실천할 수 있는 기본적인 자유권에 해당하기 때문이다. 즉 사유재산에 대한 재산권이 현대 자본주의 체제에서 헌법으로 보장하는 기본권이므로, 사유재산을 사용하는 교류란 굳이 묻더라도 답변할 책임이 없다.

그러나 국제문화교류 행위가 공공 재원으로 진행될 때에는 그 진행 과정과 결과의 공익적 타당성이 보장되어야 한다. 왜냐하면 공적 재원은 제한적인데, 공적 재원을 필요로 하는 영역은 너무 많기 때문이다. 따라서 사적 재원을 사용하는 자유로운 활동으로서의 문화교류가 아니라 공공 재원을 쓰는 문화교류는 분명한 이유가 있어야 한다. 다수의 국민과 시민들의 삶의 질 제고와 양적 풍요에 일정 정도 기여하는 의미 있는 활동이라는 설득력 있는 논리가 뒷받침될 때에야 실행하는 것이 적절하다.

1) 조직의 존재 그 자체로서의 이유

국가나 도시를 비롯한 모든 조직은 해당 조직의 발전과 조직 구성원에게 유익할 만한 지향을 가지고 운영된다. 좀 더 쉽게 말하면 국가와 도시는 예외 없이 국민과 시민의 삶의 풍요로움과 질적 향유를 추구한다. 이러한 지향이 결국 조직의 발전과 동의어가 될 텐데, 이 발전은 국가나 도시의 경계 내에서만 폐쇄적으로 추구되거나 논의되지만은 않는다.

대부분 발전 수준이 좀 더 높다고 여겨지는 주변 조직의 발전상을 듣고, 보고, 느끼고, 이해하고, 모방하면서 최종적으로 자기 조직의 특성에 맞는 창의적인 제도와 방법론을 모색하고 만들어간다. 물론 발전 수준이 낮다고 여겨지는 주변 조직에 대해서는 발전 가능한 방법과 지원에 대한 요청이 있거나 어느 한쪽이 필요를 느낄 경우, 지원하면서 상호 협력 네트워크가 결성되는 경험을 축적할 수 있다.

가장 엄격하게 공간의 경계를 지키면서 일반인의 통행을 차단하는 종교단체조차도 국가와 국가 간 경계를 넘나드는 학습의 기회를 만들거나 교류를 실행한다. 즉 조직이라면 발전을 지향하게 마련이다. 발전은 교류의 기회를 통해서 성취되고 점검된다는 점에서 모든 조직은 그 존재 자체를 유지하고 발전시키기 위해 교류를 한다. 그리고 이 교류의 영역 중 문화 분야는 특히 콘텐츠가 다양하고, 특정 시점의 정치·경제적 갈등과도 거리를 둘 수 있다는 장점이 있으므로 교류 기회가 가장 많은 편이다.

2) 실용적 이유

국제문화교류는 단순히 조직의 유지와 발전을 위한 정례적이거나 기본적인 교류를 넘어서서 국적이 다른 문화예술인들이 서로의 문화콘텐츠를 보여주고 나누며 개인의 발전을 도모하는 활동이다. 게다가 예술작품이나 문화콘텐츠에 반영되는 예술이라는 창의성의 발현 덕분에 교류 당사자는 물론, 교류 이후에는 그 성과를 불특정 다수의 국민 혹은 시민과 공유할 수 있다는 점에서 실용성이 높다.

경제적인 수치로 환산되는 실용성 개념이라기보다는 실제로 국민과 타국민이 접촉해서 그 교류의 결과를 향유하는 차원의 실용성이다. 마치 국민이 해외 여행을 하면서 해당 국가나 도시의 문화를 접하는 것과 같은 실용성이 일부 충족된다는 의미다. 그러한 실용적 자극은 시민과 예술가에게 특정 지역으로의 레지던시, 교류, 여행에 대한 도전의식을 불러일으키는 연쇄 반응을 일으킬 수 있다. 특히 도시 재생이나 마을 가꾸기와 같은 해외 사례를 탐색하는 건축 분야에 관한 국제문화교류활동은 곧바로 새로운 도시의 재생 사업이나 마을 설계로 이어지는 실용적 효과를 발생시킨다. 앞 문단에서 이미 밝힌 바와 같이, 예술교류는 예술인 간의 개인적 혹은 집단적인 창작 활동에 자극이 될 뿐만 아니라 그 자극의 결과로 이루어지는 창작 활동은 시민이 향유할 수 있는 예술작품과 문화콘텐츠가 된다. 이러한 차원에서 볼 때 예술교류는 단순하게 측량할 수 없는 불특정 다수의 시민에게 창조적 자극을 선사하는 무한한 실용의 성과로 연결된다.

3) 정책적 이유

적어도 안정적인 행정 조직을 갖춘 국가나 지방자치단체라면 다른 분야의 정책을 수립하듯이 국제문화교류정책을 수립한다. 국제문화교류정책이나 조직의 제도화 수준, 문화교류의 역사적 경험 수준에 차이는 있을지라도, 국제문화교류를 위한 정책이 전혀 없는 국가나 지방자치단체는 없다. 이렇듯 정책을 수립하는 이유는 결국 조직의 발전을 지향하는 조직 존재 자체로서의 이유와 맥을 같이한다.

모든 국가나 지방자치단체는 그 조직이 근거를 둔 영토에서 벌어진 과거의 역사와 전통을 바탕으로 존립의 정체성을 모색한다. 또한 타 국가나 지방자치단체와 비교해 조직의 발전 수준을 논의하고 지향한다. 미래 구성원이 만족할 만한 행복을 보장하기 위한 조건의 구축을 존립 목표로 삼고 있다. 따라서 지역 자체에 대한 문화연구와 다른 지역과의 문화교류, 시민이 누리거나 접할 수 있는 문화 향유의 환경을 제공하기 위한 정책을 간과할 수 없다.

특히 이러한 교류 정책을 모색하는 과정에서, 거의 모든 조직은 예외 없이 자신들의 조직이 얼마나 의미 있는 발전을 성취하고 있는지를 알리게 된다. 긍정적인 이미지를 확산하면서, 존재감을 재인식하거나 강화하고, 상호 인정하는 관계를 추구한다. 쉽게 말하면, 가치 있는 국가와 도시라는 이미지를 알리고 확인받고자 한다. 고유한 정체성을 가진 도시와 국가가 자신들 문화가 상대방을 충분히 매료시킬 만한 가치가 있음을 확인받고자 하는 것이다. 이러한 상호 확인과 학습을 통해 고유의 문화를 계속 유지해나감과 동시에 타문화를 수용해 새로운 미래를 여는 융합적인 혼성 문화도 잉태한다.

그리고 이러한 문화교류정책에 있어서, 조직 자체의 특성을 알리는 것과 동시에 어떠한 조직과의 연관성을 강화해 도시를 발전시킬 수 있을지에 대해 전략적, 정책적 판단을 한다. 또 그러한 정책적 판단에 근거해 상대방과 교류할 콘텐츠도 확정한다.

교류 과정에서 문화예술인 사이의 신뢰와 친밀도로 인해 장르나 교류 콘텐츠의 특성을 중심으로 한 공동체의 유대감이 강화되면 국적이나 소속 도시민으로서의 정체성을 잠시 내려놓을 수 있다. 그러나 공적 재원이 투입되는 정책적 교류의 특성상 교류가 시작되고 종결되는 시점에서 국적이나 도시 정체성이 없는 무정부적인 주체들은 지원을 받을 수 없다.

2. 지자체는 누구와 함께 국제문화교류를 하고 있는가?

 국제문화교류가 쌍방향적인 활동이기 때문에 교류 주체는 상호적인 경우가 대부분이다. 때로는 지자체에서 교류할 상대 지역과 관계없이 자신의 지역에서 일방적으로 교류할 주체를 선정하거나 지목하기도 한다. 이런 사례도 넓은 의미에서 교류라고 볼 수 있겠지만, 대부분 일방적인 스터디 투어가 될 경향이 짙다.

 물론 상대 지역의 특정한 면모를 학습한다고 해도, 결국은 학습과정에서 그 지역의 역사와 생활, 문화와 예술세계 등을 배경으로써 탐색할 것이기 때문에 알게 모르게 해당 문화와 교류하는 셈이다. 그러나 파견되는 교류 주체들과 면 대 면으로 교류할 해당 지역의 예술인이나 문화기획자들이 없다면 국제문화교류가 아닌 '인사교류', '행정교류'가 돼버리거나, 예측과 상상력이 가미된 해석 중심의 문화 탐색에 그칠 수 있다. 따라서 해당 지역 시민이나 지역 예술인들의 생각과 정서와 감각에 대한 이해나 독해가 누락된다는 한계를 지닌 교류 활동이 될 수밖에 없다.

 따라서 국제문화교류의 주체는 일차적으로 문화콘텐츠를 생산하고 실연하는 예술인이 되어야한다. 그다음으로는 교류의 의미를 논의해 전체적인 교류 일정을 구상하고 기획해 예술인들을 안내하는 문화기획자가 되어야 한다. 세 번째로는 도시의 문화 발전을 지향하고, 도시의 문화에 대한 문제의식을 지닌 전문가로서의 시민, 마지막으로 그들과 문제의식을 공유하고 있는 문화행정인과 일반 시민이 그 주체가 되어야 한다.

그러나 현재까지 한국 지자체에서 일반 시민의 국제문화교류는 파견보다는 초청 프로그램을 통해 이루어지고 있다. 국제문화교류 파견 사업에 드는 비용은 여전히 적지 않으므로, 재정 자립도가 낮은 지자체에서 일반 시민을 해외로 파견하는 것은 간단하지 않기 때문이다. 도시 간 시민합창단 교류 같은 경우에도, 그들이 일반 시민이 아니라 아마추어지만 적어도 합창 공연을 실연할 수 있는 예술인이기 때문에 교류가 성사되는 것이 일반적이다.

1) 언제, 누가 함께하는가?

국제문화교류는 시기에 제한이 없는 연중 무휴 프로그램이다. 특히 지역에서는 도시의 페스티벌이나 교류 주간 기념 행사의 일정 속에서 초청이 다수 이루어진다. 파견의 경우, 공무원 간의 주제가 있는 연수나 지자체 출연기관인 문화재단의 예술인 파견 사업 등이 있다. 물론 도시 브랜드 가치를 증대시키기 위한 홍보성 행사로서 자매결연 도시들과 연간 상호 파견과 초청이 이루어지기도 하고, 파견과 초청이 격년 순환의 형태로 수행되기도 한다.

지자체에서는 재정 투입의 효율성을 도모하기 위해서나 시민의 문화예술 향유 기회를 제공하기 위해서 지자체의 국제영화제 등 국제행사에 초청할 예술인들의 출신 국가와 도시 수를 늘리기도 한다. 한편 지자체는 지방 정부 조직 내 국제교류팀을 구성해 수도권에서 이루어지는 국가 간 수교기념 행사의 전국 순회공연을 유치하기도 하고, 자매·우호 도시와의 교류를 기획하기도 한다. 지자체 내에서 이루어지는 미국, 영국, 프랑스, 스페인 주간 등과 같이 타국의 문화예술 공연을 보여주는 초청 교류행사 등이 대표적이다.

최근에는 지자체 공무원 간의 교류도 과거에 연공서열적 인센티브 성격으로 수행되던 맹목적 관광 연수가 아니라 주제가 있는 연수로써 글로벌 행정인 양성을 목표로 한다. 그리고 이러한 학습형 교류의 결과를 연말에 공유하고 평가하는 등 교류의 전체 과정이 기획될 뿐만 아니라 성과 역시 공유한다. 즉 결과에 대한 단순 공유에 더하여 평가까지 시행함으로써 교류 주체들이 선의의 경쟁을 통해 문제의식을 갖게 하고, 교류 성과가 정책에 반영될 수 있게끔 하고 있다. 전주시 공무원 글로벌 테마연수는 보통 4~10월 사이에 이루어진다. 2019년 한 해 동안 19팀 108명이 국외에 파견되었고, 6급 이상과 7급 이하의 공무원들이 유사한 비율로 구성되었다. '문화가 곧 밥이다'라는 주제로 독일과 체코를 방문했으며 '보존하고 창조하는 세계적인 전주'라는 주제로 미국과 캐나다를 방문하는 등 학습형 교류가 이루어졌다.

지자체 출연 기관인 문화재단은 예술인과 도시 발전을 지향하는 전문가의 문화교류를 지원하는 곳이다. 사전에 기획된 교류 프로그램 안에 예술인을 포함시키는 타율적 방식이 아닌 예술인과 전문가 스스로 창의적인 아이디어와 문제의식을 가지고 교류할 수 있도록 그들의 자율적인 기획을 인정하는 방향으로 교류 프로그램과 정책을 꾸려가고 있다. 창의력 증진형, 도시문제 해결형, 자매·우호 도시

교류 심화형과 기타 완전 자율형 중 한 개의 형태를 선택해 스스로 팀을 구성하고, 기획안이 심사 과정을 통과해 선정되면 교류를 수행한다. 이때 문화재단은 가능한 범위 내에서 상대 도시의 관련 단체와의 사전관계 조성 및 교류 채널을 개설하기 위한 MOU를 맺는 식으로 교류를 지원한다.

교류 기간은 초청형의 경우, 주로 지자체의 축제나 국제행사 프로그램이 개최되는 5~10월 사이에 있고, 파견형의 경우에는 스스로 교류와 탐구를 위한 기획의 시간이 필요하므로 보통 하반기에 수행된다.

2) 어디에서, 누가 함께하는가?

외면적으로 교류할 공간은 교류 주체가 선택한다. 보통 도시와 시민이 원하는 곳, 이 시대가 원하는 공감대가 형성된 곳에서 진행한다. 물론 문제의식에 따라서는 독특하게 도시에서 별로 언급되지 않거나 일반 시민의 관점에서 탐탁지 않을 수 있는, 인기가 별로 없는 곳도 가능하다. 즉 장기적으로 쌍방향 교류의 기초를 닦듯이, 준비작업의 일환으로 국제개발협력 대상 도시와 국가를 선택할 수도 있다. 그들 고유의 전통과 문화를 학습하고 이해하는 차원의 탐색과 교류도 분명 의미가 있기 때문이다.

기본적으로는 접근성이 좋고 교류 경험이 이미 어느 정도 축적되어 상호 문화에 대한 이해가 높은 곳이 편리할 것이다. 사실 교류 경험이 축적되어 있다 할지라도, 혹은 제아무리 익숙한 상대 도시라도 교류 당사자가 교류를 통해 얻고자 하는 목적에 따라 새로운 면모를 발견하는 교류 대상이 된다. 장기간 거주하는 레지던시 참여형 교류가 아니며 짧은 교류 경험 정도만 있다면, 새로운 교류 팀이 도착할 때마다 새로운 경험이 기다리고 있는 경우가 대부분이기 때문이다.

전주의 경우, 건축가를 비롯한 예술인과 문화행정가들은 유럽 권역, 호주, 미국과 같은 서구권 국가의 도시와 교류하거나 해당 지역을 탐색하기를 희망했으며, 아시아에서는 일본과 중국이 교류 대상으로 선택되는 비율이 높았다. 한편 유네스코 아태무형유산센터ICHCAP가 상주한 '국립무형유산원'의 경우, 국제포럼 등을 통해서 유럽 권역은 물론, 동남아시아 권역의 무형유산 전문가들을 초청해 그들이 생각하는 무형유산의 의미를 공유하는 국제문화교류 기회를 제공하기도 한다.

3) 무엇을 누가, 함께 교류하는가?

국제문화교류에서 교류 대상은 예술작품이나 문화콘텐츠이고, 주요 교류 주체는 예술인이다. 완성형 예술작품이 교류되기도 하고, 현장에서 시민들과 우리 문화의 정체성을 표현할 수 있는 그림 그리기 등의 프로젝트가 실행되거나 그들의 작품 패턴을 따라 그리기도 한다. 또한 함께 공연을 기획해 실연하기도 하고, 교대로 자신들의 공연을 보여주기도 한다.

2017년에 아일랜드에 파견된 국악팀은 더블린의 대중적인 펍에서 고유의 판소리 공연을 하기도 하고, 대학교의 민속음악 녹음실에서 우리의 음악과 그들의 민속음악을 함께 녹음하기도 했다. 또한 자매 도시인 터키 안탈리아에 파견된 시각예술팀은 안탈리아 시민들과 전주의 문화를 공유하고 상호간에 도시의 문화적 상징을 그려보는 활동에도 동참했다. 2018년 영국에 파견된 청년 밴드팀은 런던 시내에서 버스킹 공연을 했고, 자매 도시인 터키 안탈리아에 파견된 예술인팀은 시니어 예술인들의 활동을 탐색하고 교류를 진행하였다. 그리고 '도시재생의 과정에 있어서 사진과 영상 아카이빙을 어떻게 할 것인가'라는 주제로 영국을 방문한 팀은 테이트브리튼 미술관의 아카이브 방식을 공유하기도 했다.

   2019년에는 포크 음악의 원류를 찾아서 전주에서 활동하는 어느 포크 듀오 팀이 미국 전역을 순회하며 예술인과 공연하고 교류하면서, 전주라는 지역에서 음악을 만들고 공연하는 것의 의미를 되새겼다. 전주의 자매 도시인 중국의 쑤저우시를 방문한 시각예술팀은 쑤저우의 근대와 현대 경관과 예술을 경험했다. 또한 예술치유에 관심이 있는 문화기획 팀은 유럽 권역의 네덜란드와 독일, 프랑스의 도시를 방문해 커뮤니티 운영 방식을 학습하는 학습형 교류를 수행했다. 전주의 팔복예술공장에서 실행하는 2019년 레지던시에서는 남아프리카공화국과 영국의 예술가 각 1인이 3개월간 상주하면서 자신들의 장르인 일상생활 속 사운드, 시각의 굴절에 초점을 맞춘 오픈 스튜디오와 전시회를 개최하기도 했다. 단일 장르가 아니라 복합적인 실연과 창작도 초청 레지던시를 통해 가능하다.

20주년을 맞은 전주국제영화제에서는 지난 20년 동안 참여한 외국 영화들의 다양한 포스터 전시도 이루어졌다. 전주시가 스페인 예술인을 초청한 '스페인 주간' 행사에서는 전주의 역사적인 공간인 '향교'에서 스페인의 음악과 댄스가 실연되었고, 시의회 문화경제위원회 의원들로 구성된 중창단이 공연하기도 했다. 이는 서로의 문화예술을 교류하는 초청 프로그램으로, 프로와 아마추어 예술가들의 교류 활동이 전개되었다.

4) 어떻게, 누가 함께하는가?

어떻게 교류하는가에 대한 물음은 무엇을 교류할 것인가에 따라 결정되는 한 쌍의 질문이다. '어떻게 교류할 것인가'라는 방법론은 교류 목적에 따라 교류할 문화콘텐츠가 확정되고, 교류 인원의 규모가 조정되면서 교류 일정도 동시다발적으로 논의되고 조율된다. 국제개발협력은 결과를 분명하게 확정하고 그 결과를 달성할 수 있도록 프로젝트를 엄밀하게 구성하는 편이지만, 국제문화교류는 달성할 목표치를 확정하고 그 목표에 집중하는 확정형보다는 교류 과정 중에 나타날 다양한 상황 변수에 의해 비교적 유연하게 변화가 가능하다. 다만, 공연과 전시 교류의 경우 공연과 전시 횟수는 사전에 확정되곤 한다.

최근 공공 부문의 교류는 성과 공유의 절차를 교류 사후에 실시하는 경향이 있다. 굳이 성과 공유라는 절차가 없더라도 예술가들은 예술가 간의 만남 자체에 의미를 부여한다. 그러나 아직은 공평성에 대한 문제 제기가 높은 한국 사회의 특성상, 성과 공유의 절차와 형식을 교류 활동 자체에 반영하는 게 적절하다고 여겨지는 편이다.

국제문화교류가 실행되기 전에는 예술가 간의 교류 목표나 문제의식에 대한 엄격한 심사 등을 통해 교류가 허용된다. 그 이후 교류 결과에 대해서는 전적으로 예술가들에 맡겨주는 자율권을 부여하는 것이 가장 바람직하다. 그렇게 자유롭고 창의적인 교류를 통해 실제로 얻어지는 영감과 창의성이 해당 사회의 예술성을 증진시킨다는 점에 예술인 대다수가 합의하고 있기 때문이다.

3. 지자체 국제문화교류의 성과와 과제

국제문화교류의 성과는 주로 교류를 지속케 하는 시스템으로서의 교류 제도화와 교류 정례화, 교류 규모, 교류 기획력, 교류 의지 등에 따라 달라질 수 있다. 또한, 시민의 개방적 마인드, 예술인들의 창의적 도전력과 소통의 경험도 성과를 좌우하는 변수가 될 수 있다. 역으로 국제문화교류 경험의 축적이 교류 제도화나 정례화, 교류 규모의 확대를 가져오기도 한다. 따라서 한 도시에 국제문화교류 조례가 있거나, 교류가 몇 년을 두고 지속적으로 실행될 만큼 정례화되었거나, 교류 규모가 증대된다면 그것 자체가 국제문화교류의 성과일 수 있다.

자치단체에서 조례 등을 통해 국제문화교류가 제도화되면, 그 조례에 근거해 국제문화교류 정책을 정기적으로 수립하게 된다. 그렇게 되면 문화교류 사업이 그 정책에 의해 실행될 확률이 높으므로 다각적인 성과가 발생할 수 있다. 예컨대, 타 권역·국가·도시를 기념하는 주간이 정례화되면 그 밖의 권역·국가·도시 등도 그러한 정보를 접하면서 새롭게 교류의 장을 열 기회를 탐색하고 접촉한다. 따라서 국제문화교류는 제도화와 정례화 수준이 성과를 좌우하는 가장 큰 변수다.

예컨대, 도시의 사례로 기초자치단체인 전주의 사례를 살펴보면 다양한 축제나 국외 국가 및 도시와 기념 주간 행사 등을 개최하고 있어 초청형 국제문화교류가 활성화되어 있다. 그러나 아직도 국제문화교류 활성화의 최소 기반이 될 조례 등은 제도적으로 구비되지 않아서, 국제문화교류와 관련된 정기적인 정책 수립을 기대할 수 없는 상황이다. 따라서 현재까지의 국제문화교류 성과가 지속되리라는 제도적 보장이 없는 셈이다.

오히려 조례 제정과는 반대로 1994년 2월에 중앙 정부의 국제화추진위원회 규정이 만들어졌지만, 당해 12월에 폐지된 바 있다. 다시 세계화추진위원회 규정이 1994년 12월에 만들어졌다가 1998년 4월에 폐지되었는데, 이에 따라 1994년에 의결되었던 전주시 국제화추진협의회 조례안이 2014년에 폐지되었다. 그리고 전주시와 터키의 안탈리아 사이에 국제자매결연을 체결하기 위한 조례안이 지방자치법에 근거해 2013년에 의결되었다. 국제문화교류의 전반적인 활성화 조례안이 아니라 국제문화교류를 추진하기 위한 방법론으로서 타 국가 도시와의 자매결연을 맺는 단일 사업에 대한 조례가 의결된 것이다.

중앙정부의 국제교류와 관련된 위원회 규정의 신설과 폐지를 답습하는 기초자치단체의 위원회 구성을 위한 조례와 그에 대한 폐지 조례안은 중앙정부 규정과 관련해 일관되고 통일된 의결 방식일 수도 있다. 하지만 한편으로는 지자체의 교류 의지나 방향 및 정책과는 무관한 맹목적인 추수로 인식될 수도 있다. 즉 기초자치단체가 국제문화교류에 대해 자체적인 의지나 고민이 적은 것으로 해석될 여지가 있다. 한편 위원회 구성이나 자매결연과 같은 구체적인 조직구성이나 사업명은 사실상 조례의 명칭으로서의 지위보다는 조례가 지향하는 목적을 수행하기 위한 부수적인 조직이나 사업명이다. 따라서 이러한 사업들은 교류활성화를 위한 종합적인 조례의 내용으로 포함되는 것이 바람직하다.

앞 장에서 기술한 국제문화교류의 존재 이유와 실용성 등에 공감할 수 있다면, 국제문화교류의 성과는 그러한 이유들을 만족시키는 것과 동일할 것이다. 예술인과 시민의 예술 감수성을 증진하고, 타문화를 이해하면서도 자기 문화의 정체성은 강화시켜나가는 수준이 점점 높아지는 것이 성과다.

한편, 연도별로 보여주는 국제문화교류의 양적 추세에 따른 성과 평가도 가능하다. 국제문화교류를 위해 초청한 국외 예술단의 초청 횟수, 파견 횟수, 이를 위해 지원한 예산 규모, 파견한 예술단체와 예술인의 전체 규모, 그리고 교류를 수행한 국가와 도시 수, 교류 장르의 다양성 등이 정량적인 성과가 된다. 한편, 교류 주체를 위한 기획력이나 실행력, 그리고 상호 만족도 등은 정성적으로 드러나는 성과다. 5년, 10년 단위로 파악할 수 있는 성과는 국제문화교류의 지속성과 초청 또는 파견된 예술인들의 창작 장르 분포 등이다.

끝으로 국제문화교류의 성과 속에서도 드러나는 한계와 이를 보완할 과제를 광역과 기초자치단체를 포함해 살펴보고, 미래에도 국제문화교류를 효과적으로 지속하려면 무엇이 필요한지를 제안해 본다.

첫째, 지자체에서의 국제문화교류는 아직도 몇 명의 외부 전문가나 대사관 등에서 그들의 필요에 따라 제안하면 성사되는 이벤트와 유사한 방식으로 진행되는 경우가 다반사다. 규모의 증가에 비해 기획력은 외부 의존적인 것이다. 지자체의 발전을 모색하는 과정에서 지자체 내부에서 고민하고 선택하며, 장기적이고 지속적인 국제문화교류 정책과 사업이 기획되어야 한다. 따라서 국제문화교류 정책이 기획될 수 있는 조례가 필요하며, 그에 따라 정책이 수립되면 초청형과 파견형 교류 역시 일시적 이벤트가 아닌, 지속적으로 실행할 수 있는 토대가 확보된다.

둘째, 여전히 국제문화교류는 경제적 파급효과와 무관한 낭비성 혹은 소모성 행사로 인식되고 있기도 하다. 이는 마치 예술이 정책 영역 밖에서만 정책적 지원 없이, 좋아하는 사람들 스스로의 재원으로 선택하는 것이라고 여겨졌던 과거의 고립적, 폐쇄적 예술관과 유사한 사고방식이다. 그러나 도시가 질적인 발전을 도모하려면, 또 시민이 질적으로 깊이 있고 의미 있는 삶을 향유하고 영위하려면, 초청된 국제문화교류의 기회를 통해 즐기고 이해하며 타 문화를 학습하면서 함께 성숙해져야 한다. 국외 도시로 파견되는 예술인들 또한 국제문화교류의 성과를 통해 함께 자극받고 도전하며 예술 창작과 향유의 폭을 넓히고 심화시켜야 한다. 즉 국제문화교류는 소모성 행사가 아니라 생산적 이해이고, 문화 향유의 필수적 통로라는 인식이 확산될 수 있어야 한다. 이를 위해 지자체 정책 입안자들과 문화예술계의 정책 의지와 교류 의지가 강화되어야 한다.

셋째, 전주시를 포함한 광역자치단체로서의 전라북도는 14개의 기초자치단체로 구성되는데, 2018년을 기준으로 총 12개국 69개 도시와 자매·우호 관계를 맺고 있다. 이미 자매·우호 관계가 형성된 도시 간에 행정적 인사교류만이 아니라 문화교류를 통해서 교류의 깊이를 더해가는 것이 효율적이며 바람직하다.

넷째, 전라북도의 출연기관인 전북문화관광재단은 한국문화예술

기금과 전라북도 예산을 매칭해 매년 국외 전시를 약 10건씩 지원하고 있다. 또한 상하이 아트페어 참여 작가도 지원하는 등 순수예술 영역의 교류뿐만 아니라 상업적 유통이 가능한 방식의 교류도 선도하고 있다. 게다가 전라북도의 중국 상하이 사무소를 거점으로 전라북도 공연문화를 알리는 역할도 하고 있다. 이러한 광역자치단체가 광역문화재단과 기초문화재단들이 협력해 국제문화교류 경험과 성과를 공유하는 공동협업형 공유회가 개최될 수 있도록 견인하는 역할을 해준다면 국제문화교류 성과가 예술계 전반으로 확산될 수 있다. 또한 예술 창작과 유통에 대한 다양한 아이디어가 구상되는 계기가 될 것이다.

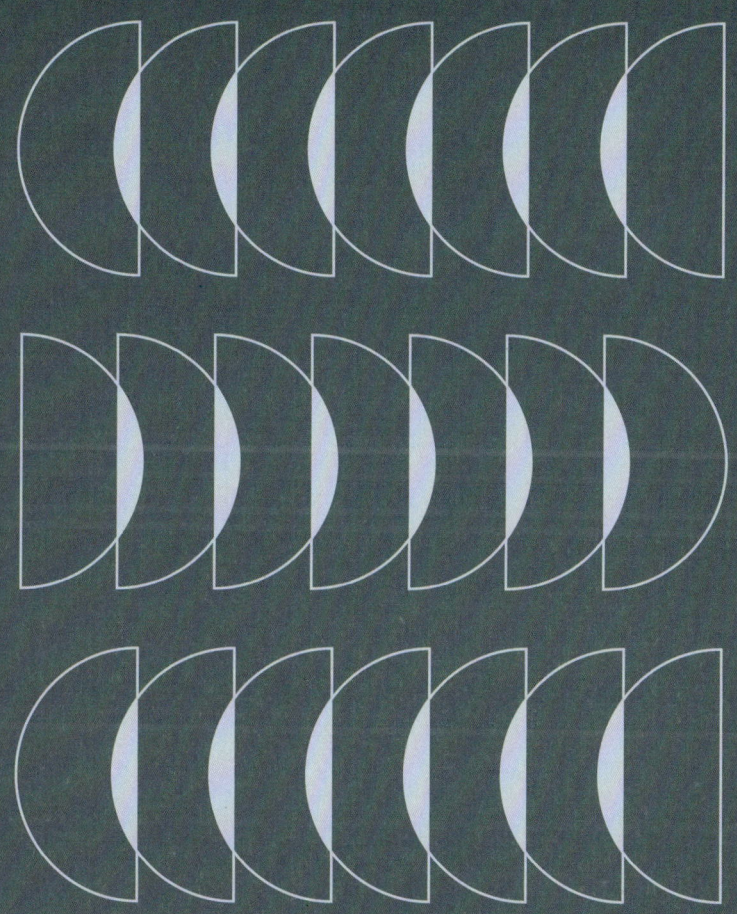

3
동시대 예술의 태동을 위해
: 예술 생태계의 좌표와 방향 탐색*

김성희 (계원예술대학교 융합예술학과 교수)

* 이 글은 다음의 글을 확장한 것이다. 김성희(2019). 오늘을 멀리 보기, 미래를 가까이 보기, 《비주얼》, 15호. 서울: 한국예술종합학교 미술원 조형연구소, 세기19년, 4~12쪽.

1. 국제 동시대 예술의 역사적 맥락

"예술은 죽었다. 썩은 시체를 소비하지 말라."

예술의 죽음을 슬로건으로 내걸었던 1968년 5월의 거리는 실질적인 변화의 단초였다. 거리의 집회와 예술 변화의 상관관계는 특히나 하룬 파로키 Harun Farocki, 크리스 마커 Chris Marker 등을 위시해 영화에서 구체적으로 나타났지만, 변화의 양상은 국제적인 예술 생태계에 총체적으로 번졌다. 새로운 미학이 새로운 사회적 변혁을 만들어낼 수 있다는 낭만주의 시대의 믿음이 좀 더 과격하고도 사려 깊은 행보로 폭발했다. 전통적인 예술의 이데올로기적 기반을 재고하고 창작의 토양을 재구성하려는 노력이 20세기 중반에 이르러 정점에 달한 것이다.

공연예술에 있어서는 오페라, 발레, 오케스트라와 같은 부르주아에게 봉사하던 전통적 예술을 탈피해 실험적이고 진보적인 변혁이 무대에 올랐다. 우리가 동시대 예술 Contemporary Arts이라고 부르는 감각의 전환은 말 그대로 '급변'을 맞았다. 특히 우리가 '현대무용'이라 일컫는 영역은 새로운 세대가 추구하던 진보적 가치와 실험 정신, 그리고 언어를 초월하는 국제주의의 가능성을 개방했다. 1980년에 설립된 국립기관인 국립안무센터 The National Choreography Centres는 프랑스 22개 지역 중 15개의 지역에 특성 있는 현대무용 단체를 배치해 집중 지원함으로써 1980~90년대 프랑스 현대 무용의 전성기를 이끌었다. 벨기에는 전통적 예술의 불모지였던 까닭에 좁은 운신의 폭 안에서 동시대 예술에 대한 국가 차원의 지원

체제를 갖추게 되었다. 얀 파브르 Jan Fabre, 안느 테레사 Anne Teresa, 알랭 플라텔 Alain Platel 등과 같은 예술가들과 싱겔 극장 deSingel, 쿤스텐 페스티벌 Kunsten Festival Des Arts 등이 동시대 감각을 최첨단에서 이끌며 벨기에를 동시대 예술의 중심에 위치시켰다. 독일의 경우, 피나 바우쉬 Pina Bausch가 이끄는 부퍼탈 시립무용단 Tanztheater Wuppertal Pina Bausch, 윌리엄 포사이스 William Forsythe의 프랑크푸르트 발레 Frankfurt Ballet, 토마스 오스터마이어 Thomas Ostermeier의 서베를린 샤우뷔네 Schaubühne, 프랑크 카스토프 Frank Castorf의 베를린 민중극장 Volksbühne Berlin, 뮌헨의 뮌헨 카머슈필레 극단 Münchner Kammerspiele 등 도시별로 특성화된 무용단과 극단이 체계적인 지원을 동력 삼아 동시대 예술의 굵직한 성과를 이끌어냈다.

이와 더불어 1990년대 이후에는 무대를 조형적인 스펙터클로 연출하는 전통적 태도에서 벗어나 신체와 의식의 관계를 탐색하고 이들을 통제하는 권력적 장치들을 질문하는 방법론이 기관에 종속되지 않고 개별적으로 활동하는 젊은 안무가에 의해 무용계에 펼쳐졌다. 제롬 벨 Jerome Bell, 자비에 르루아 Xavier Le Roy, 보리스 샤르마츠 Boris Charmatz 등 '농당스 Non-danse'라는 (다분히 오해의 소지가 많은) 호칭으로 엮이는 안무가들은, 도제 체제에 의존하는 일방적인 소통을 무용수에게 주입하는 대신 무용의 조건과 기능에 대한 비평적 사유를 관객과 공유하는 형식을 만들어갔다. 이는 형식의 변혁에 머물지 않고 자본주의에 대한 총체적인 저항을 유전자로 삼았다.

극장의 자구적인 자기 성찰은 연극 영역에서도 활발히 나타났다. 1990년대부터 2000년대 초반까지 '포스트드라마 시어터'* 라는 한

---

* '포스트드라마 연극'이라는 번역어로 널리 알려져 있으나, '연극'이라는 단어가 지시하는 제한적인 의미로부터 벗어나기 위해 이 글의 본문에서는 '포스트드라마 시어터'라고 번역해둔다.

스-티에스 레만 Hans Thies Lehmann의 용어를 통해 국제적으로 알려진 일련의 작품들의 성장 배경 역시 마찬가지다. 탄탄한 미학적, 비평적 사유를 기반으로 하는 창작의 새로운 활로들이 열렸다. 그리고 그러한 새로운 장은 극장의 지지로 힘을 얻었다. 독일 동시대 연극계의 대표적인 예술 감독 마티아스 릴리엔탈 Matthias Liliental은 "자본주의에 저항하는 마지막 장소"가 극장이라는 신념으로 연극의 조건에 대한 비평적 성찰을 작품의 근간으로 삼는 작품과 연출가들을 지원했다. 릴리엔탈은 이와 더불어 베를린 민중극장, 하우 Hebbel am Ufer: HAU, 뮌헨 카머슈필레 같은 극장을 이끌어 세계적으로 가장 영향력 있는 현대 독일 연극을 이끌었다. 크리스토퍼 마샬 Christopher Marshall, 프랑크 카스토프, 르네 폴레슈 René Pollesch, 리미니 프로토콜 Rimini Protokoll 등 오늘날 가장 혁신적인 방법론으로 알려진 연출가들의 성장은 이러한 제도적인 지지체가 작동한 덕분이다.

극장을 초과하는 또 다른 중요한 변화의 장치는 공연 페스티벌이었다. 과거 극단 중심의 레퍼토리 시스템이 중앙 집권적이고 주류 예술가를 위한 시스템이었다면, 페스티벌은 젊고 실험적인 예술을 위한 대안적 역할을 적극적으로 떠맡았다. 공연예술의 '변방'으로 여겨지던 벨기에의 쿤스텐 페스티벌이 파격적으로 실험적인 작가들을 발굴하고 성장시키면서 유럽의 지형도는 바뀌기 시작했고, 파리 가을 페스티벌 Festival d'Automne à Paris, 비엔나 페스티벌 Wiener Festwochen, 아비뇽 페스티벌 Festival d'Avignon 등의 보수적인 페스티벌조차도 변화에 호응하면서 새로운 작가군을 초대하거나 제작을 지원했다. 기존의 관습에 질문을 던지는 새로운 관점과 형식을 추구하는 아티스트들은 이렇게 안정적인 제작 기반을 바탕으로 성장할 수 있었다.

페스티벌이 자처한 역할 중 하나는 새로운 관점과 형식을 제시하는 젊고 실험적인 예술가의 작품을 제작하는 네트워크를 형성하는 것이었다. 제작 방식 중 하나인 '공동 제작 시스템'은 뜻을 같이하는 페스티벌이 공동으로 제작 지원을 분담하고 공동으로 작품을 선보이는 체제이다. 〈그림 1〉의 예와 같이, 요코하마의 가나자와 극장 KKAT, 타이페이의 국립극장 NTCH, 멜버른의 아시아 토파 Asia TOPA, 비엔나의 비엔나페스티벌 Wiener Festwochen, 광주의 아시아문화전당 ACC이 하나의 신작을 위해 제작비를 분담해 작품을 제작한 후 각 다섯 도시에서 시연한다. 공동 제작자들의 행사에서 시연되는 동안, 또 다른 도시로의 투어들이 만들어지면서 작품의 생애주기가

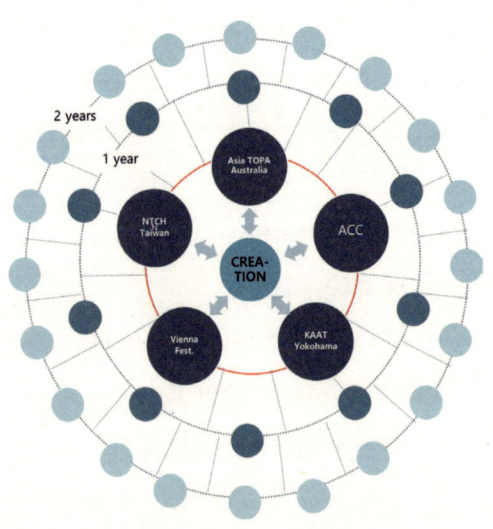

그림 1
국가별 '공동 제작 시스템' 네트워크 도형.

1~3년에 이르기도 한다.

과거에는 극장마다 전속 단체가 소속되어 있고 그 전속 단체의 레퍼토리로만 극장을 운영했으며, 따라서 관객은 반드시 극장에 가야만 작품을 볼 수 있었다. 페스티벌은 이러한 지역성으로부터 탈피하여, 다양한 독립 단체의 작품을 여러 파트너들이 공유해서 지원하고 시연할 수 있는 시스템을 개발했다. 제작비를 공유함으로써 더 많은 예술가의 작품을 제작하고, 예술가에게는 투어의 기회를 확대해 작품의 수명을 연장하며, 관객은 작품의 이동성을 통해 자신의 지역에서 다양한 작품을 감상할 수 있다. 또한 페스티벌 기간 동안 다양한 관점과 형식의 작품을 통해 동시대 예술의 좌표를 볼 수 있다. 더 나아가 지역주의를 벗어나 국제적인 미학과 관점을 공유할 수 있는 플랫폼 역할을 하기에 이르렀다. 그러한 기반은 보다 과감한 혁신의 장으로 기능했다.

역동적인 극장 제작 체계와 국제적 페스티벌은 1980년대 공연예술계에 새로운 윤리적 태도를 부여했다. 유럽 외의 문화를 타자적으로 보는 시선에 대한 윤리적 성찰이 생겨나면서 비서구권 예술을 다루는 관점에 변화가 생겨난 것이다. 비서구권을 단순히 이국적 시선으로 바라보기보다는 다른 지역의 예술가들이 오늘날 자신의 지역을 어떻게 바라보고 어떤 형식을 통해 어떤 관점을 제시하는가에 주목했다. 많은 유럽의 극장과 페스티벌이 국제주의를 표방하기 시작하면서 '일본 주간', '인도 포커스' 식의 오리엔탈리즘 성향이 강한 전통예술 위주의 프로그램이 폐기되었고, 비서구권의 퓨전 혹은 전통예술에 대한 관심이 동시대 예술로 이동했다. 극장과 페스티벌의 프로그램 구성에 있어서도 아시아, 중동, 남미, 아프리카 등 유럽과 탈서구 지역의 동시대 예술가로 함께 구성했고, 대칭적 관계에서 문화적 상대성을 인정하며, 동시대 담론을 공유하고 함께 촉진하는 동반자들의 장을 추구했다. 페스티벌이 다른 지역과 문화를 이해하는 창구 역할을 한 셈이다. 이에 따라 오카다 토시키(일본), 호추니엔(싱가포르), 아피찻퐁 위라세타쿨(태국), 마크 테(말레이시아) 등 아시아 작가들이 공연 작품을 통해 대거 동시대 예술 담론에 참여하게 되었다. 2010년대 전 지구적인 보수화에 따라 국가주의가 다시 팽배해지기 전까지 이러한 분위기는 활발하게 이어졌다.

탈국가적 교류가 미학적으로 탈장르적인 방법론의 도래와 시기적으로 일치하는 것은 우연이 아닐 것이다. 동시대 예술의 가장 중요한 특징은 연극, 무용, 오페라와 같이 전통적인 장르의 구분이 무너지고 나아가 공연예술과 시각예술의 구분까지 허물어지면서 각 영역이 서로 교류, 융합, 초월하는 '다원적 Interdisciplinary' 특성을 갖게 되었다는 것이다. 동시에 공간적으로도 전통적 극장이나 미술관을 넘어 대안적인 장소를 개념화하거나 장소특정적 Site-specific 방법론을 발전시키는 등 다양한 공간 개념들이 생겨난 것도 주목할 만한 맥락이다. 관객 참여형 퍼포먼스, 상호작용, 일대일 관람 방식 등 프로시니엄 Proscenium의 일방적이고 주입적인 집단 재현 체제를 극복하는 새로운 관객성의 발상도 이 시기에 본격화되었다. 이는 물론 개념미술 이후 창작과 형식에 대한 본질적인 변화를 이끈 동시대 조형미술의 방법론으로부터 영향을 받은 동태이기도 하나, 제도적 장치의 변화가 곧 형식의 변혁을 견인할 수 있었던 것이다. 한스-티에스 레만이 말하듯, 1970~80년대까지만 하더라도 공연예술은 재정적 한계와 협업의 특성 때문에 주로 홀로 창작하는 조형미술가처럼 예술가의 개인적 비전을 구현하는 것이 매우 어려웠다(Lehmann, 2006). 1990년대 이후의 제도적 변화는 형식에 대한 과감한 실험과 작가 개인의 예술적 비전 확장을 가능케 했다.

공연예술의 특성상, 형식의 변화는 관객과의 관계 변화를 동반할 수밖에 없다. 관객은 공연예술의 중요한 매체적 구성 요소이기 때문이다. 관객 역할의 변화야말로 1990년대 이후 동시대 공연예술이 추구한 가장 괄목할 만한 변화의 영역이다. 전통예술이 환영을 통한 일방적인 메시지 전달과 정서적 감흥을 추구한 반면, 동시대 공연예술은 실재를 새롭게 감각하고 사유하게 함으로써 현실을 비평적으로 바라보게 했다. "정서적 동질성으로 단일화되는 관객, 19세기 낭만주의 유산으로서의 '객석 특정적' 단일체가 오늘날 여전히 유효할 수는 없는" 것이다(서현석·김성희, 2016). 예술가들은 세상을 비평적으로 분석하고 이에 대한 자신만의 관점과 예술적 형식을 통해 관객에게 질문을 제기하는 방식을 진화시켰다. 따라서 관객은 감정 이입, 감동, 카타르시스와 같이 감상주의적 관람 방식이 아니라 예술가의 다양한 관점과 질문을 통해 능동적으로 사유하는 방식을 수용하기 시작했다. 따라서 극장이라는 공간이 예술가와 관객이 모여 능동적으로 현실에 참여하고 미학적 변화를 이끌어내기 위한 장소로 재편성될 수 있다는 가능성이 타진되었다.

중요한 것은 이러한 미학적 변혁이 단지 '예술을 위한 예술'을 옹호하는 엘리트주의가 아니라, 개인의 감각으로부터 사회적 변혁의 힘을 일구고자 하는 의지의 발현이었다는 점이다. 쿤스텐 페스티벌을 운영한 전 예술감독 프리 라이젠 Frie Leysen이 2014년 에라스뮈스상을 수상하면서 한 연설에는 이러한 정신이 잘 담겨 있다. 자본화, 우경화, 국수주의화하는 2010년대의 유럽 사회를 우려하며 라이젠은 이렇게 말했다.

> "우리는 예술적 본질이 아닌, 숫자와 경제적인 논리로 지나치게 스스로를 정당화하고 있는 것은 아닌가요? 혹시 우리는 그저 연예인이 되어버린 것일까요? 응당 혼란과 영감의 원천으로 존재해야 하는 우리가, 매니저나 마케팅 담당자, 회계사의 규칙에 꼬박꼬박 복종하는 엔터테이너가 되어버린 것은 아닐까요? (……) 이 상은 하나의 경종이기도 하면서 또한 예술가들이 자유롭게 작업할 수 있는 공간 확보를 위한 호소라고 생각합니다. 예술가들이 자유롭게 그들의 비전과 예술적 어휘를 발전시키며, 비판적으로 사회를 분석하고 그 오류를 드러내어 우리에게 영감을 불어넣을 수 있는, 자유의 공간 말입니다. 그 어떤 정치적, 경제적, 사회적, 미학적 압박이나 의제로부터도 자유로운 공간(Leysen, 2014/2017).*

---

* 2017년에 발행된 『옵.신』 7호에서 발췌.

2. 국내 동시대 예술의 환경

 국내의 동시대 예술의 지형은 20세기 후반에 걸쳐 수차례의 결정적 계기에 따르는 변화를 겪어왔다. 문학과 건축으로부터 공연예술에 이르기까지 국제적 감각과 방법론에 싱크되는 계기는 일제강점기 이후 일본을 통하지 않고 직접 모더니즘을 도입하는 경로가 개척되면서 활발해졌다. '모더니즘'의 영향이 대학의 학위 과정으로 정착되었고, 군사정권 아래 '현대무용'과 '현대연극'을 전공하는 첫 세대들이 배출되었다.

 오늘날 국내의 예술 현황을 파악하면서 불가피하게 물을 수밖에 없는 질문은 과연 모더니즘이 온전하게 도입되었는가의 문제다. 모더니즘 예술의 방법론은 매체에 대한 성찰과 창작자의 세상에 대한 개인적인 해석을 기반으로 하며 이를 생명으로 한다. 하지만 국내에서 '모던' 혹은 '현대'라는 명칭으로 호명되는 방법론은 창작에 임하는 창작자, 즉 개인 각자가 근원적인 성찰로부터 작업 과정을 이끄는 것이 아니라, 맥락과 근원에 대한 이해 없이 서구 예술을 모양새만 복제하는 방식으로 진행된 것이 사실이다. 말하자면 국내의 '현대' 무용과 '현대' 연극은 지금까지 수직적인 봉건사회를 모델로 하는 도제 체제에서 벗어나지 않는 탑다운 Top-down 방식으로 고수되고 있는 것이다. 대한민국이 근대국가로 재탄생하는 과정에서 무수한 유학생이 해외의 예술을 접했음에도 불구하고 방법론과 통찰을 재생산하는 데 실패하고 만 것이다. 이는 전통예술로부터 아방가르드 예술에 이르기까지 총체적으로 발생한 문제다.

동시대 예술 환경을 논하기 위해 초기 모더니즘을 거론하는 이유는 그것이 오늘날 국내의 동시대 공연예술이 가진 체질적인 한계를 조망함에 있어서 매우 중요한 문제이기 때문이다. 모더니즘의 실패는 어제의 이야기가 아니라 아직도 진행 중이다. 농당스, 포스트드라마 시어터, 다큐멘터리연극, 장소특정성, 수행성 등 국제적으로 뜨거운 방법론을 표방하는 국내의 적지 않은 작품 사례들은, 형식에 대한 질문으로부터 출발하는 대신 해외의 모양새를 그대로 카피하는 경우가 적지 않다. 어쩌면 그러한 한계는 계몽주의로부터 68에 이르는 유럽 시민사회의 자각 기회가 국내에서는 자생적으로 이뤄지지 않았기 때문이기도 할 것이다. 1960년대 국제적으로 변혁의 물결이 번져나갈 때 대한민국은 독재정치 아래 폐쇄되어 있었고, 1980년대의 민주화 운동은 모더니즘이 요구하는 예술에 대한 발상과 방법론의 근원적인 전환으로 이어지지 않았다.

20세기 후반에 걸쳐 지속된 동시대 감각과의 시차는 21세기로도 이어졌다. 특히 공연예술계는 아직도 유럽의 근세에 나타난 예술 형태들을 고수하고 있으며 이를 '전통'의 영역으로 수호까지 하고 있다. "20세기의 가장 성공적인 연극은 19세기 연극(Lehmann, 2012)"이라는 한스-티에스 레만의 말은 한국 상황에 밀접하게 적용된다. 더구나 퇴행적인 장르주의에 묶여 연극, 무용, 음악으로 공연예술의 영역을 구분하는 태도가 미학과 비평, 나아가 교육과 학계의 장까지 잠식하고 있다. 이러한 보수적인 폐쇄성 속에서 새로운 발상은 온전하게 이루어질 수 없는 것이 당연하다. 시대착오는 예술 창작뿐 아니라 교육, 문화정책, 지원시스템까지 총체적으로 나타난다.

이에 따라 보수적인 세력과 장이 미학적, 정치적 헤게모니를 장악하고, 중앙집권적 관료주의의 지지에 따라 재정적 자원의 분배를 결정하는 문화 권력을 독차지하고 있다. 협회와 같은 권력 집단의 정치적 권력은 나라 밖의 기후 변화로부터 예술계 전반을 고립시키는 악영향을 발휘한다. '연극계', '현대무용계', '전통무용계' 등의 집단적 선 긋기는 예술에 대한 심화된 성찰을 기반으로 새로운 방법론을 모색하는 시도들에 대해 배타적인 태도로 맞서고 있고, 이러한 지역주의의 구조적 경색은 관료들의 사유 방식과 시스템에까지 퍼져 있으며, 예술에 대한 심화된 사유를 추구하는 경로들을 차단하는 장벽이 되고 있다. 동시대적인 사유와 국제적인 예술 담론에 대한 폐쇄적인 태도는 유럽의 기준에 대한 맹목적인 신봉과 모순적으로 맞물리며 아프리카, 중동, 남미, 나아가 아시아에 대한 관심과 관점도 치명적으로 취약해져 있다. 국제적인 담론에 공조할 수 있는 플랫폼도 드물 뿐 아니라, 그나마 지역마다 넘쳐나는 국제 행사들은 국내의 낙후된 수준에 상응하는 보수적인 예술의 소비에 치중되어 있다.

이러한 폐쇄성은 장르에 대한 보수적인 분화뿐 아니라, '전통예술', '상업예술', '순수예술'을 구분하는 비정상적인 척도를 재생산하는 구조적인 패턴으로 이어진다. 1990년대 말의 경제위기는 예술을 '콘텐츠'나 '산업'으로 바라보는 경제지상주의적 관점을 부추겼고, 예술을 특정 계급의 장식 혹은 대중의 오락 정도로 규정하는 태도가 정책적으로도 강화되는 기형적 상태가 이어졌다. 그로 인해 예술이 무엇인가에 대한 온전한 비평적, 미학적, 창작적 사유의 장을 제대로 형성할 기회가 희미해져갔다.

세계대전을 계기로 유럽에서는 예술과 정치의 위험한 역학에 대한 일련의 문제의식이 발달했다. 특히 대중을 마취시키는 예술의 힘이 정치적으로 도구화되는 위험성에 대한 총체적인 미학적, 윤리적 문제의식이 뿌리를 내렸고, 예술의 기능에 대한 고민은 형식적 변혁을 위한 자양분이 되었다. 대한민국 동시대 예술의 가장 큰 문제는 극도로 상업화된 예술 형태에 대한 아무런 문제의식도 담론으로 형성되지 않았다는 점이다. 역사를 지배한 과거의 폭력성에는 민감하면서도, 관객의 감성을 지배하고 조정하는 미학이 같은 지배의 원리를 따른다는 점을 보지 못하는 것이야말로 20세기의 구조적인 불균형이 초래한 비극이다.

공공기관으로서의 극장과 미술관은 관객이 원하는 오락을 제공해 수익을 올리는 시장이 아니라 시민들의 자각과 자기 성찰을 위한 담론의 장이어야만 한다. 이러한 역할 변화 없이는 민주사회가 제대로 재생될 수 없다. 주체적이고 비평적인 사유를 할 수 있는 시민은 정치나 역사에 대한 관점을 만드는 것과 같이 예술에 대해서도 그러할 수 있어야 한다. 이는 예술의 사회적 역할이기도 하다. 국내의 공공기관은 관객의 머릿수를 우선하는 정량적인 행정주의로 줄달음쳐왔고, '촛불 정부' 이후에도 큰 변화는 없다. '예술의 대중성'이라는 이름으로 관람객 수가 예술기관 성공의 지표로 적용되는 동안, 예술가들의 내적 성장과 작품의 성숙의 기회는 좁아질 수밖에 없다. 다수가 박수를 치면 '민주적'이라는 인식으로부터 벗어나 예술이 발휘할 수 있는 사회적 역학에 대한 깊은 재인식과 발상의 전환이 절실한데도 말이다.

이러한 재인식을 출발점으로 삼을 때 폐쇄적인 지역주의에서 벗어나는 국제적인 교감은 자연스레 주어질 것이다. 실시간 국제적인 네트워크에 발을 딛고 예술의 역사를 써나가는 과정에 동참해야만 한다. 그 출발점은 예술에 대한 기본적인 성찰이다. 모더니즘이 도래할 때 미처 하지 못한 숙제를 지금이라도 행해야만 하는 것이다. 예술의 경제적 가치와 국위 선양이 목표로 설정되어서는 도달할 수 없는 성숙함을 위한 단초는 기초에 있다. 행정가와 기획자, 작가 개개인이 각자 짊어져야 하는 기초다.

3. 한국적 토양의 가능성

 사실 2000년대 초 한국 공연예술계에 변화의 가능성이 있었다. 동시대 아방가르드 공연예술 작품들을 소개하는 플랫폼들이 국내에 신선한 공기를 유입하면서 진보적인 미학을 수용할 수 있는 실질적인 조건이 생겨났다. 민간 예술기관인 LG아트센터에서 피나 바우쉬, 로메오 카스텔루치 Romeo Castellucci, 필립 글래스 Philip Glass 등을 지속적으로 초청해 새로운 관객을 개발한 것은 커다란 진전이었다. 거의 동시에 국제현대무용제 MODAFE, 서울공연예술제 SPAF, 페스티벌 봄 Festival Bo:m 등이 동시대 담론을 새롭게 이끄는 예술가와 단체들을 연이어 초청하였다. 이를 통해 제롬 벨, 윌리엄 포사이스, 르네 폴레슈 René Pollesch, 오카다 도시키 岡田利規 등 국제적으로 성장하는 예술가들의 작품을 실시간으로 소개하면서 국내의 창작자에게 창작을 위한 영감과 자양분을 제공하였다.

 그렇다면 '다원예술'이란 무엇인가? '다원예술'이라는 개념을 말하는 자리마다 우선적으로 테이블 위에 오르는 두 가지 문제가 있다. 둘은 서로 연결이 되어 있는데, 하나는 정의를 내리는 것이 불가능하다는 것, 또 하나는 기형적인, 혹은 파생적인 태생을 가졌다는 것이다.

 2006년, '다원예술'이라는 용어가 문화예술위원회의 제작 지원의 영역으로 처음 공식화되었을 때 그것의 단순한 의미는 'none of the above'였다. 시각미술이나 공연예술 등 기존의 지원분야에 포함되지 않는 그 어떤 실험적인 시도도 제작 지원해주겠다는 의도였다.

그 용어에 포용되는 창작의 유형은 말 그대로 '다원'적이었다. 이미 다양한 매체에 걸쳐 창작을 하던 작가들이 제작 지원을 신청했고, 실제로 완성된 최종 작품 역시 다양한 모습으로 나타났다. 그러한 다양성을 놓고 '다원예술'이 무엇인가를 정의 내리는 시도는 있었지만, 태생부터 '규정될 수 없는' 분류였다. 그것은 도리어 언제나 일종의 맥거핀처럼 작동했다. 맥거핀과 같이 본질 없는 지시어가 되어 보다 중요하고 거대한 질문으로 사유를 이양했다. 그 최종적인 질문은 결국 하나로 귀착되었다. '예술은 무엇인가?'

'정통'이 아닌 삐딱한 태생은 본연적으로 기존 예술을 교란시킬 수밖에 없었다. 제도화되고 정형화된 예술의 체계는 무엇보다도 그러한 교란과 도전이 필요했다. 그러한 갈증이 '다원예술'을 불렀고, 교란의 힘은 무엇이라도 좋았다. 필요한 자리에 '다원'이 자연스레 섰고, 요구된 역할이 다원에게 부여되었다. 2012년 페스티벌도쿄에 평론가로 참여했던 김남수가 기술했듯, 다원예술은 일본에서 한국의 동시대 예술을 주도하는 하나의 동향으로 주목할 정도로 하나의 개념으로 생명력을 갖기도 했다(김남수, 2012. 3. 31.).

일본에서 한국의 다원예술을 고유명사화해 한국어의 한자 발음 그대로 표기한 것이 의미심장하다는 김남수의 지적을 곱씹어볼 필요가 있다. 이웃나라에 있어서 '다원예술'은 한국의 동시대 예술을 대표하는 하나의 운동 내지는 사조로 비쳐졌던 것이고, 어쩌면 이를 개념적으로 부정하는 것보다 스스로의 성과를 돌아보는 것이 더 건설적인 태도가 되었다. 결국 우리 자신의 목소리로 '다원예술'을 설명해달라는 그들의 요청은 순식간에 불안정하고 불특정했던 다양성을 하나의 응집된 특정성으로 바라봐야 하는 필요성으로 주어졌다. 타자에 의해서라도 "객관적 존립의 순간"을 맞이하게 된 것이다. 오늘날 수년 전의 상황을 환기해야 할 필요성이 있는 것은 그 작업이, 다원예술이 떠안았던 책무가 아직 완료되지 않았기 때문이다.

'다원예술'의 위태로운 태생과 불안정한 정의를 빌미로 그것으로 지시되던 새로운 방법론을 무화하는 것이야말로 학술적인 태만이다. 중요한 것은 그것이 무엇이었냐를 규정하는 것이 아니라, 그것이 촉매제가 되어 어떤 새로운 가능성을 견인했는가의 문제이다.

'다원예술'은 특정한 스타일이나 방법론이 아니라 '태도'를 지시하는 용어였다. 심지어 기존 예술 영역 간의 '학제 간' 혼합이나 '융복합'의 형태로 일관되게 나타나지도 않았다. 김남수의 말을 빌리자면, 다원예술의 문제는 '세계관'의 문제였다. "'예술 실천으로 무엇을 할 것인가'라는 굵은 질문을 재발명(김남수, 2012. 3. 31.)"하는 것이었다. 그것은 때로는 불가능한 가능성들이다. 다원예술은 '불가능'을 지시하고 수행하는 실천이다. 불가능한 범주의 불가능한 질문.

예술계는 늘 자신을 뒤흔들고 해체하고 재구성할 활력소를 필요로 한다. 다원예술은 단지 그러한 필요성에 응답했을 뿐 아니라, 그러한 필요성을 만들었다. 그것의 중요성을 환기시켰다. 그것을 무엇이라 부르든, 새로운 장이 필요했던 것이다.

이러한 필요성은 예술의 위기와 맞물렸다. 예술 형식의 변혁이 사회에 대한 변혁으로 이어질 수 있다는 믿음이 절정에 달했던 1960년대의 모든 방법론과 수사는 20세기 말에 자본주의에 의해 재전용되었고, 아방가르드의 새로운 수혈에 대한 자본의 욕정은 흡혈귀의 갈

증처럼 커졌다.

그렇다면 현시점에서 예술이 자본에 포획되지 않고 혁명의 수사를 복원한다는 것이 가능할까? 재전용되지 않는 예술의 장을 재건할 수 있을까? 다원예술이라는 말이 한국에서 '공식적 용어'로 태어났을 때, 적어도 다양한 다원예술 페스티벌 행사를 기획한 본인으로서는 매우 구체적이고 시의적절한 장이 해외로부터 형성되고 파급되고 있었기 때문에 힘을 받을 수 있었다. 그 새로운 바람은 주로 '무용'과 '연극'이라는 익숙한 영역으로부터 불어왔다. 1990년대부터 유럽에서 불기 시작했던 총체적인 바람이었다. 농당스와 포스트드라마 시어터라는 개념이 그것을 대표하는 상징어였다. 자본에 잠식된 예술에 이의를 제기하는 장으로서 '무대'라는 공간이 제안된 것이다.

2000년대 '다원예술'의 자양분이 된 새로운 활력은 분명 공연예술로부터 기인했다. 그것은 일련의 작품들이 자본 집중적인 제작 토양으로부터 스스로를 독립시켰기 때문이기도 하다. 그 교량이 된 결정적 계기는 새로운 제작시스템의 등장이었다. 국제적인 공동제작 시스템이 새로운 예술적 실험을 지탱하기 시작한 것이다. 앞서 언급한 쿤스텐 페스티벌을 필두로 유럽의 지형도는 1990~2000년대에 급진적으로 변화했고, 거의 같은 시기에 국내에 소개되기 시작한 제롬 벨, 자비에 르루아, 보리스 샤르마츠와 같은 젊은 안무가들, 그리고 로메오 카스텔루치, 리미니 프로토콜, 르네 폴레슈와 같은 연출가들 그리고 쉬쉬팝 She she pop과 같은 극단이 바로 이러한 체제를 기반으로 성장한 아티스트들이었다. 여기에 프랑크푸르트 발레단이라는 기존의 시스템 속에서 고전적인 작업 방향을 유지해야만 했던 윌리엄 포사이스는 이러한 시스템을 통해 새로운 실험과 형식적 혁신을 이룰 수 있었다. 미술 비엔날레와 미술관을 기반으로 하는 포사이스의 후기 작업들은 바로 이로 인해 가능해진 도약이었다.

이렇게 새로운 제작 시스템은 기존의 전통 영역으로부터 새로운 도약을 추진하는 아티스트들의 밑거름이 되기도 했다. 제도와 기관의 관습에서 벗어나는 제작 방식은 곧 전통적 장르와 형식을 극복하고 새로운 발상의 혁신을 가능케 하는 활로가 되었다. 가장 성공적인 사례의 하나로서, 미술계에서 작업하던 윌리엄 켄트리지William Kentridge에게 오페라와 인형극의 가능성들이 주어지면서 기존의 평면 및 설치 작업을 초과하는 광범위한 지평이 무대와 미술관을 횡단하며 펼쳐졌다. 우리가 '다원예술'이라고 수용하던 해외의 실험적 결과들은 그것을 어떤 용어로 칭하든 이러한 실질적인 제도적 토양 위에 구축되고 있었던 것이다.

2000년대에 한국에 '다원예술'의 토양을 만드는 것은 이러한 새로운 제작 경로를 통해 완성된 해외의 작품들을 소개하는 것만의 의미로 멈추는 것이 아니라, 일련의 새로운 태도와 시스템 및 방법론을 총체적으로 구축하는 과정이었다. '다원예술'은 새로운 스타일을 따르는 것이 아니라, 새로운 토양을 일구는 것을 의미했다. 새로운 제작 시스템이 새로운 방법론과 연동될 때 진정한 예술적 혁신이 가능한 것이다.

4. 미학적 자양분

'농당스'나 '포스트드라마 연극'과 같은 용어들로 설명되는 1990년대부터 2000년대까지의 일련의 역학을 오늘 관망할 때 명백해지는 하나의 일관된 원동력은, 혁신이나 새로운 스타일에 대한 갈망이 아니라, 기본으로의 회귀다. 근원에 대한 집요하고도 실질적인 질문이다.

무용이란 무엇인가? 연극이란 무엇인가?

변혁은 기본을 리셋하면서 시작되었다. 무용과 연극의 새로운 잠재력은 각기 스스로에 대한 근원적인 질문을 통해 갱신되었다. 그것은 1950년대 회화, 1960년대 조소와 사진, 영화 등으로 도미노 현상처럼 퍼졌던 매체에 대한 성찰을 쏙 빼닮았다. 아니, 그 연장선상에서 예술사의 넓은 궤적을 말할 수 있을 것 같다.

매체란 무엇인가? 예술이란 무엇인가?

사실 농당스와 포스트드라마 연극은 '매체에 대한 성찰'이라는 20세기의 거대한 화두가 무용과 연극에 도래하는 방식과 경로이기도 하다. 회화와 조소로부터 시작해 사진, 영화로 확산되었던 질문이 공연예술에 다다르면서 하나의 주기를 완성한 셈이다. 물론 연극과 무용의 정체성에 관한 질문은 모더니즘의 도래와 더불어 진척되었다. 20세기의 많은 연출가, 안무가, 평론가들이 분명히 이 문제를 짊어졌다. 하지만 정작 무대에서의 구체적인 방법론으로 이어진 것은 1990년대에나 본격적으로 가시화되었다.

　예술에 대한 근원적인 질문이 연극이나 무용에 던져질 때 회화나 조소와는 전혀 다른 사유의 궤적이 발생한다. 무용이나 연극을 성립시키는 조건들이 회화의 전례에서처럼 제한적인 물질로 환원되는 대신, 무대와 '시어터'라는 복합적이고 공동체적인 '사건'으로 엎질러진다. 20세기 전반에 걸쳐 연극의 가장 근원적이고 기본적인 구성 요소로 '희곡'을 말한 연출가나 이론가는 없었다. 그들은 관객과 무대의 공존으로 인해 발생하는 즉각적이고 동시적인 어떤 교감에서 연극의 정체성을 찾고자 했다. 그들의 작업은 여전히 '희곡'을 기반으로 삼았을지언정, 공연예술이 매체로서 가졌던 '비물질적'이고 '공동체적'인 기반은 20세기 전반에 걸쳐 이론적으로 환기되었다.* 이것은 곧 21세기를 여는 시각미술이 궁극적으로 도달하고자 했던 지향점이자 이상이기도 했다. 공연예술은 본질적으로 시각미술이 꿈꾸던 형식적 이상을 태생적으로 잠재하고 있었던 것이다. 무대는 곧 시각미술의 미래상과 중복되어 나타난 셈이다.

　2000년대 들어, 유럽의 새로운 제작 시스템을 통해 양산된 아티스트들이 국내에 연이어 소개되면서 일련의 자극을 가져왔다. 이들은 모두 학제적이라거나 융복합적이라거나 탈장르적인 성격을 지닌 작품들을 소개하는 것으로 보였으나, 이들을 한데 묶는 공통점이 있다면 자신들의 출발점이 되었던 매체에 대한 심도 깊은 질문을 원동력으로 삼았다는 것이다. '무용이 무엇인가, 연극이 무엇인가'라는 질문. 그리고 그 질문들이 심화되면서 방법론을 아예 바꾸어 놓았다.

---

* 　이에 대한 자세한 논의는 서현석·김성희의 『미래 예술』 135~150쪽을 참조.

20세기 후반을 장식했던 역동적이고 유기적이며 '탈매체적'인 일련의 에너지들을 조망하면서 로잘린드 크라우스Rosalind Krauss가 어쩔 수 없이 그린버그식의 낡은 개념을 가져올 수밖에 없음을 조심스레 제기한 것 역시 이러한 위험 때문이기도 했다. 1999년에 출간된『북해에서의 항해: 포스트-매체 조건 시대의 미술 A Voyage on the North Sea: Art in the Age of the Post-Medium Condition』(Krauss, 1999/2017)에서 크라우스는 그럼에도 불구하고 마치 다락에서 먼지 덮인 옛날 기계를 꺼내오듯, 1990년대에 더 이상 아무도 거론하지 않고 있던 낡은 단어를 꺼내온다. 그렇게 할 수밖에 없는 본인 역시 당혹스러움을 토로한다. 하지만 그럴 수밖에 없는 이유는 예술에 대한 자기 성찰의 숙제가 결코 완료된 적이 없음을 깨달았기 때문이다. 그러기에 그 숙제는 여전히 유효할 수밖에 없고, 그것이 자본에 잠식된 미술로부터 새로운 가능성을 꺼낼 유일한 길이 될 수밖에 없다. 크라우스에게 있어서 여전히 모든 아티스트에게 유효해야만 하는 과제는 예술이 작동하는 방식에 대한 성찰과 이의 제기다. 모더니즘은 '태도'를 지시하는 용어였다. 모더니즘의 문제는 '세계관'의 문제였다. 모더니즘의 핵심은 조형적, 형식적 완숙이 아니라 '예술에 대한 끊임없는 질문'으로 다시 설정되어야 한다.

한국에서 다원예술이 생성되고, 그 이름으로 위의 작가들이 소개되었다는 것은 결국 공연예술의 모더니즘이 21세기에 본격적으로 활력을 얻었음을 의미한다. 이는 모더니즘이라는 서구의 사상과 방법론과 태도가 20세기를 통틀어 총체적으로 한국 사회와 예술에 어떤 경로를 통해 어떤 방식으로 체화되었는가의 문제와 긴밀하게 연동한다. 과연 우리는 진정으로 '모던Modern'이었던 적이 있는가?

한국 다원예술의 도래는 결국 예술에 대한 근원적이고 총체적인 재고와 일치한다. 한국 사회에서 예술은 무엇이었나? 지금은 무엇이고, 앞으로는 무엇일 것인가?

철 지난 낡은 사어를 오늘날의 무대에, 미술관에, 작업실에, 기관에 다시 불러들여야 하는 이유는 우리 역시 예술에 대한 질문을 끊임없이 던져야만 하기 때문이다.

예술은 우리의 눈앞에서 고스란히 자본의 원료로 대체되었다. 작가의 개인적 명예와 문화자본, 미술 생태계의 심도 깊은 자본화, 비엔날레의 '세계화', 기관의 보수적이고 관료주의적 체제에서 더 이상 가능하지 않은 질문들을 다시 떠올리는 것. 이들이 이루는 거대한 자본의 망 속에서 기존의 방식에 이의를 제기하고 우리가 무엇을 생각하고 어떤 질문을 던져야 하는지를 재고하는 작은 무대를 만드는 것.

어느덧 그 무대는 성숙한 모습으로 실천을 보여주고 있었다. 그것은 즉각적이고 직접적이며 공동체적인 실천이었다. 그것은 (매체에 대한 성찰을 통해 드러나게 된) 공연예술의 기본적인 정체성이 바로 그러하기 때문이다.

'다원예술'이란 무엇인가?

이 질문은 '예술'이 무엇인가의 문제를 소환하는 하나의 방식이다.
그 이름은 '다원예술'이 아니어도 좋다. 예술에 대한 질문은 누군가는 던져야 할, 아니 모든 아티스트들이 던져야 할 질문이자 가져야 할 태도이다.

5. 미래를 위한 통로

2000년대의 파격적인 분위기는 이명박, 박근혜 정부를 거치며 급격히 쇠퇴했다. 다원예술에 대한 지원 제도가 축소되거나 폐기되고, 관련 행사들도 없어지거나 보수적으로 변했다. 이러한 퇴조는 현재까지 암울한 상태로 이어지고 있다. 이러한 암울함을 극복하기 위해서는 현재 분산된 에너지와 자원을 집중시킬 수 있는 플랫폼이 무엇보다도 절실하게 필요하다.

제도적인 모델은 이미 조형미술에서 충분히 사례를 보여준 바 있다. 미술계에서는 일찍이 동시대 미술을 도입했고 제도적인 뒷받침이 따르면서 세대를 거치는 풍성한 자원이 축적되었다. 덕분에 한국 동시대 미술은 국제적인 수준의 작가를 배출하면서 아시아와 전 세계에서 중요한 위치를 점하고 있다. 또한 동시대 미술에 대한 일반인 관람객의 수준도 높아졌다. 한국 미술계에서 이제 동시대 미술은 '주류'가 되었고, 정책적 지원이나 시스템이 동시대 미술을 중심으로 구축되었다. 국립현대미술관과 서울시립미술관으로부터 광주 비엔날레, 부산 비엔날레 등의 행사들은 동시대 담론과 주파수를 맞추어줄 수 있는 해외 인력들을 대거 초대해 국제적인 플랫폼으로서의 역량과 노하우를 축적해왔다.

공연예술계의 관료와 기획자들이 감지하지 못하고 있을 뿐, 사실 보이지 않는 곳에서 오랜 시간 새로운 창작자와 관객이 형성되고 있었다. 체질적인 변화는 이미 시작되었다. 오늘날 동시대 담론이나 새로운 방법론에 관심이 많거나 목이 마른 젊은 창작자와 관객들은 역설적이게도 미술관으로 몰려가고 있다. 동시대적 미학으로 소통이 가능한 미술관에서 한국 현대공연예술의 장이 펼쳐지고 있는 것이다. 국립현대미술관 서울관 멀티홀에서 행해지고 있는 다원예술 프로그램의 경우, 연간 시즌 프로그램과 페스티벌에는 언제나 매진 사태가 이어지고 있다. 한편 국제적인 장에서 가장 뜨겁게 주목받고 있는 한국 예술가의 면면을 살펴보면 정금형, 구자하, 김지선, 서현석, 박민희, 정은영 등이 공교롭게도 다원예술 창작자들로 이들은 보수적인 국내에서 제작이나 활동의 기회가 없어 대부분 해외에서 활동하고 있다. 이들의 작품은 대부분 쿤스텐 페스티벌, 비엔나 페스티벌, 시어터 데어 벨트 Theater der Welt, 슈필아트 시어터 페스티벌 Spielart Theater Festival, 캄프나겔 극장 Theater Kampnagel, 뮌헨 카머슈필레, 취리히 시어터 슈펙타켈 페스티벌 Zürcher Theater Spektakel, 위트레흐트 스프링 페스티벌 Spring Festival Utrecht, 페스티벌 도쿄 Festival Tokyo, 가나자와 극장 KAAT, TPAM Tokyo Performing Art Meeting, 대만 국립극장 NTCH, 아시아 토파 Asia TOPA, 테이트 모던 Tate Modern, 쿤스트할레 바젤 Kunsthalle Basel 등 유럽, 호주, 아시아 극장과 페스티벌에서 제작·유통되고 있다.

이미 '동시대 공연예술계'는 국내에도 존재한다. 단지 이를 위한 제도적 장치가 부재할 뿐이다. 한국 공연예술계의 균형 있는 발전을 생각한다면 동시대 창작자와 관객을 담을 수 있는 시스템과 장이 마련되어야만 한다. 미술계가 앞서 보여주었듯이 동시대 공연예술의 장을 마련한다는 것은 새로운 제도적 장치를 만드는 일이다. 제도적인 뒷받침만 마련된다면 잠재된 에너지는 곧 폭발할 것이다.

참고문헌

김남수 (2012. 3. 31.). '다원예술'의 재명명 혹은 재발명, 《podopodo》. URL: www.podopodo.net/forum/round/detail.asp?seq=14

서현석·김성희 (2016). 『미래 예술』. 수원: 스펙터프레스, 35~39쪽.

Frie Leysen (2017). 「에라스뮈스상 수상 기념 연설」, 『옵.신』 7호. 수원: 스펙터프레스.

Hans-Thies Lehmann (2006). *Postdramatic Theater*. Trans. Karen J rs-Mundy. New York: Routledge.

_____ (2012). 「비디오 대담: 한스-티에스 레만 & 르네 폴레슈」, 『옵.신』 2호. 수원: 스펙터프레스.

Rosalind Krauss (2017). 『북해에서의 항해: 포스트-매체 조건의 미술』. 김지훈 옮김. 서울: 현실문화A.

4
디지털 시대, 대중문화 아카 이브의 설립 필요성과 가능성

최효진(새공공영상문화유산 정책포럼 연구위원)

1. 들어가는 글

2019년은 한국영화 100주년을 기념하는 해로, 다양한 관련 이벤트가 있었다. 또한 칸 국제영화제에서 영화 〈기생충〉이 황금종려상을 수상한 사실을 두고, 국내외 언론에서 '한국영화 100년의 결실'이라고 평가하기도 했다(유선희, 2019. 5. 26.).* 〈기생충〉을 연출한 봉준호 감독 또한 여러 인터뷰에서 고故 김기영 감독의 작품 등 한국영화의 여러 작품에서 영감을 얻었다고 밝힌 바 있다(유수경, 2019. 5. 30.). 이처럼 한국영화가 세계 무대에서 인정받으면서, 과거 한국영화의 원형原形에 대한 세계적 관심도 커졌다. 한국영상자료원의 유튜브 채널이나 한국영화 아카이브에 관한 기사(Sharf, 2019. 6. 4.)가 보도되었고, 이와 함께 한국전쟁 이후 제작된 초기 한국영화는 극소수만 남아있다는 사실 또한 밝혀졌다.** 이처럼 한국영화의 저력에 세계가 주목함에 따라, 과거 한국영화와 영화아카이브 관리 기관인 한국영상자료원에 대해서도 관심이 커졌다. 영화계의 이 같은 인기는 곧 방송영상콘텐츠 분야에서도 이어질 것으로 보인다.

문제는 영화와 달리 방송영상콘텐츠의 경우, 많은 한류 팬들이 유튜브에 의존해 한국 대중문화의 원형을 찾아 나서고 있다는 점이다. 유튜브는 분명 아시아 지역에 머물던 한류를 세계적으로 알리는 데 큰 역할을 하고 있다. 2012년 싸이의 〈강남스타일〉은 유튜브 최다 조회수 1위를 기록했고(엠빅뉴스, 2017. 7. 11.), 방탄소년단BTS의 영상은 유튜브 역사상 최단 시간에 조회 수 1억을 돌파한 기록을 갖

---

* 유선희 (2019. 5. 26.). 한국영화 100년의 힘… 봉준호, 칸 정상에 서다. 《한겨레》.
URL: www.hani.co.kr/arti/culture/culture_general/895399.html
** 한국영상자료원에 따르면 1960년대에 제작된 영화 1,513편 중 44%에 해당하는 671편의 필름만이 사료로 남아 있으며, 1950년대에 영화의 경우 312편 중 22%에 해당하는 67편의 필름만이 존재하는 것으로 밝혀졌다.

고 있다(김수현, 2019. 4. 14.). 지난 2011년 유튜브는 케이팝을 음악 카테고리 안에 추가하기도 했다. 특정 국가의 음악이 음악 카테고리 내에서 별도의 장르로 소개된 것은 케이팝이 최초였다. 이에 따라 유튜브에 업로드된 케이팝 가수들의 최신 뮤직비디오를 한류 팬들이 좀 더 쉽게 접할 수 있게 되었다(유튜브 한국블로그, 2011. 12. 5.).

그림 1

과거 유튜브 음악 카테고리에 신설된 케이팝 카테고리
출처: 구글 (URL: googlepresskr.blogspot.com/2011/12/k-pop.html)

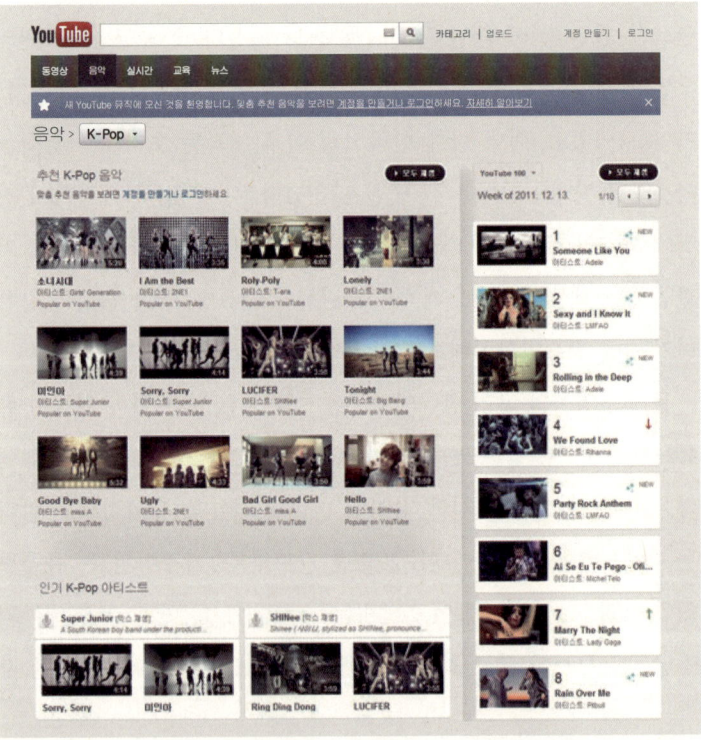

한류콘텐츠 공급자인 엔터테인먼트 회사는 유튜브가 가진 여러 이점을 활용해 케이팝 영상을 제작, 업로드하고, 한류콘텐츠 소비자인 대부분의 한류 팬은 이렇게 업로드된 영상을 활용하고 있다.* 유튜브에 공개된 콘텐츠들은 몇 시간 만에 다른 언어로 번역되며, 이를 활용한 새로운 이용자 콘텐츠들이 유튜브에 업로드된다. 이용자 콘텐츠란 대부분 한류 팬이 자발적으로 만드는 영상을 뜻한다. 이처럼 유튜브가 한국 대중문화의 공급·유통·소비에 중요한 자리를 차지하고 있는 것은 잘 알려진 사실이다.

그러나 유튜브는 한국영화의 원형을 담은 한국영상자료원과 유사한 역할을 하지는 못한다. 유튜브는 이용자들의 '조회, 좋아요, 클릭 수'에 따라 운영되는 플랫폼으로, 기본적으로 '추천' 시스템에 의해 운영되고 있다. 그런데 한류 팬의 관심은 새로운 콘텐츠의 출현과 인기에 따라 끊임없이 변한다. 즉 유튜브는 한류콘텐츠를 가장 쉽고 편하게, 그리고 빨리 찾을 수 있는 유통 플랫폼이기는 하지만, 이용자의 관심이 변하면 업로드 및 추천되는 콘텐츠가 달라진다. 따라서 언제 어디서든 한류콘텐츠의 정보와 내용을 찾아볼 '아카이브'의 역할을 완벽하게 수행하기는 어렵다. 현재 국내 방송영상 분야에서는 공공 차원의 아카이브가 마련되어 있지 않다. 다만 최근 유튜브가 인기를 끌면서 국내에도 이런 역할을 하는 플랫폼이 필요하다는 의견이 제기되고 있다.

그렇다면 한국영상자료원의 '영화아카이브' 등의 공공 차원의 아카이브는 어떤 역할을 할까? 이 글에서는 방송영상 분야 아카이브의 설립 필요성을 살펴보고자 한다. 이미 해외에서는 우수한 아카

---

* 손유신 (2018. 5. 28.). 유튜브와 K-pop 한류. URL: brunch.co.kr/@ireneson/1

이브 운영 사례들을 찾을 수 있는데, 이 사례를 통해 한국에서 시사점을 얻을 수 있는 대목을 찾아보고자 한다. 또한 현재 국내에서 공공 차원의 방송영상아카이브 설립이 어려운 상황인데, 그 이유는 무엇인지 그리고 이를 극복하기 위한 선결 과제는 무엇인지 알아보도록 하겠다. 훗날 기관이 설립된다면 아카이브의 명칭에도 적절한 의미가 담겨 활용되겠지만, 이 글에서는 편의상 이를 '대중문화아카이브'라고 칭하겠다.

2. 대중문화아카이브의 정의와 범주

1) 무엇을 '아카이브'하나?

 서두에서 '아카이브'는 유튜브와 다르다고 보았는데, 아카이브라는 단어를 살펴보기 전에 아카이브를 구축할 대상부터 살펴보자. 국내에서는 '대중문화아카이브'가 '방송아카이브' 혹은 '방송영상아카이브'와 유사한 개념으로 논의되고 있다. 국내 방송법에 따르면 방송Broadcast은 '방송프로그램을 기획·편성 또는 제작해 이를 공중(시청자)에게 전기 통신 설비에 의해 송신하는 것'을 의미한다. 이에 따라 방송영상아카이브의 구축 대상은 우리가 잘 알고 있는 지상파, 케이블, 위성방송(TV, 라디오), 공동체 라디오 등에 의해 제작되고 시청자에게 전달되는 콘텐츠가 된다. 2008년 IPTV법이 출범한 이후, 방송 외에도 정보통신망을 통해 시청자에게 전달되는 '인터넷 멀티미디어 방송'도 아카이브 구축 대상에 들어간다.

 방송과 통신이 융합된 시대에 접어들면서, 기존에 논의하던 '방송'의 개념은 매우 광범위해졌고, 기존의 방송사업자 외에 유튜버나 콘텐츠를 만들어내는 시청자도 아카이브에 포함될 만한 콘텐츠의 공급자로 기능하고 있다. 이에 따라 '대중문화아카이브'라는 말은 기존의 '방송영상아카이브'라는 말보다는 좀 더 포괄적으로 작용한다. 즉, 방송법 등의 제도에 의한 규제를 받는 사업자 외에도 온·오프라인에서 공중Public에게 배포되는 콘텐츠 일체를 '대중문화아카이브'의 구축 대상으로 보면 된다.

이 중 '대중문화'의 개념을 이해하기 위해서는 케이팝이나 한국드라마와 같이 비교적 구체적인 분류가 필요하다. 국내 관련법 중에서는 대중문화예술산업법이나 문화산업진흥기본법에서 보다 구체적으로 대중문화의 세부 항목들을 밝히고 있다. 이 두 가지 법은 관련 분야 산업진흥과 현업종사자들의 권리를 보호하기 위해 제정되었는데, 우리가 알아보고자 하는 '대중문화'의 범주를 보다 구체적으로 밝히고 있다.

표 1
대중문화 관련법과 '대중문화'의 개념

법령	'대중문화콘텐츠'의 개념 정의
대중문화 예술산업 발전법	'대중문화예술제작물', 대중문화예술인이 대중문화예술영역을 이용해 제작한 방송영상물, 영화, 비디오물, 공연물, 음반, 음악파일, 음악영상물, 음악영상파일 등
문화산업 진흥 기본법	'문화상품' 예술성, 창의성, 오락성, 여가성, 대중성이 체화되어 경제적 부가가치를 창출하는 유·무형의 재화와 그 서비스, 이들의 복합체. 영화, 비디오물, 음악, 게임, 출판, 인쇄, 방송영상물, 문화재, 만화, 캐릭터, 애니메이션, 에듀테인먼트, 모바일문화콘텐츠 디자인, (디지털)문화콘텐츠, 멀티미디어문화콘텐츠, 대중문화예술산업관련 전통기법을 활용한 상품 등

즉, 이 글에서 논의하고자 하는 '대중문화아카이브'는 이름 그대로 한국 대중문화의 원형을 살펴볼 수 있는 방송, 영화, 비디오(녹화)물, 공연물, 음반, 음악, 음악영상물(뮤직비디오) 일체를 수집·관리·활용을 촉진하는 기구를 의미한다. 한편 대중문화 세부 분야의 영상

이나 음성 저작물 외에도, 저작물을 제작하기 위한 기획서, 대본, 방송의 시청률이나 유튜브 콘텐츠 등의 조회 수, 이를 분석한 연구결과물까지 아카이브 구축 대상으로 포함할 수 있다.

표 2

대중문화아카이브 구축 대상

출처: 유영식 (2018). 「국내 공공 방송영상 아카이브 설립방안에 관한 연구」. 서울미디어대학원대학교 뉴미디어학부 미디어비즈니스전공 석사학위논문.

구분	아카이브 구축 대상
텔레비전	보도, 연예, 오락, 시사, 교양, 드라마, 스포츠 등 장르별 TV프로그램 제작을 위해 촬영, 녹화한 영상 및 음성기록물
라디오	보도, 교양, 교육, 음악, 쇼, 토크쇼, 드라마, 스포츠 등 장르별 라디오프로그램 제작을 위한 녹음자료 및 음향효과 기록물
영화	상업영화, 독립영화, 예술영화, 다큐멘터리, 단편영화, 애니메이션 등
비디오, 공연물	공연예술 녹화자료, 뮤직비디오 등
방송광고	텔레비전 라디오 광고, 상업광고, 공익광고
디지털콘텐츠	UCC, 1인미디어, MCN 등 웹 및 모바일 콘텐츠
기타	방송 영상 메타데이터, 시청률데이터, 제작대본 등

2) 아카이브는 유튜브와 어떻게 다른가?

위의 표 아카이브 구축 대상에서 살펴본 바와 같이, 대중문화아카이브는 각 분야 저작물 외에도 이를 제작하기 위해 생산되는 기획서, 대본 등의 문서 자료, 이를 대상으로 한 비평 및 연구 자원 등 특

표 3
유튜브와 대중문화아카이브 차이점

	서비스 대상 콘텐츠와 정보
기존 유튜브	- BTS의 '음악'을 검색하면 채널운영자와 유튜브가 제공하는 음악에 대한 정보를 찾을 수 있지만, 유튜브에서의 이러한 정보제공은 공개된 플랫폼에서 음악 저작권자 보호에 국한된 정보에만 한정되어 있다.

BTS 콘텐츠 유튜브 제공정보

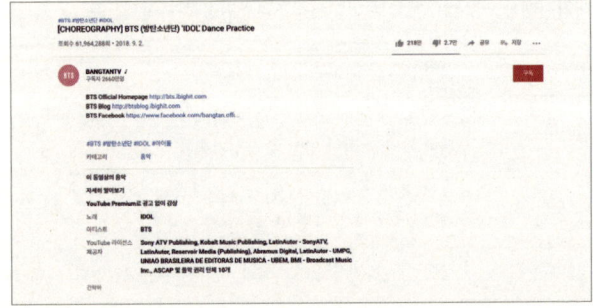

대중문화 아카이브	- 현재 유튜브에서 검색되는 BTS 관련 영상 외에도 BTS의 콘텐츠를 제작하기 위해 생산되는 기획 및 제작 관련 자료 - BTS에 관한 대중문화 전문가 혹은 언론의 비평 자료 - BTS를 대상으로 수행한 여러 연구 자료 - BTS의 국내외 팬들이 만들어낸 다양한 이용자 콘텐츠 일체

BTS 연구 자료
『BTS 예술혁명』(좌)과
BTS 팬들이 만든
아카이브 사이트
아미피디아(우)

정 저작물을 중심으로 보다 입체적으로 핵심 자원을 수집할 수 있다. 기존의 유튜브가 저작물들을 쉽게 검색, 열람할 수 있는 플랫폼이었다면, 향후 구축될 대중문화아카이브는 수집 대상 측면에서 해당 저작물에 대한 '신뢰할 만한' 정보와 자료를 제공하는 역할을 하게 된다. 예를 들어 현재는 유튜브에서 BTS의 음악이나 뮤직비디오를 쉽게 검색하고 접할 수 있다면, 미래에는 '대중문화아카이브'를 통해 BTS의 멤버, 특정 음악작품의 제작자, 이를 분석한 언론·비평이나 다양한 연구 자료, 팬들의 댓글이나 이용자 제작 콘텐츠 등을 BTS라는 검색어로 한눈에 찾아볼 수 있을 것이다. 표 3에서 BTS를 유튜브에서 검색했을 때 찾을 수 있는 콘텐츠와 정보를 향후 대중문화아카이브에서 제공할 가상의 서비스와 비교해보았다.

3) '영상' 아카이브는 기존의 아카이브와 무엇이 다른가?

앞서 대중문화아카이브의 구축 대상을 살펴본 바와 같이, '대중문화아카이브'에는 영상·음성 기록물 외에도 문서 자료와 무형無形의 데이터까지 수집될 것이다. 그러나 대중문화아카이브의 핵심 기능은 지금까지 대중문화 각 분야에서 생산 및 배포(방영, 판매, 대여 등)되어온 콘텐츠를 효율적으로 보존하고 많은 이용자들에게 활용을 촉진하는 데 있다. 따라서 이를 활성화하기 위해 영상아카이브의 기능을 극대화할 기구를 마련할 필요가 있다. 그렇다면 기존의 '아카이브'와 '영상아카이브'의 차이점은 무엇일까?

그림 2

'대중문화아카이브'의 범주

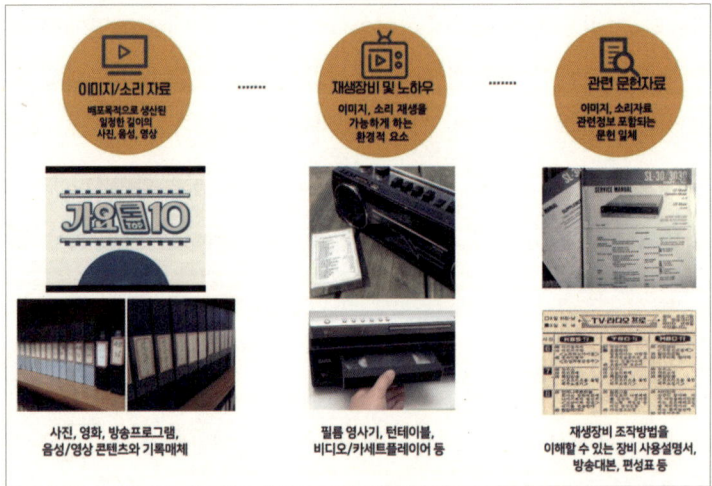

그림 3

2000년대 중반 이후에도 여전히 제작 매체로 활용된 디지베타테이프
출처: KBS 〈백년의 가게〉 제54회(2012. 11. 25.). 방영본. KBS아카이브.

'영상'이라는 단어를 국어사전에서 찾아보면 '영사막이나 브라운관, 모니터 따위에 비추어진 상像'이라고 풀이되어 있다. 사전적 의미에서 보듯이, 모니터나 플레이어 등과 같은 장비가 없다면 우리는 '영상'을 보거나 들을 수 없다. 즉, 영상은 본질적인 의미에서 이미지와 소리를 가지고 과거에 일어난 사실을 재현하는 기술이다. 우리가 유튜브 등에서 찾아보는 콘텐츠, 휴대전화로 촬영하는 사진이나 영상 등은 이미 과거에 일어난 사실이 이미지와 소리라는 매개체로 다시 나타나는 것이다. 따라서 대중문화아카이브가 보존해야 할 대상은 대중문화 각 분야 종사자들이 만들어낸 저작물 그 자체와 함께 해당 저작물을 재현해낼 수 있는 '기술'이기도 하다. 이를테면 과거에 카세트테이프로 녹음, 배포되었던 대중가요를 현재 우리는 디지털화(파일화)된 버전으로 음원사이트 등에서 접하지만, 대중문화아카이브는 이러한 유통플랫폼과는 다르게 특정 저작물이 원본 그대로 재생될 수 있는 장비와 그 장비를 조작할 수 있는 무형의 기술까지도 보존하는 역할을 해야 한다.

특히 2000년대 중반 이후에도 방송사에서는 여전히 디지베타테이프 혹은 HD테이프 형태로 대중문화콘텐츠가 제작되었고, 이러한 형태의 기록물들이 파일로 100퍼센트 변환되어 있지는 않다는 점을 이해해야 한다. 물론 2000년대를 전후해서 많은 방송사와 외주제작사들이 '디지털제작시스템'* 을 도입했고, 활용도가 높은 영상 자료들은 파일로 변환한 사례가 많다. 또한 디지털카메라가 보급된 이후 우리는 대부분 디지털 사진과 영상으로 대중문화의 많은 콘텐츠를

---

* 종전에 사용했던 테이프 기반 제작 방식에서 벗어나 디지털 형태로 촬영된 원본 영상을 비선형편집시스템(Non Linear Editorial, NLE) 등으로 편집, 제작한다는 의미에서 '디지털제작시스템'이라고 했다. 이를 다른 말로 파일 기반 제작시스템 혹은 테이프리스(Tapeless) 시스템으로 부르기도 한다. 방송사들의 '디지털아카이브 구축' 붐은 이와 같은 효율적인 디지털제작시스템 도입과 함께 일어났다.

소비하고, 녹화하며 보관해오기도 했다. 즉, 2000년대 이후 한류 관련 콘텐츠가 본격적으로 생산, 방영되고 전 세계적으로 널리 보급되기 시작한 시기의 콘텐츠는 유형 면에서 물리적 매체와 파일 형태로 공존하고 있다. 대중문화아카이브는 이처럼 콘텐츠 유형 면에서 혼종성을 보이는 특징을 이해하고, 수집 대상을 범주화하고 수집 방법 및 수집 후 활용 방안을 구상하는 역할을 해야 한다.

한편 일반적으로 지금까지 생산되어온 시청각 기록은 도서와 같은 간행물처럼 대부분 대중에게 어떤 내용을 전달하기 위한 목적을 가지고 생산되었다. 즉 영상이란 대중에게 이미지와 소리를 활용해 문자보다 효과적으로 특정 사상, 생각, 정보 등을 전달하기 위해 만들어진 커뮤니케이션 언어로, 기본적으로 공중에 '공개'할 목적으로 생산되었다. 물론, 심의나 검열 등의 절차에 따라, 공개를 목적으로 생산되었지만 공개가 되지 않은 경우도 있다. 이러한 경우에도 공개되지 않은 상태로 보관된 콘텐츠 또한 대중문화아카이브의 구축 대상으로 포함되어야 할 것이다.

간행물Publication은 영문 원어에서 알 수 있듯이 기본적으로 공중Public이 많이 접할 수 있도록 만들어진 저작물이다. 되도록 많은 사람이 접해야 하므로, 일반적으로 많은 복본Copies이 생산된다. 이것이 일반적인 '아카이브'와 구분되는 영상아카이브의 특징이기도 하다. 지금까지 '아카이브'라고 하면, 수집 기록의 '원본성Originality'이 매우 중요한 가치였다. 즉, 기록물을 생산한 기관이 생산 목적과 수신자에 따라 생산된 기록이 원본으로서 가치를 갖는가를 고민해왔다. 그러나 대중문화아카이브와 같이 수집 대상이 태생적으로 대중에게 많이 알리기 위해 생산된 저작물 및 관련 기록이라면, 기존의 아카이브 기관이 중요시했던 '원본성'과는 다른 기준을 적용해야 한다. 물론 유튜브 등에서 수많은 사본이 생산, 배포, 활용되는 디지털 환경하에서도, 대중문화아카이브는 수집 대상에 대해 '신뢰할 만한' 기준*을 적용해 어느 정도의 평가와 선별을 하는 작업이 필요하다. 이를테면, 방송사로부터 방영본 사본을 직접 납본**받거나 특정 저작권자가 직접 저작물을 제출하거나 기증받은 경우, 상대적으로 높은 신뢰도의 콘텐츠를 수집할 가능성이 크다. 그러나 방송사나 저작권자로부터 직접 콘텐츠를 공급받는다고 해서 이것이 '원본' 수집과 동일한 의미를 갖는 것은 아니다.

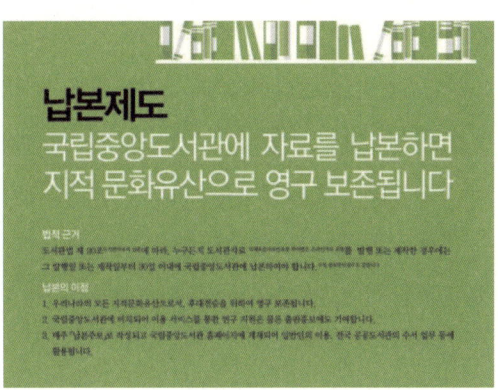

그림 4
국립중앙도서관의
도서납본제도 안내문
출처: 국립중앙도서관

---

* 오늘날과 같은 디지털 형태의 기록관리시스템에서 기록은 생산부터 활용까지 모든 과정에 걸쳐 진본성, 무결성, 신뢰성, 이용 가능성이 보장될 수 있도록 관리, 활용되어야 한다. 국제기록관리표준 ISO 15489는 이와 같은 네 가지 특징을 기록이 갖추어야 할 기본적 속성으로 정의하고 있다.

** 납본제도(Legal Deposit)는 새로 발행·제작된 저작물을 특정 기관에 견본으로 삼아 의무적으로 제출하는 제도를 말한다. 프랑스 혁명 이후 근대 도서관 제도가 정착되면서 도입된 제도로, 현대에서는 도서 외에도 영화, 음반, 데이터베이스, 시청각 자료 일체를 대상으로 납본제도를 시행하는 국가들이 있다. 국내에서는 도서납본제 이외에도 영화를 납본 대상으로 지정하고, 한국영상자료원에 상영등급을 받은 모든 영화는 두 편 이상 의무적으로 제출하도록 하고 있다..

이처럼 기본적으로 단행본이나 간행물과 같이 복본이 많이 생산되는 영상아카이브의 특징에 따라, 콘텐츠를 생산·방영한 공급자뿐만 아니라 동일한 콘텐츠를 유통하고 배급하는 산업 종사자도 동일한 콘텐츠를 보관하고 있을 가능성이 높다. 또한 콘텐츠를 시청한 시청자 역시 같은 콘텐츠를 보관하고 있을 수 있다. 이는 앞서 살펴본 BTS 팬들이 만들어낸 이용자 콘텐츠와는 조금 다른 경우다. 특정 콘텐츠가 상영, 방영, 판매 등을 통해 보급되는 과정에서 동일한 콘텐츠가 여러 번 사본으로 제작되고, 이러한 사본을 보급하거나 소비한 주체들이 해당 콘텐츠를 보관하게 되는 현상을 종종 볼 수 있다. 따라서 영상 혹은 음성으로 생산된 기록물은 쉽게 '폐기'되지 않는 특징이 있다. 이는 공중을 대상으로 '커뮤니케이션 텍스트'로서 생산된 영상 및 음성의 태생적 특성에서 비롯된 특징이다. 만약 콘텐츠의 '원본'을 생산한 방송사 등에서 검열 등에 의해 해당 콘텐츠를 폐기했다고 해도, 이를 유통하거나 배급한 사업자, 콘텐츠를 시청했던 시청자들이 같은 콘텐츠 사본을 보관하고 있을 가능성이 높다.

기록 관리의 수집 정책에서 자주 쓰는 표현 중 하나가 '결락 보완 缺落補完'이다. 특정 기관이나 조직이 보관한 기록 가운데 '결락'된, 즉 공백이 있는 경우 이를 보완할 수 있는 기록물을 찾아내는 수집 정책을 의미하는 말이다. 기록 관리에서 '완전성 Completeness'은 이와 같은 결락이 없는 상태를 유지하는 것을 의미하며, 기록이 생산되었을 때 필요한 정보가 모두 포함되었음을 보증한다. 결락 보완은 이와 같은 완전성 요건을 충족시키기 위한 수집 방법으로써, 복본 생산이 태생적으로 많은 영상아카이브에서는 '결락 보완'형 콘텐츠 수집이 일반적이다. 2019년 KBS는 시청자들이 소장하고 있는 녹화 자료 공모전을 추진해 화제가 된 바 있다. 이와 같이 지금까지 KBS가 제작 방영한 프로그램 중에서 자사가 보유하고 있지 않지만, 시청자들이 녹화해 보관하고 있는 콘텐츠를 찾기 위한 것이 '결락 보완'형 수집 방법이다. 이로 인해, 그동안 KBS가 방영한 모든 프로그램을 제대로 관리하고 있지 못하다는 점이 알려지기도 했지만, 이를 계기로 방송 관계자나 방송을 시청한 시청자들이 보관하고 있던 '희귀템' 콘텐츠들이 발굴되기도 했다. 한국 최초 오피스 드라마였던 〈TV손자병법〉(1987~1993년 방영)이나 한국 어린이 대상 프로그램 초기 모습을 볼 수 있는 〈연속인형극- 옛날옛날에〉(1973~1984년 방영) 복사본 등이 이를 계기로 발굴된 대표적인 콘텐츠다.

그림 5
KBS 소장 영상 공모 홈페이지 공고문
출처: KBS아카이브

3. 방송영상 분야 공공아카이브 설립의 세계적 트렌드

프랑스나 영국, 미국, 독일 등 이른바 '영상 선진국'들은 1930년대에 이미 영화아카이브를 설립하고 필름으로 제작된 영화유산 Cinematographic Heritage 관리에 주목했다. 영화에 비해 방송영상 분야의 아카이브 관리는 상대적으로 늦은 편이었다. 1950년대 텔레비전 기술이 상용화된 이후 20년 정도 지난 후인 1970년대에 와서야 유럽과 영미 지역 방송사들은 사내 아카이브를 구축하기 시작했고, 1977년에는 국제텔레비전아카이브연맹 FIAT-IFTA*이 출범했다. 그러나 현재 대부분의 한국 방송사들이 그렇듯이 이 시기 유럽과 영미권 방송사의 아카이브 구축의 목적은 효율적인 콘텐츠 재활용에 있

그림 6
국제텔레비전아카이브연맹 콘퍼런스 현장
출처: FIAT 트위터

* Fédération Internationale des Archives de Télévision-International Federation of Television Archives

었다. 국제영화아카이브연맹 FIAF*이 비상업적 성격의 기구만 가입해 영화 유산의 보존, 관리, 문화적 활용을 촉진하던 것과는 달리, FIAT의 경우 공·민영 방송사들이 자사 아카이브 관리에 대한 지식을 축적해 전파하면서, 국제적 차원에서 그들의 이익을 보호하는 기구로 출범하였다.

각 방송사에서 방영된 콘텐츠에 문화유산의 지위를 부여하고 공공 차원의 활용 가능성에 주목한 것은 해외에서도 비교적 최근의 일이다. 방송영상 형태의 문화유산 보호 체계를 마련하게 된 계기는 1980년 세르비아 베오그라드에서 열린 제21차 유네스코 총회였다. 이 회의에서 '동영상 보호와 보존에 관한 권고문**'이 채택되면서, 필름 등 다양한 시청각 자료의 문화유산적 가치에 전 세계가 주목하기 시작했다. 이 권고문에는 동영상 Images en mouvement 이 '인류의 문화적 주체성을 표현한 결과물이면서 교육적, 문화적, 과학적, 역사적 가치를 담은 문화유산'이라고 명시되어 있다. 또한, 동영상을 현대 사회의 특징적인 새로운 표현 형태이자 인류의 상호 이해와 커뮤니케이션 수단으로 정의한다. 그리고 이러한 영상 기록물이 다양한 원인으로 인해 물리적으로 훼손될 위기에 놓여 있으므로, 이를 보존하고 보호하기 위한 조치의 필요성을 밝히고 있다.***

---

* Fédération Internationale des Archives du Film
** Unesco (1980. 10. 27.). '...Considérant que les images en mouvement sont une expression de l'identité culturelle des peuples et qu'en raison de leur valeur éducative, culturelle, artistique, scientifique et historique, elles font partie intégrante du patrimoine culturel d'une nation...'. Recommandation pour la sauvegarde et la conservation des images en mouvement.
*** 최효진 (2018). 「국내 공공영상아카이브 관리 체계 마련을 위한 과제: 프랑스 INA FRAME 영상아카이브 국제연수 참가를 통해 살펴본 해외 동향 분석」.《기록학연구》, 58권, 94~145쪽.

그림 7

제21차 유네스코 총회(1980. 10. 27., 세르비아 베오그라드)
출처: 유네스코

 이후 유네스코는 1991년 「영상아카이브에 관한 법적인 문제」*와 1998년 『영상아카이빙 철학』** 등 여러 차례 공공 차원의 영상아카이브 수집, 관리, 활용에 관한 보고서들을 발간해, 각국의 방송영상 아카이브 관리를 위한 다양한 권고 사항을 도출해냈다. 이들 연구에는 일반 방송사의 사내 아카이브 구축과는 구별되는 '공공아카이브'의 기본 요건이 정리돼 있다. 특히, 공공 차원의 방송영상아카이브 구축 대상이 공중에 공개된 영상·음성 자료 일체라는 점을 강조했다. 특정 저작물에 담긴 저작권자의 생각, 사상, 감정 등이 공중

---

* Kofler, Birgit (1991). Legal questions facing audiovisual archives, General Information Program UNESCO.
** Edmonson, Ray (1998). Une philosophie de l'archivistique audiovisuelle, Programme général d'information préparé par les membres de l'AVAPIN (Audiovisual archiving philosophy interest network), Paris: UNESCO.

에 공개되면서 영상·음성 자료가 문화적인 파급력을 가진다는 점에 주목한 것이다. 1998년의 연구는 호주의 영화 사서 에드먼슨Ray Edmonson이 연구 책임을 맡았는데, 여기서 에드먼슨은 영상아카이브의 구축 대상으로 영상·음성콘텐츠 외에도 이를 재생 가능하게 하는 장비와 무형의 기술까지 포함되어야 한다고 보았다(정회경 외, 2019). 에드먼슨의 '영상아카이빙 철학'에는 이전의 코플러의 연구에서 방송영상 분야 공공 아카이브의 수집 범위를 '공개된 콘텐츠'에 제한한다는 점을 계승하는 한편, 장비와 기술에 의존될 수밖에 없는 영상아카이브의 특수성을 담았다. 이후 방송 환경에서 새로운 매체가 등장하고 디지털 환경에 따른 새로운 영상아카이빙 이슈가 등장할 때마다 에드먼슨의 연구는 지속적으로 재연구되고 이를 기초로 한 새로운 지침의 근거가 되었다.

그림 8
레이 에드먼슨(좌)과 『영상아카이빙 철학』 2016년판(우)
출처: 유네스코

영상아카이브 국제기구인 국제영상음성아카이브협회International Association of Sound and Audiovisual Archives, IASA는 시청각 분야 아카이브 운영의 기준이 될 '영상·음성자료 납본제도 가이드라인*'을 2016년 제정했다. 이 가이드라인에는 세계 각국이 영화, TV, 라디오, 비디오 등 다양한 유형의 시청각 미디어를 기록물로서 수집, 관리하기 위한 목적과 최소한의 요건이 정리되어 있다. 이를테면 수집 정책의 포괄성 및 수집 대상의 공개성, 기관의 수집 활동에 대한 콘텐츠 공급자의 예외 없는 참여와 법적인 강제성, 납본 행위의 무상성, 납본 시기, 납본 매체의 기준, 납본 자료 수량 등에 관한 내용을 담고 있다. 한편 IASA는 2009년부터 국제도서관협회연맹International Federation of Library Associations and Institutions, IFLA과 함께, 영상납본제를 운영하고 있는 각국 기관에 대해 전수조사를 진행해 조사 결과를 데이터베이스화하고 있다.** IASA에서 제시하는 영상납본제도의 기준에서 가장 중요한 요건은 수집 대상의 포괄성과 수집된 콘텐츠의 공공 활용 가능성이다(정회경 외, 2019). 국내에서는 한국영상자료원이 국내 상영관에서 상영할 수 있거나 온·오프라인 시장에서 판매할 수 있도록 '상영등급'을 받은 영화에 한해 해당 작품의 사본과 대본을 의무로 제출하게 하고 있다. 이렇게 수집된 영화 자료는 영화인들의 창작 자원이나 영화연구자와 교육자들의 연구·교육 자원으로 활용된다. 저작권 사용의 경우, 한국영상자료원은 '저작권 중개사업'을 통해 저작권자와 저작권 활용 희망자(이용자)를 중개하는 역할을 한다. 이 글의 서두에서도 밝힌 바와 같이, 방송영상 분야에서는 아쉽

---

* Policy Guidelines for the Legal Deposit of Sound and Audiovisual Recordings. IASA의 영상납본제에 대한 구체적인 내용은 다음 웹페이지를 참조하라. URL: www.iasa-web.org/legal-deposit

** IASA·IFLA의 전수조사는 현재도 진행 중이다. 이에 대한 데이터베이스는 다음 웹페이지를 참조하라. URL: www.iasa-web.org/legal-deposit/register?page=1

게도 이와 같은 포괄적인 수집 정책이나 적극적인 공공 활용을 할 기구가 마련되어 있지 않다. '대중문화아카이브'와 같은 기관이 설립된다면 국제 기준에서 제시하는 여러 요건들을 참고해 아카이브의 주요 기능인 수집, 관리, (영구)보존, 활용 등을 수행할 수 있도록 구상할 필요가 있다.

그림 9
IASA가 제시하는 '영상납본제' 운영 가이드라인
출처: 최효진 (2018). 한국 영상 및 대중문화 아카이브 현황과 문제점. '디지털 시대의 공공영상아카이브를 위한 정책세미나' 자료집. 서울: 프레스센터.

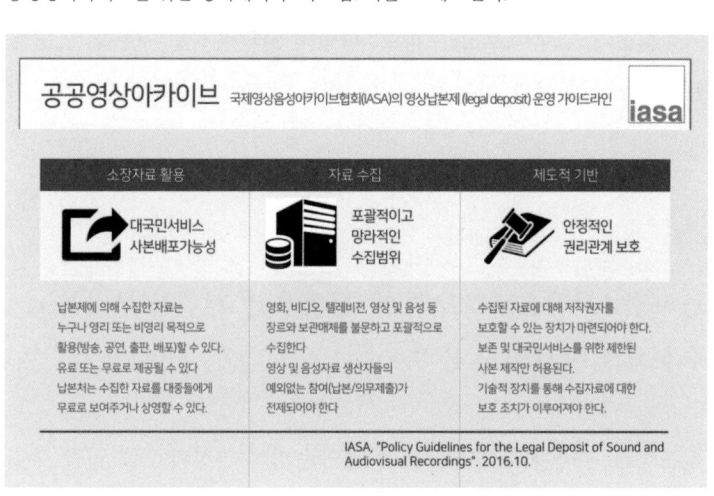

4. 대중문화아카이브 해외사례 탐구*

그렇다면 IASA에서 제시하는 이와 같은 기준에 따라 해외에서는 대중문화아카이브를 어떻게 운영하고 있을까? 영상납본제는 저작권 등과 같은 권리 관계 해소가 매우 복잡하고, 기술적 차원에서도 수집, 관리, 활용에서 많은 예산이 필요하기 때문에, 해외에서도 우수사례로 꼽을 만한 기관을 찾아보기는 쉽지 않다. 영화 분야에 비해서 방송영상 아카이브의 역사가 매우 짧기도 하고, 2000년대 중반 이후로는 유튜브의 출현에 따라 공공아카이브의 기능이 사실상 모호해졌다. 그럼에도 불구하고, 상업적 플랫폼과는 구분되는 공공아카이브의 역할과 기능을 알 수 있는 몇 가지 사례를 살펴보고자 한다.

1) 프랑스: '방송프로그램'에 '문화유산' 지위를 부여하고 수신료로 아카이브 운영

프랑스는 국가적 차원에서 방영되는 방송영상자료를 일괄 수집해 관리하고 이를 공공 활용하는 대표적인 나라다. '방송납본법'이라는 별도의 제도를 두고, 방영되는 모든 TV와 라디오프로그램을 실시간 디지털 수신한다. 이를 담당하는 기관은 국립시청각기구 Institut National de l'Audiovisuel, INA 로, 1974년 텔레비전과 라디오 사

---

* 이 글에서 프랑스, 영국, 호주의 사례는 필자가 공동 연구자로 참여한 「국내 공공 방송영상아카이브 구축을 위한 해외사례 분석」[정희경 외 (2019), 《미디어, 젠더&문화》, 34권, 3호, 297~391쪽]의 내용을 요약하였다.

업을 독점 운영해오던 프랑스국영방송공사*가 해체되어 출범한 7개 기관 가운데 하나다. 출범 당시 방송 자료 보관, 방송 정책 연구, 프로그램 개발, 인력 양성, 신기술 개발 부서로 구성되어 공영방송사의 자료를 위탁 보관하는 업무를 주로 담당했다.

그림 10
프랑스 INA 외경
출처: INA

1992년 시행된 방송납본법과 이후 개정된 방송법에 의해 INA는 공·민영 방송사의 프로그램을 수집하고 공익적 활용을 촉진하는 공적 기관으로서의 역할을 수행한다. 2006년 인터넷 자원 납본제 도입에 따라, 미디어 관련 웹사이트, 트위터 계정까지 수집·보존한다.**

---

* 프랑스국영방송공사(Office de Radiodiffusion Télévision Française, ORTF)는 1974년 해체되고 TF1, A2, FR3 등 3개 TV공영채널, 라디오 국영스테이션 RadioFrance, 공영제작사 SFP, 송출담당기관 Societe de diffusion, 방송자료보관소 INA가 출범했다.
** 이와 관련한 내용은 홈페이지를 통해 보다 자세히 볼 수 있다. URL: institut.ina.fr

방송법에 따라 INA의 운영 재원은 매년 수신료로부터 안정적으로 마련된다. 즉 프랑스 국민들이 가구당 연간 납부하는 수신료 133유로(약 17만 원) 가운데 약 2%에 해당하는 3.19유로(약 4,200원)는 INA의 운영 수입으로 운용된다. 이처럼 INA의 수입 구조는 준조세 성격의 수신료 분배(70%), 자체 저작권 사업 수익(30%)으로 구성되어 있다.

프랑스 INA는 방송납본법에 따라 현재 방영되는 모든 TV, 라디오프로그램을 녹화, 수집하는 세계에서 거의 유일한 사례다. 대부분의 국가에서 방송프로그램을 심의 목적으로 전량 녹화하는 사례는 쉽게 찾아볼 수 있지만, 대부분 저작권 제한에 따라 녹화된 콘텐츠는 단순 열람만 가능한 저해상도인 경우가 많고, 심의 기간이 지나면 녹화물은 전량 폐기된다. 그러나 INA는 영구 보존과 공공 활용을 목적으로 '완전성' 있는 아카이브 컬렉션을 수집한다. 앞서 살펴본 IASA의 '영상납본제' 가이드라인 가운데 포괄적인 수집을 수행하고 있는 대표적인 예로 볼 수 있다. 2018년 기준으로 120여 개 지상파, 케이블·위성 텔레비전 채널과 66개 라디오 스테이션의 방송물, 1만 4,000여 개의 미디어 연관 웹사이트, 1만 2,600개의 온라인 플랫폼 계정에서 1,500만 개의 디지털 영상콘텐츠까지 광범위한 방송영상을 수집하고 있다.

2) 영국: BBC와 공공기록물 관리 기관 사이의 공조 체계 마련

영국에서 방송영상콘텐츠의 보존과 활용은 BBC와 영국영화협회British Film Institute, BFI의 공조 체제하에 이루어지고 있다. BFI의 산하기관인 BFI National Archive*에서 BBC가 대국민 서비스를 위해 제공하는 방송 자료 일체와 민영 방송사 ITV 등의 자료를 이관받아 이를 국가적 차원에서 보존·활용한다. BFI National Archive의 법적 근거는 공공기록물법, 커뮤니케이션법, 저작권법, BBC와의 협정 등이다.

영국 BFI National Archive는 BFI 조례와 정관에 의해 영화 및 텔레비전 방송프로그램을 수집·보관하도록 법제화되어 있는데, BFI National Archive 컬렉션은 1950년대부터 방송사나 개인의 기증에 따라 수집된 방송 자료로 구성되어 있다. 방영물은 물론, 소재로 활용된 자료까지 수집·관리하며, 광고, 트레일러, 예고편 등 특정 프로그램을 둘러싼 다양한 자료까지도 맥락 정보로서 수집·관리·서비스한다. ITV, Channel 4, Channel 5 등 민영 방송사 자료는 소장 자료의 약 12.5%를 차지하는데, ITV 방송국 초기 자료 및 당시 방영되었던 시사프로그램 〈This Week〉, 1950년대 예능 프로그램 〈Jack Hylton〉 등을 소장하고 있다. BFI는 지난 60여 년간 영국인들의 대중문화와 사회적 기억을 형성해온 대표 방송프로그램을 수집하며, 독립 텔레비전 방송국으로부터 지역 특화 프로그램을 수집하기도 한다. 또한 영국 의회에서 이루어지는 각종 회의 등을 녹화하는 공식 의회 영상아카이브 기능을 수행하기도 한다.

---

* https://www.bfi.org.uk/archive-collections

그림 11

영국 방송영상 자료 검색을 위한 BBC아카이브 안내 페이지
출처: BBC

3) 호주: 국가주도형 콘텐츠 관리를 위한 제도와 인프라 마련

호주는 2008년 '국립영화음성아카이브법 National Film and Sound Archive Act*'을 신설하고 이를 근거로 '국립영화음성아카이브 National Film and Sound Archive of Australia, NFSA'를 운영하고 있다. NFSA는 나름대로 수집 정책 Collection Policy을 공표하고 있는데, 수집 정책의 목적은 콘텐츠 컬렉션 개발, 보존 및 공유를 위한 원칙을 설정하는 것이다. '매뉴얼'이라기보다는 수집 담당자들이 기관 기능에 맞는 자료 수집을 위해 참고할 만한 내용을 담고 있는 '가이드북'의 성격을 갖

---

* 자세한 내용은 다음 홈페이지를 참조하라. URL: www.legislation.gov.au/Details/C2008A00014

는다. 구체적으로 NFSA의 수집정책은 ① 호주 사회와 다양한 지역사회를 반영하는 영상 및 관련자료 수집, ② 국제 표준에 따른 컬렉션 보존 및 영구적인 이용자 접근 보장, ③ 호주 문화의 지속적인 발전을 위한 컬렉션 공유 등을 주요 원칙으로 하고 있다. NFSA는 문화적·역사적 가치가 있는 기록물, 시청각 역사상 창조적·기술적 성과를 보인 기록물을 주요 수집 범위로 삼는다. 특히 방송의 경우, 시청각 정보의 역할, 특성, 지위를 반영하는 기록물로써 국내외 영화, 음성 기록, 라디오, 텔레비전 방송 등을 수집한다. 지금까지 수집된 자료 유형으로는 디스크, 필름, 비디오, 오디오테이프, 축음기 실린더, 비디오 및 영화장비를 포함해 280만여 개 자료가 컬렉션에 포함되어 있으며, 장르별로는 드라마, 다큐멘터리, 예술작품, 사회 및 과학사, 희극(코미디), 실험영화, 아마추어 영상 등을 아우른다.

그림 12
호주NFSA 수집정책 책자
출처: NFSA (URL: nfsa.gov.au)

4) 해외 사례에서 살펴보는 대중문화아카이브 공공 서비스의 방향

대중문화아카이브에 수집된 콘텐츠는 누구나 접근·활용할 수 있는 보편적 서비스를 전제로 수집될 것으로 예측한다. 여기서 '누구나 접근'이라는 개념은 저작권자의 저작인격권이나 재산권, 이미지 기록의 특수성에 따라 보호되어야 하는 초상권이나 사생활 보호 등 일체의 권리 관계가 안정적으로 보호되는 제도적 틀 안에 구체화되어야 한다. 앞서 살펴본 프랑스와 영국, 호주의 사례에서 안정적인 제도와 기관, 예산, 인력 등이 뒷받침되어 명확한 수집 기준에 따라 포괄적이고 망라적인 수집 활동이 이루어지고 있음을 알 수 있었다. 그렇다면 이렇게 수집된 대중문화 콘텐츠는 어떻게 활용될 수 있을까?

우선 대중문화아카이브 수집 자원은 연구 및 교육 자원으로 활용될 수 있다. 많은 해외 기관에서 이와 같은 활용에 주력하고 있다. 이는 흔히 알고 있는 도서관형 자료 제공 방식으로, 디지털 환경에서도 온라인 검색 및 오프라인 열람이라는 '투 트랙 Two-track 정책'을 유지한다. 영국 NFTVA에서는 소장 자료에 대한 대국민 서비스에 큰 비중을 두고 있다. 영국에서는 미디어 연구가 활발해지면서, 소장 자료에 대한 수요가 늘어났다. 그 결과 체결된 정부와 BBC 간 협약에 따라 학술연구자와 학생, 교육자들은 1990년 이후의 BBC1, BBC2 방영물, BBC3과 BBC4의 방영물 일체를 연구 및 교육 목적으로 활용할 수 있다. 온라인에서는 검색 및 영상 정보만 제공하고,

열람을 희망하는 이용자는 BFI 도서관 및 미디어테크를 방문해 열람할 수 있다. 이때 사전 예약이 필요하며, 약간의 수수료를 받는다. 일부 디지털화된 콘텐츠를 선별해 BFI Screenonline(영국 영화&TV 백과), BFI InView(20세기 영국사를 주제로 한 역사 주제 영상물), Colonial Film Website(영국 식민지 시대에 촬영된 영상) 등이 BFI 유튜브 채널을 통해 온라인 시청 서비스를 제공한다.

그림 13
BFI Screenonline 홈페이지
출처: BFI Screenonline (URL: www.screenonline.org.uk)

또한 연구자 개인이나 소규모 공동체 차원의 열람 정책에서 더 나아가, 대중문화아카이브는 사회적 기억 저장소이자 공유 허브로 기능할 것으로 보인다. 해외에서는 주로 영화 제작, 공동체 상영 및 전시, 축제, 세미나 등 문화 행사를 통해 수집된 핵심 자원을 활용하는 사례를 찾아볼 수 있다. 호주 NFSA에서는 일정한 지침 및 절차에

따라 전시, 문화축제, 영화제, 세미나 등 다양한 방법을 통해 소장 자료를 대외에 개방하기 위해 노력하고 있다. 복사 및 대출 서비스는 영상제작 및 교육, 연구 목적, 문화행사 기획 등에 우선순위를 둔다. DVD, 블루레이, VHS, 16mm 필름프린트 등 다양한 매체로 보관된 자료들을 사전 예약 및 소정의 수수료를 지불한 후 기관에 방문해 시청할 수 있다. 또한 시민을 위한 큐레이터 기반 전시, 미디어 리터러시 교육, 디지털 학습 웹사이트 등 다양한 온라인 교육 리소스를 제공한다. 호주 국민의 의식주, 크리스마스 등의 명절, 대중문화, 시드니 오페라하우스와 같이 일상생활과 밀접한 주제이거나 호주의 랜드마크가 되는 장소에 대한 영상을 선별한 온라인 시청 서비스가 돋보인다. 현재까지 웹사이트를 통해 서비스되는 컬렉션은 154개 주제다. 이들 주제는 활용 가능한 콘텐츠 정리 및 가공 상태에 따라 정기적 혹은 비정기적으로 증가한다. 소장 자료를 교육·문화·

| 그림 14 |
호주NFSA의 콘텐츠 큐레이션
출처: NFSA

공동체 활동·종교 등의 성격을 지닌 상영 이벤트(상영회, 축제 등)에 활용하기 위한 노력도 해나가고 있다.

한편, 많은 기관들이 이러한 공공 서비스를 여러 유형의 이용자를 대상으로 복합적으로 제공하고 있다는 점에 주목해야 한다. 프랑스의 INA는 디지털 시대 다양한 이용자의 콘텐츠 수요를 파악해 이러한 복합적 공공 서비스 제공을 모범적으로 수행하는 대표적인 기관이다. INA는 주요 이용자 채널을 교육·연구자, 대국민, 방송영상 제작자 등으로 구분한다. 이처럼 세 갈래로 나뉜 이용자들의 콘텐츠 수요에 따라, 수집된 자료가 공영방송 방영물이거나 디지털화되고 권리 관계가 해소된 경우 온라인을 통해 적극 공개하고 공공이 활용하도록 하고 있다. 교육·연구자 대상 서비스인 '이나테크Inathèque'는 파리 국립중앙도서관에 위치해 있다. 이곳에서는 미디어 연구자 등을 대상으로 1995년 납본제 시행과 함께 수집된 모든 방송 자료를 대국민 서비스한다. 방송영상아카이브에서는 전 세계에서 유례없는 완전 개방에 해당하는 사례다. 방송영상제작자를 대상으로 한 온라인 서비스 '이나미디어프로Inamediapro'는 수집된 1,700만 시간 분량의 콘텐츠 가운데 권리 관계가 명확한 200만 시간을 대상으로 한다. 현재는 유튜브를 통해 온라인으로 영상을 검색하고 스트리밍 방식으로 시청하는 것이 익숙해졌으나, 2004년 처음 이 플랫폼이 출범할 당시에는 매우 혁신적인 방식이었다. 자료 검색, 열람, 키프레임 선택, 디지털 재생기기 활용, 저해상도 다운로드 등 영상 제작자에게 적합한 기능 요건이 대부분 구현되어 있다. 일반 시청자를 대상으로 하는 플랫폼은 '이나닷에프에르INA.fr'다. 전체 수집 범위

1,700만 시간 중에서 5만 시간 분량에 해당하는 매우 제한적인 콘텐츠를 무료로 스트리밍 서비스한다. 최근에는 유튜브가 일반화되면서 유튜브와는 차별화된 콘텐츠 제공을 위해 노력하고 있다. 그림 15는 프랑스 INA가 수집한 핵심 자원을 어떻게 활용하고 있는지 보여주는 도표이다.

그림 15
프랑스 INA의 주요 이용자와 이용 범위
출처: C. Mussou (2018). INA: A peculiar and essential stakeholder in the French Broadcast Landscape. '디지털 시대의 방송영상아카이브를 위한 정책세미나' 자료집. 서울.

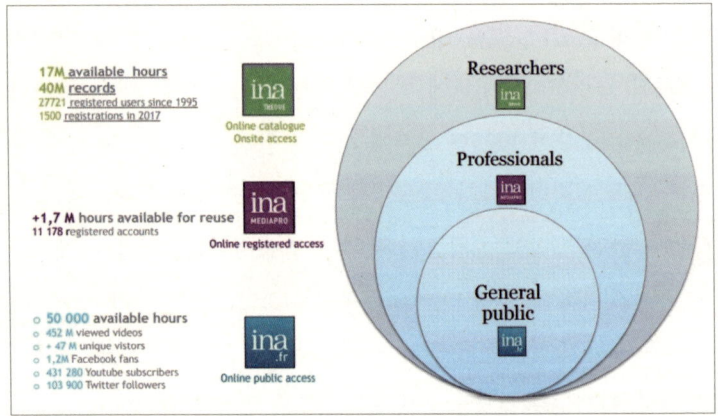

5. 국내 '대중문화아카이브' 설립을 위한 쟁점

지금까지 알아본 해외 사례와 같이, 국내에서도 한국 대중문화의 원형을 살펴볼 수 있는 아카이브를 설립할 수 있을까? 사실, 우리나라에서 이와 같은 고민이 전혀 없었던 것은 아니다. 기관명은 조금 다르지만, 1990년대 후반 비슷한 문제의식을 지닌 한국방송통신산업진흥원(현 한국콘텐츠진흥원)은 '방송프로그램보관소'를 설립·운영한 바 있다. 하지만 이 사업은 저작권 보호 등 여러 문제점으로 인해 2005년 중단되었다. 이후 디지털 환경이 변화하고, 유튜브 등 동영상 공유플랫폼 시대가 되면서 다시금 공공 차원의 아카이브 설립 필요성이 제기되고 있다. 그렇다면 국내 상황에서 이와 같은 과제에 앞서 선결해야 할 사항은 어떤 게 있을까?

2000년대 중반 이후 국내 방송사는 규모를 불문하고 대부분 디지털 아카이브를 구축해오고 있다. 그러나 방송사의 규모, 예산, 전략, 목표 등에 따라 편차가 큰 편이다. 지상파 3사 방송사의 경우 어느 정도 안정화 단계에 이르렀지만, 외주제작사나 중소 방송사, 지역 방송국들은 상황이 열악한 편이다. 정확히 어느 수준으로 디지털 아카이브가 구축되었는지 파악이 쉽지 않다. 또한 안정화된 단계의 방송사라고 해도 재난 복구 Disaster Recovery 시스템은 매우 취약한 것으로 알려져 있다. 천재지변이나 전쟁 등 재난 상황에서 방송사들이 방영해온 콘텐츠를 안정적으로 보존·관리하고 있는지, 그리고 이를 별도의 시스템에 이중 보존*하고 있는지는 확인된 바 없다.

---

* 공공기록물법 제21조는 중요기록물에 대한 이중 보존 원칙을 명시하고 있다. 영구 보존으로 분류된 기록물 중 중요한 기록물은 복제본을 제작하여 보존하거나 보존매체(블루레이 등)에 수록하는 방법으로 이중 보존하는 것을 원칙으로 한다.

그림 16

방송사와 외주 제작사, 지역 방송국 들의 아카이브 구축 쟁점

출처: 최효진 (2018). 한국 영상 및 대중문화 아카이브 현황과 문제점. '디지털 시대의 공공영상아카이브를 위한 정책세미나' 자료집. 서울: 프레스센터.

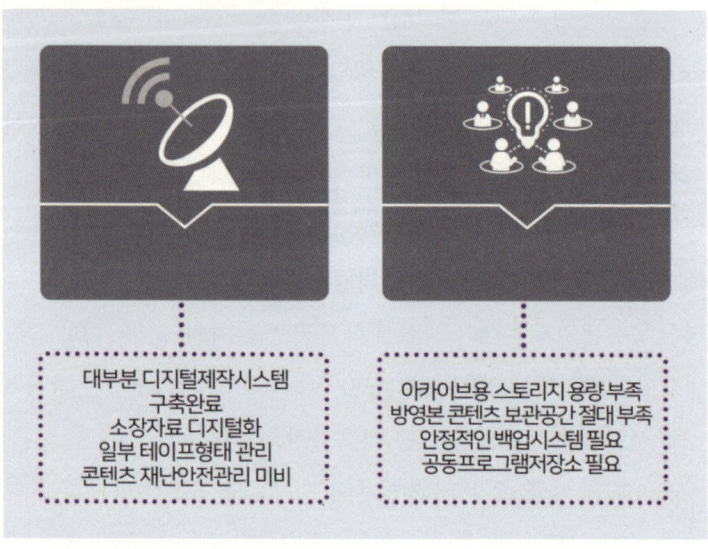

그림 17

국내 대중문화아카이브의 문제점

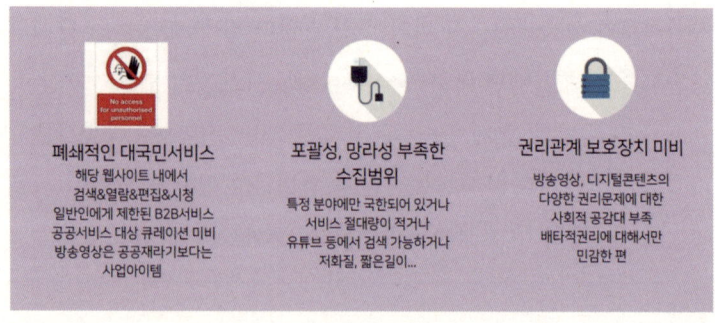

한편, 이와 같은 디지털 아카이브 구축은 방송사 입장에서는 자사의 효율적인 제작을 위한 전략이다. 최근 유튜브 서비스가 다각화됨에 따라 과거 방송사 자료들을 활용한 콘텐츠 제작이 늘어나는 추세지만, 이 또한 방송사 입장에서 시청자에게 제공하는 서비스 가운데 하나다. 기존 방송사들의 아카이브 서비스란, 방송사 홈페이지나 앱을 통한 방영 프로그램 재시청 정도에 불과했다. 다만, 대부분의 방송사들은 디지털 환경 변화에 따라 사내 활용에 그치던 자사 아카이브를 외부에 '개방'하는 방안을 모색하고 있다. 몇 년 전부터 SBS의 '오아시스' 서비스 구축이나 'MBC아카이브' 개방 등을 통해, 방송사 외부에서도 창작 자원으로 활용할 수 있는 방안을 찾고 있는 것이다. 하지만 이조차도 방송사 차원의 시청자를 위한 B2C 혹은 B2B 서비스에 불과하다. 완전히 외부에 개방하지 않거나('SBS오아시스') 기관이나 법인 사업자만 아카이브를 구매할 수 있기 때문이다('MBC아카이브'). 이는 앞서 살펴본 해외 기관에서 연구, 교육, 창작 자원으로 공익적 활용을 하는 것과는 조금 다른 성격이다.

해외 사례와 같이 새로운 기관 설립에 앞서 몇 가지 선결 과제들이 있다. 우선 지난 1990년대 중단된 방송프로그램 보관소 사례의 패인敗因을 정확히 분석하고, 또다시 사업 중단의 사태에 이르지 않기 위한 대안 모색이 필요하다. 이전 방송프로그램 보관소 운영 과정에서는 지상파 및 보도 전문 채널 사업자에게 협력을 제안하고, 이들의 협조를 통해 핵심 자원을 수집하고자 했다. 하지만 이는 정부의 일방적인 의사 결정 이후, 통보를 통해 사업자에게 콘텐츠 '제공'을 강요한 것과 마찬가지였다. 한편으로는 방송사업자로부터 정

그림 18
대중문화아카이브 구축에 앞선 콘텐츠 공급자 그룹 탐색

구분	영상자료 소장처 및 협조기관
방송영상산업	1) 지상파방송(KBS, EBS, MBC, SBS.. 45개 기관) 2) 유선(케이블)방송 (143개 기관) 3) 위성방송 4) 방송채널사용사업자(PP, 178개 기관) *보도전문, 교양, 다큐, 환경, 국방, 국정홍보, 국회방송, 노인, 실향민, 농어민, 이산가족 관련 방송 중심 *방통위 고시에 따른 공익성 방송분야: 사회복지, 과학문화진흥, 교육지원 5) 인터넷영상물제공업(IPTV) 6) 방송영상독립제작사 7) 한국독립PD협회
영화산업	한국영상자료원 소장자료, 한국독립영화협회
문화콘텐츠산업	한국콘텐츠진흥원, 한국문화정보원 문화포털
문화예술 / 문화재	국립예술자료원, 국립국악원, 국립극장, 문화재청, 한국무형유산원
기록관리	국가기록원, 대통령기록관, 국회
도서관	국립중앙도서관, 공공도서관, 지역대표도서관
박물관	문화유산표준관리시스템 및 이뮤지엄 도입 박물관, 사단법인 한국박물관협회
교육연구	국사편찬위원회, 한국학중앙연구원

분류	사업자명(2016년 조사대상 사업자 기준)
중앙	한국방송공사, 한국교육방송공사, ㈜문화방송, ㈜SBS
지역MBC	부산문화방송㈜, 대구문화방송㈜, 광주문화방송㈜, 대전문화방송㈜, 전주문화방송㈜, ㈜MBC경남, 춘천문화방송㈜, 청주문화방송㈜, 제주문화방송㈜, 울산문화방송㈜, 목포문화방송㈜, 여수문화방송㈜, 안동문화방송㈜, 원주문화방송㈜, 충주문화방송㈜, 포항문화방송㈜, ㈜엠비씨강원영동(구 삼척문화방송㈜·강릉문화방송㈜)
민방	㈜KNN, ㈜경기티비씨(구 ㈜대구방송), ㈜광주방송, ㈜대전방송, ㈜울산방송, ㈜전주방송, ㈜청주방송, ㈜G1, ㈜제주방송, OBS경인TV㈜
지역라디오방송	㈜경인방송, ㈜경기방송
종교방송	(재)CBS, (재)평화방송, (재)불교방송, (재)원음방송, (재)극동방송
교통방송	서울시교통방송, 도로교통공단
영어방송	(재)국제방송교류재단, (재)광주영어방송재단, (재)부산영어방송재단
보도전문	㈜와이티엔
국악전문	(재)국악방송
공동체라디오	(사)관악공동체라디오, (사)마포공동체라디오, (사)문화복지미디어연대, (사)성서공동체에프엠, (사)영주에프엠방송, (사)광주시민방송, (사)금강에프엠방송

공급분야	사업자명(2016년 조사대상 사업자 기준)
홈쇼핑	㈜공영홈쇼핑, ㈜롯데홈쇼핑, ㈜씨제이오쇼핑, ㈜엔에스쇼핑, ㈜지에스홈쇼핑, ㈜현대홈쇼핑, ㈜홈앤쇼핑
홈쇼핑(데이터)	㈜더블유쇼핑, ㈜신세계티비쇼핑, ㈜아이디지털홈쇼핑, 에스케이브로드밴드㈜, 케이티하이텔㈜
보도전문	㈜와이티엔, ㈜연합뉴스티브이
종합편성	㈜제이티비씨, ㈜조선방송, ㈜채널에이, ㈜매일방송
공공정보	국방홍보원, 국회사무처, 보훈방송, (재)시민방송, 한국정책방송원
특정대상	㈜실버방송, ㈜실버아이, ㈜e스토리, 한국청소년방송, ㈜희망복지방송
경제정보	㈜글로벌경제방송, ㈜대외경제티브이, ㈜뉴스토마토, 주식회사 매일경제티브이, ㈜머니투데이방송, ㈜박문각티브이, ㈜서울경제티브이, 소상공인진흥공단, ㈜아시아경제티브이, ㈜알토마, ㈜알티엔네트웍스, ㈜이데일리티브이, ㈜한국경제티브이
경제정보(데이터)	㈜연합인포맥스
교양	(재)국제방송교류재단, 서울신문에스티비㈜, ㈜에스엠브이, 엔씨에스미디어㈜, 엔지씨코리아㈜, ㈜오씨비, ㈜환경티비
교육	㈜대교, 디즈니채널코리아(유), (재)스마트교육재단, 씨유미디어㈜, ㈜유로티브이, ㈜일자리방송, ㈜재능교육, ㈜정철미디어, 한국교육방송공사, 한국방송통신대학교, 한국산업인력공단, ㈜한국어린이방송
교육(데이터)	㈜에어코드

부가 콘텐츠를 이관받아 수익 사업을 하고자 한다는 오해를 낳았다.* 이러한 경험을 바탕으로, 미래의 대중문화아카이브 설립 단계에서는 이해 관계자들과의 충분한 사회적 합의의 과정이 필요할 것이다. 또한 지상파 혹은 뉴스채널사업자들과의 '협의' 혹은 '협상'이 아니라, 앞서 대중문화아카이브 개념에서도 살펴본 바와 같이 더욱 포괄적인 의미의 방송통신사업자, 대중문화예술 또는 문화산업 종사자, 대중문화 소비자들과의 사회적 합의가 필요할 것이다. 필자가 활동하고 있는 '새 공공영상문화유산 정책포럼'**은 2017년 이와 같은 문제의식에서 만들어진 후, 페이스북 페이지를 활용한 온라인 정보 공유, 월례 세미나 및 크고 작은 오프라인 모임 등이 운영되고 있다.

공급자 연구와 함께 다양한 이용자에 대한 연구도 필요하다. 앞서 살펴본 해외 사례에서 연구, 교육, 창작 자원으로 대중문화 콘텐츠가 활용되고 있음을 알 수 있었다. 그러나 이는 일반적인 공공 활용을 위한 3단 분류에 해당하는 이용자 구분 방법으로, 국내 대중문화아카이브의 경우 국내외 한류 팬들의 콘텐츠 수요에 대한 연구도 필요할 것으로 보인다. 일반인의 한국어 교육이나 한국문화 교육, B2B 혹은 B2C 차원의 문화·관광 자원으로의 활용, 해외 방송사의 방영 콘텐츠 구매 등 콘텐츠 이용자들을 분류하고 이들의 콘텐츠 수요, 정확히는 정보 수요를 파악하는 작업이 선행되어야 한다.

---

*   최효진·박주연 (2020). 「국내 '공공 방송영상아카이브'의 핵심자원 수집 범위에 관한 연구: 방송법의 방송편성규제를 중심으로」. 《방송통신연구》, 통권 제109호, 35~65쪽.
** URL: www.facebook.com/groups/AudiovisualHeritage

그림 19
대중문화아카이브 이용자 연구

6. 나가며

   국내에서 '방송프로그램 보관소'라는 사업이 추진됐다가 중단된 지 10년이 훌쩍 지났다. 그동안에 필자는 아카이브 연구자로서 한국에서의 방송영상콘텐츠 관리는 누가 하는지, 왜 우리는 방송영상콘텐츠가 필요할 때 고가의 미디어 사업자에게서 구입하거나 유튜브에 의존해서 콘텐츠를 찾아볼 수밖에 없는지 끊임없이 의문을 가져왔다. 그 사이에 유튜브가 놀라울 정도로 성장했고, 한국의 콘텐츠도 이 플랫폼을 통해 유통되고 전 세계에 보급되고 있다. 많은 한류 팬들이 유튜브에 업로드된 케이팝이나 한국드라마를 보고 우리말을 배우고, 한식을 만들어 먹기도 한다. 이제는 이와 같은 유튜브 경험을 적극적으로 활용하되, 이러한 수요를 '아카이브'에서 해결할 수 있지 않을까? 지금까지 대중문화아카이브 구축의 필요성에 대해 충분한 공감대가 형성되었다면, 이제부터는 이를 위한 본격적인 논의와 과제 수행에 들어가야 할 것이다. 여전히 한류 팬들은 유튜브에 검색어를 입력하지만, 안타깝게도 그 검색어와 검색 결과, 그리고 추천 콘텐츠는 얼마 지나지 않아 변한다. 머지 않은 미래에 이러한 이용자들의 관심 변화에도 한국 대중문화의 원형을 찾아볼 수 있기를 기대해본다.

참고문헌

김수현 (2019. 4. 14.). BTS 컴백' 전 세계 열광…유튜브 최단 시간 '1억뷰 돌파.《SBS뉴스》. URL: www.youtube.com/watch?v=9TOISM4nh1E

손유진 (2018. 5. 28.). 유튜브와 K-pop 한류. URL: brunch.co.kr/@ireneson/1

유선희 (2019. 5. 26.). 한국영화 100년의 힘… 봉준호, 칸 정상에 서다.《한겨레》. URL: www.hani.co.kr/arti/culture/culture_general/895399.html

유수경 (2019. 5. 30.). 봉준호 감독 "故 김기영 감독께 '기생충' 보여드리고파".《한겨레》. URL: star.hankookilbo.com/News/Read/201905301471091137

유영식 (2018).「국내 공공 방송영상 아카이브 설립 방안에 관한 연구」. 서울미디어대학원 대학교 뉴미디어학부 미디어비즈니스전공 석사학위논문.

정회경·박춘원·유영식·최효진 (2019).「국내 공공 방송영상아카이브 구축을 위한 해외 사례 분석」.《미디어, 젠더&문화》, 34권, 3호, 298~391쪽.

최효진 (2017).「공공영상문화유산 아카이브 플랫폼 구축에 관한 검토」. 2017 영상기록 관리거버넌스 협의회 새로운 공공영상문화유산 아카이브 정책과 거버넌스. 서울: 프레스센터.

_____ (2018).「국내 공공영상아카이브 관리 체계 마련을 위한 과제: 프랑스 INA FRAME 영상아카이브 국제연수 참가를 통해 살펴본 해외 동향 분석」.《기록학 연구》, 58권, 95~145쪽.

_____ (2018).「한국 영상 및 대중문화 아카이브 현황과 문제점」. '디지털 시대의 공공 영상아카이브를 위한 정책세미나' 발제집. 서울.

최효진·박주연 (2020). 국내 '공공 방송영상아카이브'의 핵심자원 수집 범위에 관한 연구: 방송법의 방송편성규제를 중심으로.《방송통신연구》, 109호, 35~65쪽.

한국기록학회 (2008).『기록학 용어 사전』. 서울: 역사비평사.

한국방송통신전파진흥원 (2019).「방송영상아카이브 필요성 및 운영방안 연구」.

Edmonson, Ray (1998). Une philosophie de l'archivistique audiovisuelle, Programme général d'information préparé par les membres de l'AVAPIN (Audiovisual archiving philosophy interest network). Paris: UNESCO.

Mussou, Claude (2018). INA: A peculiar and essential stakeholder in the French Broadcast Landscape. '디지털 시대의 방송영상아카이브를 위한 정책세미나' 발제집. 서울.

Sharf, Zack (2019. 6. 4.). The Korean Film Archive Is Now Streaming Over 200 Movies for Free on YouTube. 《IndieWire》. URL: www.indiewire.com/2019/06/korean-film-archive-youtube-200-movies-streamin

5
문화콘텐츠산업과 창의노동,
기회와 위협 사이

현은정(홍익대학교 경영대학 조교수)

1. 문화콘텐츠산업: 빛과 그림자

문화콘텐츠에 대한 관심이 뜨겁다. 디지털 시대에 들어서며 콘텐츠와 접해 있는 산업의 중요성이 급속도로 높아졌다. 이는 세계적인 추세이다. 넷플릭스를 필두로 디즈니, 아마존, AT&T, 애플과 같은 글로벌 거대 기업들이 앞다투어 신규 콘텐츠 발굴과 개발에 막대한 규모의 자본을 투자하고 있다. 2019년 12월에 발표된 장래희망에 대한 한 조사 결과에 따르면, 유튜버, 크리에이터가 초등학생들에게 선망 받는 직업으로 등장하기도 했다. 디지털 기술이 일상생활 곳곳에 스며들고, 기술의 매개가 보편화됨에 따라 대중문화와 예술을 소재로 한 상품과 서비스를 다루는 일을 하는 기업과 사람들에게 많은 관심이 쏠리고 있다.

문화콘텐츠는 정부에게는 4차산업혁명 시대 국가경쟁력의 꽃이며, 기업에게는 새로운 성장의 먹거리요, 언론에게는 유용한 기사거리를 제공하며 대중에게는 즐거움과 소비의 대상이다. 또한 문화콘텐츠산업은 많은 창의노동자 Creative workers*들에게 있어 꿈을 실현하는 장이기도 하다. 대중문화와 예술을 사랑하는 많은 이들은 그들의 꿈을 응원한다. 대표적인 예로 방탄소년단과 여러 케이팝 아티스트는 국내외 여러 무대를 누비며 자신들과 케이팝을 사랑하는 많은 이들의 꿈을 실현한다.** 봉준호 감독은 〈기생충〉으로 칸 영화제와 골든글로브 시상식에서 작품상을 수상하며 100년을 맞이한 한국 영

---

* 창의적 일을 직업으로 하는 사람들로 정의한다.
** 케이팝 역사에서 2019년은 남다른 의미가 있었던 한 해이다. 역사상 굵직한 획을 그을 만한 놀라운 기록들이 많았다. 방탄소년단이 지난 5월 미국 빌보드 뮤직어워드 본상인 '톱 듀오·그룹' 부문에서 수상했고, 6월에는 런던 웸블리 스타디움에서 단독 공연을 성황리에 마쳤다. BTS는 팝의 전설 비틀즈와 견주어 평가받기도 하며, 세계 주류 대중음악 역사에서 독자적인 아티스트로 자리매김 하고 있다.

화계의 꿈을 실현시켜 주었다.* 세계 진출을 향한 한국 문학계의 오랜 꿈도 작가 한강의 『채식주의자』가 맨부커상을 수상하면서 반쯤 이루어졌다.

국내 아티스트들이 세계 무대에서 이루어낸 유례없는 기록과 업적은 문화예술계뿐만 아니라 우리 사회 전체에서 매우 특별한 의미를 지닌다. 방탄소년단은 자신들의 독특한 세계관을 반영하는 서사를 바탕으로 창작된 음악과 공연을 통해 그리고 소소한 개인적 일상을 다룬 다양한 소셜미디어 콘텐츠를 통해 전 세계 곳곳에서 그들에 열광하는 팬들과 진정성 있는 소통을 이어 간다. 한국 고유의 문화와 역사에 기반한 예술적 독창성을 아티스트의 세계관으로 담아낸 봉준호 감독과 한강 작가의 작품은 언어의 장벽을 뚫고 한국의 문화예술이 세계와 소통하는 통로가 된다. 경제적 효과는 차치하고서라도, 지난 몇 년에 걸쳐 국내 아티스트와 창작자들의 눈부신 활약을 통해 글로벌 시장에서 한국 문화콘텐츠의 저변이 확대되고, 그 위상이 업그레이드되었다는 사실을 반박하긴 어려울 것이다. 한국 문화콘텐츠산업은 이러한 흔치 않은 모멘텀을 소중한 기회로 삼아야 한다.

반면, 문화콘텐츠산업의 빛나는 무대 뒷면에는 한국 사회가 오랫동안 잊고 있던 사람들, 워라밸 일과 삶의 균형, Work-life balance 과 주 52시간 근무라는 슬로건이 아직 많이 낯선 사람들이 있다. 제대로 된 보호도 받지 못한 채 열악한 제작 현장에서 장시간 노동과 저임

---

* 〈기생충〉은 칸 영화제에서 황금종려상을 수상한 후 2019년 하반기부터 미국에서도 큰 반향을 일으키고 있다. 현지 전문가, 업계관계자들로부터 많은 찬사와 호평을 받으며 아카데미상 등 여러 메이저 영화상의 유력 후보작으로 지명되거나 수상하면서 연일 화려한 행보를 이어가고 있다. 이러한 쾌거는 한국영화에 대한 노출이 많지 않았던 미국 극장가에서 관객과 비평가들로부터 큰 관심과 호응을 이끌어 내는 데 성공했다는 의미가 있다.

금, 부당한 처우를 견뎌야 하는 콘텐츠 노동자와 불규칙한 일거리로 불안한 삶을 사는 아티스트가 바로 그들이다. 이들 불안한 노동자 Precarious labor들도 한국 문화콘텐츠산업의 현실이다. 빠듯한 제작 기간이 당연시되는 방송가에서 시간에 쫓겨 일하는 현장 스태프들, 때로는 부당한 처우를 받으면서도 스타가 되기 위해 오랜 준비와 훈련 기간을 버티는 아이돌 연습생들, 장시간 작업을 열정 페이로 견디는 견습 작가들, 복잡한 하도급의 그물망 속에서 프로젝트를 전전하며 새로운 일거리를 찾아 헤매는 콘텐츠 플랫폼 노동자들. 이들의 이야기는 일부의 목소리를 통해 세상에 알려지기 시작했고, 점차 우리 사회에서 공론화 되고 있다.* 기억해야 하는 것은 이들 창의노동자들이 없었다면 케이팝도, 한류도, 골든글로브상도 없었으며, 스튜디오드래곤, 넷마블, 레진코믹스와 같이 글로벌 시장에서 선전하는 콘텐츠 기업들도 없을 거라는 점이다.** 문화콘텐츠산업은 비단 스타만이 아니라 많은 창의노동자의 꿈과 열정, 그리고 헌신으로 작동한다.

콘텐츠 산업 일선에서 창의노동자들이 겪고 있는 여러 어려움에

---

* 2016년 10월, tvN 드라마 〈혼술남녀〉의 신입PD 이한빛씨가 조연출로 일하다 스스로 목숨을 끊은 사건이 있었다. 당시 그는 유서에서 방송가의 열악한 노동환경, 특히 비정규직 스태프들을 혹사시키는 현실을 고발했다. 정규직이었던 자신도 촬영 기간 55일 중 딱 이틀 쉬었다. 해고된 비정규직 스태프들에게 기지급된 계약금을 돌려받는 일도 있었다. 이로써 2017년 4월 그의 죽음을 통해 열악한 방송제작 현장이 공론화되었다. 죽음의 원인을 개인적 이유에서 찾았던 CJ ENM은 그해 6월 유족에게 공식 사과하고 노동관행 개선을 약속했다. 유족과 언론노조는 지난해 1월 '한빛미디어 노동인권센터'를 만들었다. 그 전후로 방송작가유니온과 방송스태프노조가 출범했다.

** 2019년은 드라마와 모바일게임, 웹툰과 같은 디지털콘텐츠 분야에서도 의미 있는 성과를 이루어 낸 해였다. 국내 시청자들로 부터 많은 사랑을 받은 스튜디오드래곤의 〈미스터 션샤인〉은 아시아태평양어워즈 드라마상을 수상했고, 넷마블의 MMORPG 모바일 게임 '레볼루션'은 출시한 지 얼마 되지 않아 구글플레이, 애플스토어 매출 상위권을 기록했다. 수출이 쉽지 않아 보였던 웹툰 분야에서도 웹툰플랫폼 레진코믹스가 미국, 일본, 중국 시장에서 좋은 성적을 냈다.

대한 면밀한 이해가 절실하다. 업계 이슈들에 대한 전문가들의 분석과 의견은 넘쳐난다. 자연스러운 일이다. 하지만 한 발자국 뒤로 물러나, 개별 사안 뒤에 숨겨진 이면을 깊이 있게 들여다보려는 시도가 많지 않은 건 아쉬운 부분이다. 상투적이긴 하나, 나무 한 그루 한 그루를 개별적으로 살피기보다 이 나무들이 이루고 있는 숲 전체를 보았을 때 더 값지고 깊이 있는 지혜를 얻을 수 있다. 문화콘텐츠 업계의 현안을 학계에서 이루어지고 있는 다양한 연구와 이론적 관점에 기반하여 총체적으로 짚어보려는 노력이 필요하다. 이는 현장의 문제점을 보다 냉철하고 균형 잡힌 시각으로 바라볼 수 있게 해준다. 현안에 대한 학계의 통찰과 현장에 대한 실증 연구를 바탕으로 정부, 기업, 노동자, 학계가 함께 치열하게 고민해야 한다. 그리고 제대로 된 정책적 실험을 통해 문제에 대한 해결책을 모색해야 한다. 문제에 대한 면밀한 이해와 올바른 진단, 해결을 위한 공동의 노력 없이는 우리 문화예술계와 콘텐츠산업에게 주어진 소중한 기회를 보다 밝은 미래로 발전시켜 나가기 어려울 것이다.

2. 세 가지 렌즈로 바라본 콘텐츠산업, 그리고 창의노동자

 이 글을 시작하며 문화콘텐츠산업의 명암을 두 종류의 극단적 사례를 통해 압축해보았다. 물론 대부분의 아티스트나 창작자의 일과 삶은, 눈부신 성공과 지속되는 불안이라는 양극단으로 만들어진 좌표 중간 어딘가에 찍혀 있을 것이다. 어찌 보면 이 좌표는 현대 사회의 축소판이기도 하다. 그렇다고 해도 유독 문화예술계와 콘텐츠산업을 삶의 터전으로 여기고 살아가는 이들에게 성공의 양극화와 지속적인 불안정은 두드러져 보인다. 그 이유에 대한 진지한 고민이 필요하다.

 다음은 이를 위한 하나의 작은 시도이다. 한 발자국 뒤로 물러나 콘텐츠산업과 창의노동자들에게 있어 중요한 이슈들을 재조망해보려는 노력이다. 표면에 집중하기보다는, 개별적 현상 이면에 숨어 있는, 그리고 각각의 현상을 연결하는, 보다 근본적인 작동 원리를 이해하기 위해 경영학과 경영학에 인접한 조직이론, 경제사회학 등의 사회과학적 통찰에 의존한다.

1) 첫 번째 렌즈: 콘텐츠가 곧 경쟁우위

 산업의 관점으로 대중문화예술을 바라보는 이들은 주로 다음 질문에 대한 답에 관심이 있다. 대중음악, 영화, 방송, 게임, 웹툰 등 다양한 분야에 걸쳐 한국 문화콘텐츠업계가 이루어낸 놀라운 성과는 과연 어디서 비롯된 것이며, 이를 어떻게 유지할 수 있는가? 문화콘텐츠 산업에서 성공의 비결이 바로 경쟁력 있는 콘텐츠를 만들어내는 데 있다는 것은 모두 알고 있는 사실이다. '콘텐츠가 곧 경쟁우위 Competitive Advantage'라는 논리와 담론이 현재 문화콘텐츠산업을 지배하고 있다. 산업조직론적, 경영전략적 접근에 기반을 둔 기업전략을* 연구하는 학자나 전문가들도 양질의 콘텐츠를 발굴하고, 개발해내는 자체 역량 Internal Capability 을 갖추는 것이 중요하다고 말한다. 하지만 콘텐츠를 개발하고 제작해내는 역량만으로는 시장에서의 성공을 보장할 수 없다는 점도 강조한다. 기업의 경쟁우위 중심 관점에서 살펴보면, 제작업체들이 마케팅, 유통에 있어서의 강점, 즉 보완 자산 Complementary Assets 을 직접 개발하거나, 이를 소유한 외부의 파트너와 협력하거나, 이러한 자산을 확보하기 위한 인수합병과 같은 병합 Consolidation 전략을 활용하는 것이 경쟁우위를 보유하는 데 있어 중요하다. 역으로, 이미 마케팅 역량과 유통 채널, 플랫폼 같은 자산을 보유하고 있는 사업자의 경우, 콘텐츠 제작에 직접 뛰어들거나 이미 뛰어난 역량을 갖추고 있는 업체와의 긴밀한 협력 관계 구축을 통해 경쟁력 있는 시장 입지를 선점하는 것이 중요하다. 이렇게 기업의 경쟁우위 확보를 위한 시도들이 서로 부딪치면서 산업의 구도는 변화한다.

한편 이러한 경제 논리는 현재 디지털 콘텐츠산업에서 일어나는 많은 변화들을 이해하는 데 도움을 준다. 빠르게 진보하고 있는 디지털 기술로 인해 콘텐츠 소비 패턴에도 변화가 일자 국내외 콘텐츠

---

* 산업의 경쟁력에 대한 산업조직론적, 경영전략적 접근에 기반한 연구.

산업에 대규모 지각변동이 일어나고 있다. 유튜브, 넷플릭스, 아마존 등의 OTT Over the top 기업들이 글로벌 경제의 선두주자로 급부상하며 통신네트워크, 미디어, 엔터테인먼트산업 간의 경계가 희미해지고 있다. 2018년 6월 미국에서 가장 큰 통신사인 AT&T가 미디어와 엔터테인먼트 대기업인 타임워너를 인수했고, 2019년 3월에는 디즈니가 미디어 재벌인 루퍼트 머독으로부터 폭스그룹을 인수했다. 통신, 방송, 영화산업 간의 경계를 넘나드는 일이 흔해지면서 산업의 재구성도 일어나고 있다. 자원과 시장 확보를 도모하는 병합을 통한 몸집 불리기 경쟁이 가속화됨에 따라 기업 간의 경쟁 구도도 재편되고 있다. 한국에서는 유튜브, 넷플릭스와 같이 다양한 콘텐츠를 온디맨드 On-demand, 스트리밍 방식으로 제공하는 글로벌 OTT 업체와의 경쟁에 대응하기 위해 SKT, LG U+, KT 3사가 주축이 되었고, 통신사와 콘텐츠 제공업체들 간의 협력과 거래 네트워크가 그 영역을 확장하고 있다.*

경쟁우위 확보를 최우선으로 여기는 문화콘텐츠산업 내부자들에

---

* 문화콘텐츠업계 가운데 계약에서 주로 우위에 있는 기업들은 유통채널이나 유통플랫폼과 같은 가치사슬 후방에 위치한다. 음원사이트, 영화 배급사, 방송국, OTT 사업자와 같이 소비자에 가장 가까이 있는 이들은 실제 복잡한 하도급의 피라미드에서 꼭대기에 위치한 경우가 많다. 문제는 이런 경제활동 구조에서는 위험의 분배와 경제력의 분배가 비례하지 않는다는 점이다. 경제력이 높은 기업은 수익이 높은 사업을 적은 비용으로 수행할 수 있고 이 과정에서 수익이 적게 나는 활동은 외주나 하도급제를 활용하게 된다. 계약관계에 있는 업체들이 또 다른 을과 계약을 하면서, 본인들이 부담하는 위험을 떠넘기거나 중간 마진을 챙기는 식이다. 콘텐츠업계는 주로 건설업과 같은 노동자의 손 기술(Crafts)이 많이 필요한 산업에서 흔히 찾아 볼 수 있는 복잡한 하도급의 피라미드 형식으로 거래관계가 형성되어 있다. 실제 전문성과 유연함(Flexible Specialization)을 추구하는 것이 더 효과적인지, 아니면 통합(Consolidation)을 통해 조직의 영향력을 확장하고 규모의 경제(Economies of scale)를 추구하는 것이 더 효과적인지에 대한 논란은 여전히 현재 진행형이다. 하지만 이러한 경제 논리와 경쟁력을 확보하고자 하는 시도들은 글로벌 콘텐츠산업의 주요 플레이어인 넷플릭스나 디즈니와 같은 기업의 경영전략에 많은 영향을 미치고 있으며, 이에 대응하는 경쟁업체들의 움직임을 가속화시킨다.

게는 해당 분야 내 새로운 아이디어 발굴과 실행, 그리고 상품화를 위한 일련의 가치사슬 활동 Value-chain activities 을 거쳐 일어나는 가치 창출 Value creation 의 과정을 잘 이해하는 것이 중요하다. 가령, 기업의 입장에서는 자체 제작에 참여할지 여부를 결정하기 전에 먼저 해당 분야 내 가치가 창출되는 과정을 도식화해 볼 필요가 있을 것이다. 그리고 자체제작을 통해 기업의 경쟁우위와 시장가치 Market value 를 극대화할 수 있다고 판단되면, 자체 역량을 개발하는 선택을 밀고 갈 것이다. 이것이 바로 미국 내 DVD 우편 배달서비스로 시작해 글로벌 최강의 OTT사업자로 성장한 넷플릭스의 자체제작 결정 배경이다. 하지만 모든 기업이 다 동일한 고민을 하는 것은 아니다. 어떤 사업자의 역량은 콘텐츠 발굴과 개발에 집중되어 있을 수도, 제작에 집중되어 있을 수도, 마케팅이나 유통에 집중되어 있을 수도 있다. 다만, 기업의 입장에선 산업의 여러 플레이어를 거쳐 가치가 창출되는 과정을 도식화하고, 이에 기반하여 자신의 경쟁력과 시장가치를 증대하는 데 있어 어떤 포지셔닝 전략을 취할지 고민하는 것이 중요할 것이다.

대다수 기업의 경우, 이런 과정을 거쳐 경영 전략을 수립한 후에는 이를 실행에 옮길 수 있도록 조직을 설계하고 관련 활동을 수행한다. 이런 일련의 과정을 잘 해내는 기업은 조직적 역량 Organizational Capability 을 잘 갖추고 있다는 평가를 받는다. 이는 넷플릭스가 조직 역량에 있어 벤치마킹의 사례로 자주 언급되는 이유이기도 하다. 현실에서 경영 전략 수립과 조직 설계는 연계되어 이루어진다. 가령, 넷플릭스의 경영진들은 급변하는 디지털 기술과 치열한 경쟁 환경 속에서 변하지 않는 사실은 소비자의 기대를 충족하는, 때로는 소비자의 상상을 뛰어 넘는 양질의 콘텐츠 확보라는 큰 방향성을 설정하고 경영전략을 수립했다. 그리고 양질의 콘텐츠가 탄생하기 위해서는 먼저 기존의 틀을 깨는 창의적 아이디어를 구상해내고, 이를 실현 가능케 하는 것이 중요하다고 판단했다. 프로디클 무브Prodicle Move와 같은 통합 콘텐츠 관리 플랫폼은 이러한 배경에서 구축되었다. 현재 업계에서는 프로디클 무브가 콘텐츠 제작 환경을 개선함에 있어 혁신적 성과를 이루어냈다고 평가한다.

문화콘텐츠 산업에 존재하는 지배 논리와 담론을 살펴보고 이해하려는 노력이 선행된다면, 업계 주요 의사결정자들의 인식을 엿보는 데 도움이 된다. 이 인식 틀 안에 창의노동과 창의노동자의 위치가 어디인지 생각해 봐야 할 때다.

2) 두 번째 렌즈: 거래비용

'콘텐츠가 곧 경쟁우위'라는 담론 뒤에 숨어 있는 경제논리는 현재 산업에서 일어나고 있는 많은 변화들을 이해하는 데 도움을 주는 반면, 산업의 구조와 관행을 이해하는 데는 별 도움이 안 된다. 이를 위해서는 일반적으로 경제행위자들이 경제 활동을 구성하고 영위해나가는 원리, 즉 경제 활동을 조직화하는 논리를 이해할 필요가 있다. 가령, 조직을 설계하는 결정, 다시 말해 조직의 판을 짜는 결정은 어떻게 이루어지는 것일까?

콘텐츠 제작업체의 창업자나 경영진들이 주로 하는 고민은 어떤 콘텐츠를 어떻게 제작하고, 궁극적인 타깃 소비자 계층에게 판매하는지에 대한 것이다. 이는 조직의 판을 짜는 문제와 밀접하게 연관되어 있다. 단순하게 보면, 조직을 설계하는 것은 우선적으로 특정 콘텐츠 제작에 필요한 아이디어와 자원을 동원해 시제품을 개발하는 일을 직접 수행할지, 이들을 결합하여 완제품으로 만들어내는 작업을 직접 수행할지, 완성된 제품을 잘 마케팅해 소비자에게 전달하는 일을 직접 수행할지의 여부에 따라 결정된다. 다시 말해, 콘텐츠 제작업체의 창업자나 경영진들은 각각의 가치사슬 단계에서 요구되는 다양한 세부 활동들을 조직 내에서 수행할지, 협력 네트워크를 통해 수행할지, 아니면 아웃소싱, 하도급 등의 시장관계 Market exchange relationships를 통해 수행할지 고민하고 결정한다.

이처럼 조직의 형태는 크게 세 가지 정도로 구분해 볼 수 있다. 모든 일을 내부에서 수행하는 거대 조직, 네트워크 협력에 의존하는 민첩한 조직, 아웃소싱 및 하도급에 의존하는 유연한 조직, 이는 흔히 "시장, 네트워크, 위계" Market vs. Network vs. Hierarchy의 문제라고 알려져 있다. 조직을 연구하는 학자들은 시장, 네트워크, 위계 중 어떠한 형태와 구조의 조직이 어떤 상황에서 더 효과적인지에 주로 관심이 있다. 조직이론 Organizational theory에는 다양한 세부 학파가 있지만, 가장 많이 언급되면서도, 콘텐츠산업의 구조와 조직 형태에 대한 기초적인 이해를 습득하는 데 도움이 되는 거래비용 이론 Transaction cost economics 관점에서 생각해보자. 거래비용이란, 경제 행위자가 어떤 일을 수행하는 데 있어 양자 간 거래를 할 때 발생하는 여러 부수 비용을 가리키는 용어이다.

예를 들어, 콘텐츠 기획사나 제작사가 음반, 영화 등을 출시할 때 외부 마케팅 대행사를 통해 광고 및 홍보 활동을 진행하는 일을 자주 볼 수 있다. 여기서 거래비용이란, 마케팅 활동 자체에 들어간 비용 외에, 대행사에 지불해야 하는 수고비, 해당 대행사를 구하거나 소개 받는 데 들어간 비용, 사후 계약의 문제로 갈등이나 소송이 일어났을 때 들어가는 비용 등을 말한다. 거래비용이론 관점으로 경제주체의 행위를 해석하는 학자들은, 해당 경제주체가 외부에 있는 사업자와 시장계약 시 발생되는 거래비용이 높은 경우, 합리적 경제주체라면 시장계약보다는 고용계약을 선호하게 된다고 본다. 고용계약은 사용자와 종업원 간의 관계를 단순한 양자계약이 아닌 일종의 위계관계로 엮어놓는다. 조직 내부의 위계체계, 즉 상급자의 권위와 조직의 규칙은 작업자 통제와 감시에 드는 비용을 낮춰준다. 다시 말해, 외부 사업자와의 거래에서 발생되는 여러 위험 및 거래 비용을 줄일 수 있게 된다. 반대로, 여러 이유로 인해 거래비용이 낮은 경우, 합리적 경제주체라면 고용관계로 연결된 내부 인력을 통해 주어진 일을 수행하기 보다는 외부에 있는 사업자와의 계약을 통해 주어진 일을 수행한다고 본다. 조직의 경계를 결정 짓는 이러한 경제적 판단은 소위 메이크 또는 바이 Make or buy 결정이라고 더 많이 알려져 있다.

일반적으로 거래 비용은 주로 사업자 간 계약의 체결 및 집행과 관련된 이유로 높아진다. 신뢰가 낮은 환경에서 더 그런 경향이 있다. 가령, 외부사업자는 해당 기업의 권위에 기반을 둔 통제를 직접적으로 받지 않게 된다. 그들이 품질에 관한 사안 등 계약 내용을 성실히 이행하고 있는지 감시하는 것이 쉽지 않은 이유이다. 따라서 양자 간의 신뢰가 약한 경우, 해당 경제주체 입장에서 외부사업자의 기회주의적 성향이 거래비용을 높일 수 있다. 또한, 계약의 불완전성, 즉 계약 당시 발생할 수 있는 모든 사안을 계약서상 명시하는 것이 쉽지 않다는 점도 거래비용을 높이게 된다. 반대로, 위와 같은 위험 요인이 낮아 거래비용이 적게 발생되는 환경에서는 합리적 경제주체라면 시장을 통한 거래를 선호한다고 한다.

이러한 거래비용 이론의 논리 전개 방식은 문화콘텐츠산업에서 일어나는 많은 현상들이 발생하는 맥락을 이해하는 데 도움을 준다. 현재 국내 문화콘텐츠 업계 내에서 외주 Outsourcing 와 하도급제 Subcontracting arrangement 가 차지하는 비중은 상당히 높은 편이다. 외주와 하도급제는 지나치게 많은 비정규직 일자리을 양산함으로써, 일자리의 질을 약화시키고, 창의노동자의 불안정성을 확대하는 주범으로 지목받고 있다. 콘텐츠업계에서 외주와 하도급제에 의존한 경제활동이 많은 이유를 거래비용 이론의 논리에 따라 생각해 보자. 일반적으로 콘텐츠업계 내 많은 경제주체 입장에서는 노동자들과의 고용계약을 유지하는 것에 비해, 필요에 따라 그때그때 외부사업자와의 거래를 통해 경제활동을 하는 편이 더 효율적이다. 이는 외주와 하도급 형태의 경제방식뿐 아니라 디지털 플랫폼에 기반을 둔 여러 혁신 기업들의 기본 경제 논리이기도 하다.

또 다른 경제 논리를 생각해 보자. 고용계약으로 연결된 관계는 업무를 수행하는 데 있어 위계라는 통제 원리에 의존한다. 따라서 일사분란하게 움직인다는 장점이 있다. 반면, 전문성을 쌓아 올리거나 유연하게 대응하기에는 좋지 않다. 문화콘텐츠산업에서는 특히 유연성이 중요하다. 시장 불확실성이 높기 때문이다. 어떤 영화가, 드라마가, 혹은 음반이 시장에서 성공할지 실패할지 정확히 예측하기는 매우 어렵다. 문화콘텐츠 산업에서는 전문성도 중요하다. 콘텐츠 품질이 제작에 들어가는 노동력의 숙련도, 솜씨, 장인정신과 같은 무형 요인들의 영향을 많이 받기 때문이다. 유연성과 전문성이 중요하게 여겨지는 환경에서, 고용관계로 일정 규모 이상의 종업원과 전문가들을 조직 내에 보유하는 것은 자금력이 부족한 기업들에게는 부담스러운 일이다. 한편, 규모나 경제력 측면에서 상대방 대비 협상력이 높거나, 그 업체에 대한 의존도가 낮은 경우, 부담하는 거래비용은 자연스럽게 줄어든다. 종합해 보면, 거래비용과 메이크 또는 바이 이슈는 문화콘텐츠업계 경제주체들에게는 특히 중요한 문제다. 거래비용에 관련된 요인들이 문화콘텐츠업계의 경제 주체 간 하도급 계약관계로 복잡하게 얽히게 된 이유이다.

위에서 소개한 경영전략적 관점과 거래비용적 관점은 주로 콘텐츠 업계의 현재 상황을 경제적 논리로 이해하는 데 도움이 된다. 아이러니하게도 이러한 논리를 이해하면 할수록 문화콘텐츠업계의 양극화와 노동불안정성과 같은 이슈는 단순히 정부와 노동자들의 노력만으로는 크게 바꾸기 어려울 것이라는 안 좋은 예감이 들도록 만든다. 엄청난 충격 없이는 기업들로부터 스스로의 인식과 경제논리에 반하는 변화를 기대하기는 힘들기 때문이다. 가령 기업의 소유주와 경영진 입장에서는 핵심적이지 않은 일은 외주를 주거나 하청

업체를 통해 진행하는 것이 사업의 경쟁력을 높이고, 거래비용을 줄이는 방법이다. 문화콘텐츠산업을 이러한 렌즈로만 바라보면, 창의노동은 단순히 콘텐츠가 개발, 상품화되어 시장으로 유통되는 데 들어가는 비용에 불과하다.

3) 세 번째 렌즈
: 문화콘텐츠산업과 사람들을 함께 바라보다

앞서 언급한 경제학 기반의 사고 틀과 논리 구조는 상당히 추상적이다. 이와 달리 실제로 창의노동자들과 이들이 경험하는 문화콘텐츠산업을 연구하는 학자들이 있다. 주로 창의전문직 Creative professions에 종사하는 사람들을 연구하는 조직행동 학자, 문화산업을 연구하는 경제사회학자, 대중문화와 예술계를 연구하는 문화사회학자들이 그에 속한다. 아직 국내에는 많이 소개되지 않았지만, 이러한 연구의 출발점은 인간으로서, 활동 주체로서의 창의노동자를 이해하는 것이다. 이는 경쟁우위의 원천 혹은 생산 요소로서의 창의노동을 바라보는 시각과 상당한 격차가 있다. 여기서는 조직행동, 경제사회학, 문화사회학의 미시적 렌즈를 통해 창의성 Creativity과 노동 불안정성 Precarious labor을 들여다본다. 전문가로서의 창의노동자들, 그리고 그들이 배태되어 있는 사회경제적 맥락과 작동 메커니즘을 엿보면, 한국 문화콘텐츠 산업에서 일하며 자신들의 꿈을 향해 나아가는 창의노동자들이 마주치는 성공과 한계에 대한 보다 세밀한 이해가 어느 정도는 가능해질 것이다.

창의노동자는 일반적으로 음반, 영화, 방송콘텐츠, 게임, 애니메이션 등과 같이 문화예술에 기반을 둔 상품과 서비스를 기획하고 제작하는 데 필요한 창의적 작업을 수행하며, 그러한 일을 직업으로 가지고 있는 이들이다. 이런 직업들은 일부의 경우 단체적 노력 Collective efforts, 문화적 신성화 Cultural consecration, 혹은 다른 제도화 Institutionalization 과정 등을 통해 전문직화 Professionalization 되기도 한다. 영화감독, 패션디자이너, 아트기획자 등이 여기 해당한다.

지난 수십 년에 걸쳐 인문학과 사회과학의 많은 연구자들은 창의성에 대한 연구를 꾸준히 진행해왔지만, 창의성이라는 단어 자체에 대한 명확하고 구체적인 이해는 부족하다. 창의성 연구의 핵심은 무언가를 만들어내는 데 있어 기존의 관습과 틀에 얽매이지 않고, 다양한 요소들을 재조합, 재배열, 재결합하는 방식으로 일을 진행해 새로운 가치를 창출해낼 수 있는 역량을 말한다. 일반적으로, 문화예술 분야의 아티스트와 기획자들에게 창의적 역량은 일에 대한 열정, 창의적 영감 습득, 타고난 재능, 반복적 연습과 훈련을 통한 숙련, 장인정신 등이 서로 결합되며 개발된다. 이러한 관점에서 바라보면 문화콘텐츠 산업에서 가치창출은 기획, 제작에 참여하는 개개인의 아티스트와 기획자, 그리고 이들로 이루고 있는 팀 전체의 창의적 역량으로부터 시작한다. 개인들이 가지고 있는 창의적 아이디어와 재능은 또한 팀워크를 통해 완성된 작품과 제품으로 제작되어야 한다. 전문 창작자들과 아티스트들은 자신들이 보유한 창의적 영감과 재능을 작품과 커리어의 성공으로 이루어내기 위해 다양한 분야의 전문가들과 교류하며 꾸준히 프로젝트에 참여한다. 따라서 이러한 교류의 맥락이 되는 인적 네트워크와 문화콘텐츠 업계 내 의식과 문화, 규범과 관행 등으로 이루어진 제도에 주목해볼 필요가 있다.

국내 영화계로 예를 들어보자. 1990년대 중·후반 이후부터 국내 영화산업은 할리우드방식으로 제작, 배급되는 블록버스터급 미국 영화에 맞설 만한 양질의 영화를 자체 제작함으로써 한국 영화계를 발전시키고자 하는 분위기가 지배적이었다. 한국 영화산업은 이러한 취지에 동참하는 여러 영화인과 전문가 집단, 그리고 상업적 성공을 통해 이익을 창출하고자 하는 기업 혹은 투자 자본 간의 이해관계가 때로는 밀접히 연동되며, 때로는 일정한 긴장 관계를 유지하면서 작동되어 왔다. '영화 만들기'라는 창작 행위의 주체를 감독이라고 한정지어 본다면, 이들은 영화판이라고 흔히 불리는 일종의 제도적 장 혹은 생태계 속으로 "영화감독 지망생" 위치를 통해 입문하게 된다. 보통의 경우 이들 커리어의 출발점은 고등교육 과정에서 연출에 대한 공부를 하거나, 다른 비공식적 경로를 통해 영화 제작과 관련한 경험을 쌓는 것으로부터 시작된다. 이후 운이 좋은 경우, 조연출로 영화판에 발을 들이게 되며 감독 데뷔를 준비한다. 이 과정에서 다양한 프로젝트에 참여하면서 여러 내·외부 관계자들과의 관계형성뿐만 아니라 그에 대한 평판도 형성된다. 간혹 방송과 같은 인접 분야에서 어느 정도의 입지를 쌓은 후 영화판으로 진입하는 경우나 연기자가 연출가로 변신하는 경우가 있긴 하지만, 대부분의 감독들은 영화계로 직접 진입해 이 안에서 커리어를 이어간다.

이들은 '영화 만들기'라는 다른 노동과는 상당히 차별되는 특수한 형태의 전문적 노동을 통해 본인의 일에 대한 지식, 기술, 통찰을 축적해가며 영화를 통해 자신의 세계관을 표출하고, 관객, 전문가들과 소통한다. 우수한 흥행 성적을 기록해 언론과 대중의 주목을 받게 되면 스타 감독의 반열에 오르게 된다. 그러나 대중의 입맛과 비평가들의 취향에 들어맞는 영화를 제작한다는 것이 그리 쉬운 일은 아니다*. 틀에서 크게 벗어나지 않는, 즉 어느 정도 장르의 문법을 따르지만 참신한 구성과 요소를 갖춘 각본과 연출이 결국 영화계에서 말하는 창의성의 본질이다. 하지만 창의적 역량을 지닌 감독이라고 해서 늘 풍부한 자본과 우수한 제작 시스템을 갖춘 제작자와 연결되는 것도 아니다. 일반적으로 상업 영화에서 감독의 창작이 빛을 발하기 위해서는 투자자들과 스타파워가 있는 배우를 동원해낼 역량을 지닌 제작시스템 내에 편입되거나, 메이저 배급사와 안정된 관계

---

* 기본적으로 문화예술 콘텐츠를 대상으로 한 품질평가는 매우 주관적이다. 평가자의 문화적 취향과 평가 스키마에 따라 큰 폭으로 달라지기 때문이다. 통상 문화콘텐츠산업 내에서 개별 작품을 평가하는 잣대는 크게 두 가지로 구분된다. 첫째, 해당 분야를 지배하고 있는 논리가 무엇이냐다. 다시 말해, 대중음악, 영화, 방송, 게임, 웹툰 등 개별 분야마다 내재된 평가에 대한 지배 논리가 얼마나 상업적 방향(얼마나 많은 수요층의 기대를 충족하는가?)으로 무게 중심이 기울어져 있는지, 반대로 예술적 방향(해당 분야의 예술적 발전에 의미 있는 기여를 하고 있는 작품인지?)으로 기울어져 있는지가 평가의 잣대를 결정한다. 평가자가 해당 분야에 배태되어 있는 전문가인지 아니면 일반 소비자이도 중요하다. 평가자가 가지고 있는 스키마, 즉 코딩되어 있는 인식의 분류체계(i.e., 장르)는 평가 자체에 많은 영향을 미친다. 가령 장르의 문법을 완벽히 이해하고 있는 전문가들은 주로 해당 작품이 얼마나 장르적 문법에 충실하게 만들어졌는지, 아니면 기존의 문법을 뛰어넘는 새로운 영역을 개척했는지를 파악하면서 해당 작품의 예술사적 의미를 이해하고자 애쓴다. 반면 소비자들에게 있어 장르 문법을 잘 따른 작품은 익숙함이라는 효용감을 제공하지만 동시에 진부하게 느껴진다. 결국 전문가와 소비자 모두에게 콘텐츠에 대한 평가는 외부적으로는 각 분야에 지배논리에 의해 일정 부분 영향을 받으며, 내부적으로는 기존에 자신이 보유하고 있는 스키마의 영향을 받는다. 대개 두 집단 모두에게서 우수한 작품으로 인정받는 경우는 일정 부분은 익숙하지만 동시에 다른 부분에서는 참신한 요소를 모두 갖추고 있으면서, 이를 표현하는 방식에 있어 창작자의 세계관과 솜씨가 잘 발휘되어 있는 작품이다.

를 유지하는 제작사들과의 관계 속으로 들어가야 한다. 영화감독은 이렇게 작동하는 영화 생태계의 논리 속에서 자신의 정체성과 체계 논리 간의 팽팽한 긴장관계 속에 놓이게 된다.

이런 방식으로 창의노동자와 전문직을 바라보는 것은 이들을 사회적, 경제적, 제도적 제약하에서 삶을 살아가는 창작활동의 주체로서 이해하게 한다. 또한 창작활동이 창작물로 실현되는 데 있어 직·간접적으로 참여하는 다수의 행위자 혹은 자원 보유 주체들에게도 주목하게 한다. 서로 간의 교류를 통해, 혹은 제도적 맥락을 통해 다면적이면서 복잡한 관계들이 형성되며, 이는 다시 해당 분야에서의 제도의 장, 혹은 콘텐츠 생태계로 재구성된다. 이들은 각 분야에서의 지배적 논리를 형성하며 행위자의 선택과 결과에 큰 영향을 미친다.

이러한 관점은 창의노동과 그 일을 수행하는 주체, 그리고 그 행위자들이 자신의 커리어를 형성하면서 맺는 업계의 여러 타자, 혹은 이들이 이루고 있는 집단과 조직들과의 다양한 형태의 관계에 숨어 있는 역동성을 강조한다. 마지막으로, 이러한 창의노동의 커리어와 일에 대한 네트워크적 관점은 창의노동의 주체가 되는 아티스트, 크리에이터, 기술 담당 스태프 등을 단순히 생산의 요소가 아닌 가치 창출의 주체이자, 이렇게 창출된 가치를 배분받아야 마땅한 정당한 권리를 가진 이들로 인식하게 해준다.

3. 문화콘텐츠산업: 어떻게 바꿀 수 있는가?

　현재 국내 문화콘텐츠업계에서 아티스트와 창작자들을 바라보는 시선에는 그들이 가지고 있는 '창의성'에 대한 감탄이 녹아 있다. 반면 노동계에선 주로 그들 노동의 '불안정성'에 주목한다. 그러나 어찌 보면, 창의성과 불안은 창의노동자의 커리어에 있어 동전의 양면과 같다. 창의노동과 전문직 커리어에 대한 본질적 이해 없이 창의성의 중요성만을 내세우거나 노동의 불안정성만을 강조한 슬로건이 위험한 이유이다. 콘텐츠 생태계에서 내생적인 변화를 이끌어내기 위해서는 창의성이 성공적인 콘텐츠로 이어지는 과정을 면밀히 이해해야 할 뿐 아니라, 문화콘텐츠 분야에서 창의노동의 주체로 활동하는 이들의 커리어와 주변인들과의 다면적 관계에 대한 이해가 필수적이다. 문화예술 분야가 특히 다른 분야와 차별화되는 점은 자신의 재능을 살리는 창작활동을 통해 개인의 정체성과 가치를 표출하고, 이를 많은 대중에게 전달함으로써 그러한 노력과 열정을 사회적으로 인정받고 싶어 하는 이들이 특히 많이 몰려 있다는 점이다.

　위의 세 관점을 종합하는 사고의 틀과 논리의 흐름을 적용하면 한국 문화콘텐츠 업계의 경쟁력을 어떻게 유지하고 강화할 수 있을지 알게 된다. 우수한 역량을 지닌 개인과 팀이 만들어낸 양질의 콘텐츠가 시장 성과로 연결되는 선순환 과정이 시장 메커니즘을 통해 유기적으로 반복될 때 문화콘텐츠산업 내 가치창출 생태계가 활발히 작동하게 된다. 여기서 빼놓을 수 없는 점은 가치창출 생태계가 지속 가능하기 위해서는 적절한 가치분배의 메커니즘이 함께 작동되어야 한다는 것이다. 다시 말해, 많은 우수한 인재와 자원이 시장 메커니즘을 통해 업계로 유입되고, 창의적 재조합 과정을 통해 우수한 작품과 콘텐츠를 창출해 내는 데 성공하는 것을 의미한다. 이와 동시에 그에 따른 적절한 보상과 이익을 얻게 되는 과정이 반복될 때 콘텐츠 생태계 내 건강한 기회구조 Opportunity structure 가 안착되고 콘텐츠업계의 성공사례가 지속적으로 재생산될 수 있다.

아티스트와 여러 이해당사자 간 저작권, 계약, 임금 등을 둘러싼 갈등, 지나친 상업주의에 따른 물질만능주의와 도덕적 일탈, 폐쇄된 네트워크와 권력집중에 따른 다양한 문제들이 상존한다. 낯설지만은 않은 이러한 문제들이 특히나 문화예술계에서 자주 일어나는 듯 보인다. 사실상 이러한 문제는 한국사회에서 산업의 구조, 문화적 특수성, 오랜 관행 등이 복잡하게 뒤엉키며 표출된 현상들이다. 그럼에도 불구하고, 지속 가능한 콘텐츠 생태계를 조성하는 데 있어 창의노동자의 전반적인 근로 환경 개선은 반드시 이루어야 할 정책적 목표임은 틀림없다. 정부는 노조, 시민단체들과의 토론을 거쳐 표준계약서 도입, 근로기준법 준수, 공정 거래 관행 안착, 안정적 일자리 창출 등의 구체화된 목표 하에 많은 노력을 기울이고 있다. 정부는 다양한 실태 조사를 통해 현장의 변화를 측정하려는 노력도 기울이고 있다. 다만, 일부 정량적 지표의 개선만으로 정책의 성공 여부를 판단하긴 이르다. 핵심은 과연 정부가 그간 펼쳐온 여러 정책적 노력들이 현장에서 체감할 수 있는 정도의 변화를 가지고 오는가에 달려있다.

정부 정책만으로 문화콘텐츠 업계의 창의노동자들이 마주하고 있는 불안정성이라는 문제가 쉽게 해결될 것이라고 전망하는 이들은 드물 것이다. 물론 관련 법, 제도의 도입이나 의무사항에 대한 정부의 관리감독 조치 등과 같은 외부의 압력이 일시적으로 효과를 발휘할 수는 있다. 하지만 산업 내 구성원들의 인식 전환과 문화의 개선을 통한 자발적 참여 없이는 오랜 관행이 쉽게 바뀌지는 않을 것이다. 물론 창의노동자들의 이익을 대변하는 노동조합이나 시민단체들의 노력은 중요하다. 그러나 이들의 요구는 주로 정부를 통한 법, 제도 개선으로 이어지므로 산업 내 이해 관계자들은 이들의 요구사항을 수용하는 데 있어, 회피 Avoidance 나 디커플링 Decoupling 전략을 꾀할 가능성이 높다. 심지어 특정 정책은 이들에게 면죄부를 가져다주는 그런 의도치 않은 결과를 초래할 수도 있다. 따라서 현상 이면에 숨어 있는 업계의 작동원리에 대한 면밀한 이해 없이 설계된 정부 정책의 효과는 미미하거나, 오히려 또 다른 문제로 연결될 것이다. 중요한 것은 정부의 정책적 노력이 그 진가를 발휘하기 위해서는 산업과 시장, 그리고 그 안에서 삶을 살아가는 사람들이 작동하는 원리와 나름의 질서를 간과해서는 안 된다는 것이다.

3

문화 이전에
사람이 있다

: 한류 직문직답, 그 세 번째 이야기

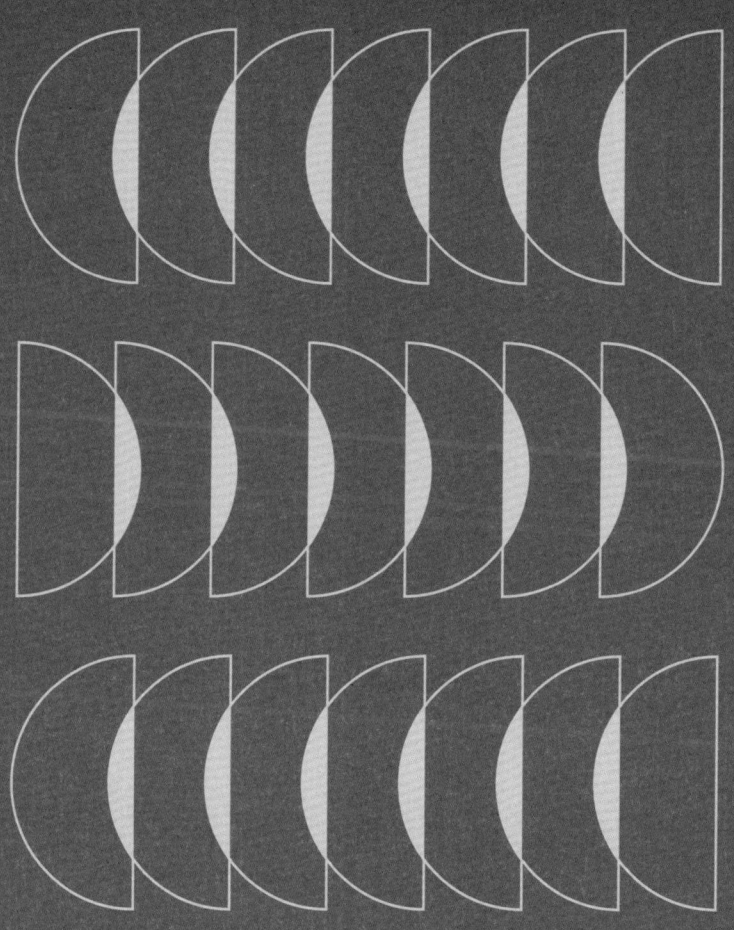

1
같이 만드는 문화, 가치 있는 문화

대담자 | 안호상(홍익대학교 문화예술경영대학원 원장)
글　　 | 김아영(한국국제문화교류진흥원 조사연구팀 연구원)

#1. 남의 나라 장단에만 춤출 수 있나? 전통에 더한 현대적 리듬

예술경영 1세대로 30년 넘게 활동해오신 자료들을 살펴보니, 핵심 키워드가 '전통'이었습니다. '한국' 하면 '창극', '판소리'가 떠올라야 한다고 여러 차례 강조하신 걸 봤거든요.

전통은 다른 게 아니라, 과거로부터 현재까지 계속 이어지는 것을 말해요. 우리가 이야기하는 민속예술은 대중의 미적 감수성이 반영되면서 시대를 거쳐 변화해온 결과물이죠. 사실 서양의 현대예술은 그리스 로마에서 비롯됐거든요. 무려 2,500년 전의 그리스 비극을 가져다가 마치 동시대 예술인 것처럼 소개하잖아요? 셰익스피어도 400~500년 전의 예술가고요. 그렇게 오래된 다른 나라 예술도 끌어다가 보여주는데, 우리는 심지어 100년, 150년 밖에 안 되는 전통예술을 멀게만 느끼죠.

한국도 수많은 텍스트를 가지고 있는데, 그 텍스트의 주인인 우리가 왜 우리 것이라고 느끼지 않느냐는 문제의식이 늘 있었어요. 제가 매번 남이 만든 콘텐츠를 사러 다녔잖아요? 달리 말하자면, 다른 나라 예술가 뒤꽁무니를 쫓아다닌 셈이죠. 네덜란드 댄스시어터 Dans Theater, 스페인의 나초두아토 Nacho Duato, 영국의 로열내셔널시어터 Royal National Theatre와 같은 국립단체에 가서 작품 하나 사려고 몇 년씩 기다리기도 하고, 눈치도 봐야 했죠. 그거 하나 가지고 들어오면 한국에서는 대단한 일을 한 것처럼 보도해요. 그만큼 쉬운 일이 아니긴 한데요. 안타까운 마음은 여전했어요. 그런 안타까움이

"관객들은 변화를
기다리고 있었던 거죠.
전통에 대한
현대적 변화를."

민속예술의 부활을 꿈꾸게 만들었죠. 민속예술 안에는 반드시 현시대 대중의 미적 감각이 반영되어야 한다고 봤고, 그게 성공한다면 우리 전통이 되살아날 거라 본 거예요. 실제 가능성이 얼마나 있느냐 없느냐는 관계 없이 저의 직관적인 판단이었어요.

일본 국립극장에서는 가부키 공연을 보려고 학생단체가 줄을 서기도 하더라고요.

무려 네다섯 시간씩 이어지는 공연을 보려고 먼 지방에서 도쿄 국립극장까지 가요. 도쿄에 가면 가부키 공연을 반드시 봐야 한다고 생각하고요. 일본에서는 일본 전통연극 가부키를 최고의 문화적 상징물로 여기는 거예요. 미국에 가면 「오페라의 유령」 보고, "오페라 보고 왔다"고 하잖아요? (웃음) 뉴욕에서 누릴 수 있는 최고의 여가 활동은 브로드웨이에 가서 뮤지컬 보는 거죠. 없는 시간 내서, 가서 졸면서라도 그걸 보고 온단 말이죠. 이런 게 바로 문화적 흡인력이에요. 해당국 국민이라면 누구나 그 영향력에 대해 공인하고, 권위를 부여하죠. 그렇다면 과연 우리는 그런 문화적 권위가 있느냐? 선뜻 답할 수 없어 안타까웠어요. 예술의전당이 아무리 잘한다 해도 창작을 기본으로 하진 않잖아요. 통상적으로 문화계에서 자주 언급하곤 하는 '문화 백화점' 같은 곳이죠. 한국을 대표할 만한 작품, 우리만의 콘텐츠를 내놓으려는 생각에 욕심이 나고 책임감도 생기더라고요.

2012년 국립극장 역사상 처음으로 '레퍼토리 시즌제'를 도입하신 이유도 그런 안타까움 때문일 것 같아요.

시즌제 도입하고 처음으로 대박이 난 작품이 「장화홍련」이거든요? 창극인데 예상보다 빨리 터졌죠. 매진이었어요. 스릴러 창극을 표방한 덕분에 젊은 사람들도 오고, 학생단체까지 몰려왔어요. 물론 한태숙이라는 스타 연출가를 쓰기도 했지만, 이전의 창극 같으면 초대권을 받고서도 안 가는 거였잖아요. 제가 레퍼토리 시즌을 한다고 했을 때 아무도 관심 갖지 않았어요. 세계 국립극장 페스티벌도 있는데 왜 하필 창극을 하겠다는 거냐, 그걸 누가 보겠냐는 반응이 대부분이었어요. 기자들도 당연히 별 관심이 없었고요. 왜 '허튼 짓' 하느냐는 분위기였어요.

그런데도 창극을 성공시키셨어요. 전통문화에 대한 수요가 없지 않다는 사실을 제대로 확인했겠죠?

관객들은 변화를 기다리고 있었던 거죠, 전통에 대한 현대적 변화를. 이미 그런 기운이 만들어져 있을 때 제가 뚜껑을 연 셈이죠. 우리가 전통문화를 잘 몰랐던 데에는 이유가 있어요. 우선 대중적인 현상에만 쏠리고 매달려 있느라 전통의 가능성을 알아채지 못했던 것이고요. 다른 하나는 창극단이나 국립극장이 시대를 못 따라간 측면이 있죠. 콘텐츠의 다양성이 없다는 것도 큰 문제였어요. 서양예술에 남다른 힘이 있다면 그건 레퍼토리의 풍부함이에요. 클래식 레퍼토리가 무궁무진하잖아요? 오페라 레퍼토리도 엄청나게 다양하고, 학교에서 4년 동안 배워도 다 못 배우거든요. 오랜 시간 동안 축적된 방대한 레퍼토리가 있는 거죠. 반면 국악을 예로 들면요. 이것저것 다 모아봐야 국악에서는 레퍼토리라고 할 게 없어요. 그나마 신재효가 1900년대에 정리한 『판소리 열두 바탕』이라는 게 있거든요. 그런데 그중 일곱 바탕은 소실됐고 남은 것은 다섯 바탕뿐이에요. 그러니 남은 거라도 빨리 복원하자는 의도였어요. 레퍼토리를 복원하고 창작하는 건 정말 중요한 일이거든요.

레퍼토리 복원이 만만치 않으셨겠어요.

단체별로 1년에 최소 7~8개 작품은 해야겠는데 기존에 만들어둔 레퍼토리가 없으니 신작 제작에 뛰어들어야 했어요. 통상 작품 하나 만드는 데 두 달 연습하고, 1~2주 무대에 올려요. 한 작품에 세 달이 걸리면 1년 내내 공연해도 네 작품밖에 못 하죠. 그래서 고심 끝에 단체를 둘로 나눴어요. 두 작품을 두 팀이 동시에 나눠서 연습하는 거죠. 한 팀은 「장화홍련」, 한 팀은 「배비장전」 이렇게요. 그래야 1년에 6~7 작품은 할 수 있거든요.

첫 시즌 작품인 「장화홍련」이 빵 터지고 나니까 단원들도 충격을 받았어요. 연출자 한태숙 선생이 주말에도 나와서 밤 열 시까지 연습해야 한다고 하니까 비교적 외부 활동이 많지 않은 단원들이 작품에 투입됐거든요. 국립단체 예술가들이 아무리 한가하다 해도 이 시대 최고의 예술가인 건 분명해요. 극단 단원이라면 전국 창극경연대회, 판소리경연대회에서 금상, 은상, 대통령상 안 탄 사람이 거의 없어요. 국립무용단 단원도 동아콩쿠르 1, 2등 안 해본 사람이 없고요.

어쨌거나 「장화홍련」 팀 공연이 매진되고 나니까, 「배비장전」 팀이 생각하기엔 본인들이 체면을 구기겠다, 싶었던 거죠. 「배비장전」 팀은 나름 단체에서 잘나간다는 단원들이 주축이 돼 꾸려졌거든요.

결국 단원들이 손수 나서서 단체 손님을 끌어오기 시작했어요. 물론 「배비장전」도 매진이 됐죠. 모두 우려했던 '국립 레퍼토리 시즌'이 시작하자마자 사고를 쳤어요. 이 두 작품은 지금도 매 시즌 공연하는 고정 레퍼토리예요.

#2. 국립이 바로 서야 한다… 파격, 신선, 변화

세상에나. 기분 너무 좋으셨겠는데요?

꿈인가 생시인가 싶었죠. 예상치 못한 성공이었으니까요. 사실 속으로는 많이 불안하기도 했고요. '앞으로도 계속 이렇게 잘돼야 하는데' 하는 생각 때문에요. 「장화홍련」, 「배비장전」 다음 작품이 국악인 안숙선 명창이 출연했던 「서편제」였는데요. 영화 〈서편제〉를 창극으로 만든 작품이었어요. 원작은 1976년에 발표된 이청준 작가의 동명 단편소설이고, 이 소설을 1993년에 임권택 감독이 영화화했죠.

「서편제」 무대는 국립극장 대극장이었어요. 1,600석을 어떻게 다 채울지 걱정이었거든요. 그런데 표가 팔리더라고요. 객석의 85% 정도 팔았어요. 그다음이 서재형 씨가 연출한 「메디아」였는데, 연극 〈메디아〉를 창극으로 바꾼 작품이에요. 「메디아」를 두고 "창극이 어떻게 이럴 수 있느냐?"라는 반응이 쏟아졌어요. 당시에 창극으로 줄 수 있는 충격은 다 준 셈이거든요. 그제야 언론이 주목하기 시작하더라고요.

언론 반응이 완전히 달라졌겠어요. 유료 관객도 어마어마했다고 들었는데요.

서편제 할 때까지만 해도 그냥 뭐 할 테면 해봐라, 그런 반응이었어요. 이후 무용단이 「단」이라는 작품을 했거든요. 안성수가 춤을 만들고 정구호가 연출 겸 무대 의상 디자인을 맡았죠. 그런데 한국무용계에서 반발했어요. 패션디자이너가 만든 의상을 어떻게 한국무용에 쓰냐면서요. 한국무용은 호흡이 다른데, 현대무용으로 연출하면 근육 다 망친다는 의미예요. 무용계 순혈주의죠. 분위기가 어수선하니까 정구호 씨가 연락을 안 하더라고요. 작품은 해야 하니 빨리 연락 달라고 했어요. 그렇게 해서 올린 게 「단」이에요.

이런 과정을 몇 번 거친 후에야 예술인들 반응이 조금씩 달라지더라고요. 소위 말해 '핫'하고 '힙'한 흐름이 국립에 만들어진 거죠. 소신대로 밀어부칠 수 있겠다는 자신감도 들었어요. 국립극장으로 부임한 이후 2년은 정말 정신없이 지나갔어요. 2013년, 2014년쯤엔 "국립극장이 바뀌었다"는 기사들이 쏟아졌죠. 국립극장이 바뀔 수 있었던 가장 큰 이유는 기를 쓰고 표를 팔려고 만들었기 때문이에요. 극장이 표를 팔려는 의지가 있는지 없는지가 중요해요. 공연이 아무리 좋다 한들 팔려고 마음먹고 만든 게 아니면, 일반 관객들은 바로 알아채거든요. 대중이 돈을 내고 볼 만하다고 생각하는 게 아니라면, 그건 공연으로서의 가치를 많이 상실한 게 아닌가 싶었어요. 공공에서 만든 공연을 '굳이 내 돈 내고 봐야 하나?'라고 여기는 사람들이 많으니까 공공재원으로 만드는 공연이 수도 없이 실패했던 게 아닐까요.

'팔려고 마음먹고 만든' 공연이라면 시도하셨던 변화가 한두 가지는 아니었을 것 같아요.

공연 자체에 공들인 건 기본이고, 마케팅에 어마어마한 노력을 쏟았어요. 가장 먼저 시각적인 요소를 다 교체했죠. 국립극장에서 만드는 잡지가 있거든요. 《월간미르》(이하 미르)라고요. 미르 표지와 판형을 바꿨고요, 미르에 실리는 단원들 사진도 내로라하는 사진작가가 모여서 다시 찍었죠. 시각적인 변화가 사람들에게 가장 먼저 각인되니까요. 그다음으로 창극단 포스터를 다 바꿨고, 마지막으로는 메시지를 바꿨습니다. 메시지를 통제했어요. 통제는 일관성을 말하거든요. 이미지, 카피, 보도자료 전부 다 제가 관리했어요. 'OK' 신호가 떨어진 후에야 내보낼 수 있었죠.

그걸 다 어떻게 관리하고 통제하셨어요? 인력이나 예산도 많이 투입됐을 것 같은데요.

국립극장은 예산도 적고 인력도 별로 없어요. 직원 대부분이 공무원이고요. 별도의 기획 인력에 들일 예산이 너무 적었죠. 자원을 어떻게 집중할 것인지 고민할 수밖에 없었어요. 열 가지 분야가 있다고 한다면, 그중 한 가지를 완벽하게 바꿔서 이 하나가 다른 분야에 긍정적인 영향을 줄 수 있게 만들었어요. 아홉 개 분야를 동시에 변화시키려면 자원이 너무 많이 필요하니까요.

제가 단원들에게 늘 했던 이야기가 있어요. "우리가 대중의 눈에 못 든다면 극장을 접자." 한국에 하나뿐인 제작 극장이 국립극장인데 언제까지 뮤지컬만 할 거냐고 물었죠. "당신들이 하지 않겠다고 하면 그만두겠다, 하지만 당신들이 주인이 되는 길은 이것밖에 없다"고요. 배수의 진을 친 거예요. 그런데 생각보다 반응이 빨리 왔어요. 단원들도 좋은 걸 금방 알아챈 거죠. 그런 변화를 주기 전까지는 대중들이 국립극장에 너무 관심이 없었어요. '국립'이 저렇게 자리만 지키고 있다니 하면서 안타까워했던 거죠. 매일 극장 야외무대에서 대중가수 불러다 공연하는 게 안쓰러웠던 거고요. 제게 대들고 투덜대면서도 한편에서는 저를 지지해주는 사람들이 있었어요. 그런 사람들 덕분에 국립극장을 변화시킬 수 있었죠.

==예술의전당에서 예술사업국 국장으로 계실 때 조용필 공연을 기획하셨죠. 1999년이었어요. '대중가수'가 예술의전당에서 공연한다고 해서 화제가 됐었고요.==

1997년 8월 다이애나비가 사망하던 날 영국 에든버러에 있었어요. 축제 참가 중에 잠시 런던에 가서 샘 멘데스Sam Mendes가 연출한 연극 〈오델로〉를 보려던 참이었죠. 에든버러 공항에 들어섰는데, 진풍경이 벌어졌어요. 사람들이 텔레비전을 보면서 우는 거예요. 다이애나가 파리에서 교통사고로 죽었다는 거죠. 죽기 전날까지만 해도 영국 사람들 모두가 말도 못하게 다이애나 욕을 했거든요. 파파라치들은 다이애나가 지중해에서 수영복 입고 남자와 노는 모습을 엄청나게 찍어댔어요. 그런 사진들이 신문 지면이나 텔레비전 뉴스를 온통 채웠고요. 장례식이 치러질 때까지 영국 국민과 왕실 사이에서 갈등도 어마어마했어요. 토니 블레어 당시 영국 총리가 그 사이에서 조율하느라 동분서주했었죠. 이렇게 우여곡절 끝에 열린 장례식을

"대중음악, 대중예술이
사회적 갈등을
봉합하는 기능이 있다는
걸 알게 된 거죠."

텔레비전에서 생중계했는데, 팝스타 엘튼 존이 피아노를 치면서 노래하는 모습이 나오더라고요. 전 세계에서 20억 명 이상이 지켜보는 무대였어요. 거기서 엘튼 존이 「캔들 인 더 윈드Candle in the Wind」를 노래하는데, 그 모습이 너무 인상적인 거예요. 그걸 보고 나서 알았어요. 극심한 분열 속에서 다름 아닌 '예술'이 제대로 역할을 하는구나. 그전까지만 해도 갈등 조정은 정치만이 해낼 수 있다고 생각해왔거든요. 그런데 대중음악, 대중예술이 사회적 갈등을 봉합하는 기능이 있다는 걸 알게 된 거죠. 영국은 대중가수에게 작위를 주는데 왜 주는지 알겠더라고요. 스포츠나 대중공연은 남녀노소, 부자와 가난한자를 막론하고 모두가 함께할 수 있는 계기를 마련해주죠.

당시 한국에서는 그런 사회적 조정자의 역할을 맡으신 분이 김수환 추기경이셨거든요. 그렇다면 예술계에서는 누가 그 역할을 할 수 있을까 고민했죠. 그러다가 영국에서 돌아오는 기내에서 조용필을 떠올렸어요. '예술의전당이 왜 딴따라야?' (웃음) 저도 걱정된 건 사실이죠.

왜 '딴따라' 조용필을 그 신성한 무대에 세우냐는 반발도 만만찮았을 것 같아요. 개인적으로 조용필을 좋아하는 마음도 있으셨지요?

'개인적으로' 좋아한다는 이유만으로 무대에 올렸다는 것은 꼭 맞는 이야기는 아닌 것 같고요. 모두가 좋아하는 국민가수이기 때문에 그 이상도 가능하지 않을까 생각했어요. 조용필을 엘튼 존 이상으로 국민 모두가 예술적으로도 존경하고 자랑스러워 할 수 있지 않을까 생각했던 거죠.

조용필이 예술의전당 올라간다는 이야기가 돌기 시작하니까 클래식계, 성악계가 술렁거렸어요. 예술의전당 말고 장충체육관이나 다른 공연장으로 가라는 거죠. 사실 제가 조용필 공연을 하겠다고 용기를 내게 된 데는 1999년 'Y2K' 붐이 큰 계기가 됐어요. 그해 초부터 언론에서 50년, 100년을 잘라서 한국 역사에 기여한 인물과 사건을 밀레니엄 특집으로 보도했거든요. 언론에서 실시한 조사마다 문화예술 분야의 원탑으로 조용필이 꼽혔어요. 그때 에든버러에서 품었던 생각을 현실화할 수 있지 않을까 생각했죠. 그동안 공연계가 터부시해왔던 일을 해보자는 생각도 있었고요. 부천 필하모닉과 기획했던 '말러 전곡 시리즈'도 그해 밀레니엄 특집 공연 중 하나로 시도한 거였어요.

저는 그때 사표 쓰겠다는 결심으로 일을 했거든요. 당시 사장님이 (문제 되면) 자네가 책임질거냐 물으시더라고요. "네, 제가 책임지겠습니다" 했죠. 아무 말씀도 안 하시더라고요. 하라는 이야기죠. (웃음) 그런데 생각보다 예술계 반발이 싱겁게 무마됐어요. 대중예술 담당했던 신문사 문화부 부장들 가운데 조용필의 팬들이 다수였다는 걸 나중에 알게 됐어요. 문화부 부장 말고도 언론사 사장, 주필이 베토벤을 더 좋아했겠어요? 조용필을 더 좋아하지. (웃음) 기자간담회에서 어떻게 방어를 해야 하나 가슴을 졸였는데, 결론은 대성공이었어요.

#3. "한국을 대표하는 예술작품이 뭡니까?"

예술의전당 사원으로 시작해 서울문화재단 대표이사를 지내셨습니다. 국립중앙극장 극장장으로 현장 경력을 마무리하셨는데요. 굵직한 문화예술기관은 다 거친 셈이세요.

저는 문화적으로는 아무런 '백그라운드'가 없는 사람이에요. 어느 날 학교 게시판에 작은 종이가 걸렸는데, "우리나라 최초 예술행정 요원을 뽑습니다"라고 적혀있는 거예요. 그 작은 공고에 어떻게 눈길이 갔는지, 예술의전당에 지원하게 되었어요. 그게 진로가 돼서 여기까지 온 거죠.

제가 서울문화재단 대표도 하고, 국립극장 경영도 하고, 소위 말해 출세를 했잖아요? 해외에 나가보니까 국립극장장 정도면 말도 못 붙이는 높은 자리더라고요. 영국 문화부장관이 한국에 와서 제일 먼저 저를 만나자고 했을 때 제가 정말 중요한 자리에 있다는 걸 느꼈어요. 그런 분들이 저를 만날 때마다 하는 질문이 있거든요. "한국의 대표적인 예술작품이 뭐냐?", "한국의 대표적인 예술가가 누구냐?" 이렇게 물어요.

제가 2012년 1월에 국립극장 극장장으로 부임했고, 직전해까지 서울문화재단 대표로 있었거든요. 2011년 '에든버러 인터내셔널 페스티벌'에 한국 예술단체가 초청을 받았어요. 극단 목화, 안은미 무용단, 서울시향이 한국 대표로 참가했죠. 나중에 국립극장에 가서 든 생각은 그때 그 자리에 우리 국립단체 작품이 하나라도 가야 하지 않았을까 하는 거였어요. 창극단이든 국립무용단이든 국립국악관현악단이든 어느 단체 하나가 에든버러에 가서 압도적인 공연을 보여줬으면 좋았겠다 싶었죠. 기회가 있었으니까요.

에든버러 인터내셔널 페스티벌에서 한국 예술단체를 공식 초청한 게 2011년이 처음이었으니, 그래도 빅이슈였겠는데요?

당시 안은미가 무속 신화 속 '바리공주'를 현대적으로 재해석했고, 오태석이 템페스트를 한국적인 정서로 풀어내기는 했지만, 그보다 '우리 것을 좀 더 제대로 보여줄 수 있는 절호의 기회였는데' 하는 아쉬움이 내내 남았어요. 과거 한국인이 가졌던 예술에 대한 권위를 동시대를 살아가는 해외 대중들도 느끼게 해주었더라면 어땠을까 하는 거죠.

현 시점에서 조선시대를 재현하려면 조선시대보다 훨씬 더 화려하고, 품위 있고, 스펙터클 해야 돼요. 조선시대에는 궁중악사 규모가 500~600명이나 됐거든요. 그런 광경을 보면 굉장히 압도되죠. 그런데 에든버러 페스티벌에서는 그런 압도적인 장면이 없었어요.

2012년 국제공연예술협회 ISPA 이사로 활동할 때도 가장 난감했던 게, 자신 있고도 확실하게 내놓을 수 있는 우리만의 콘텐츠가 없다는 거였어요. 물론 남의 것만 가져다가 보여주는 것만으로도 잘한다고 치켜세우던 시절이 있었는데, 그래도 부끄럽더라고요. '국가를 대표할 만한 공연을 만들어볼 기회가 정말 없는 걸까' 하는 고민을 안고 국립극장장으로 부임했어요. 국립이 바로 서야 한다는 철칙을 세우고, 국립극장이 국민의 마음속에 예술적 상징으로 자리를 잡아야 한다는 목표도 마련했고요. 대중에게 떨림과 설렘을 줄 수 있는 콘텐츠가 민간 공연에서뿐만이 아니라 국립극장에서도 나와줘야 한다는 마음뿐이었죠. 도발적인 모험을 자주 하게 된 것도 그런 이유 때문이에요.

그렇게만 된다면 한국에서는 물론이거니와 해외에서도 '알아서' 우리 콘텐츠를 찾을 것 같은데요. 우리가 아쉬워서 나가는 게 아니라요.

이미 유럽 콘텐츠가 고갈됐다는 건 알고 있었어요. 유럽 시장에는 돈이 안 돌아요, 콘텐츠가 없으니까요. 콘텐츠가 없으면 관객도 없죠. 사정이 이렇다보니 그들도 새로운 에너지가 필요한 거예요. 이런 상태가 벌써 15년도 넘었거든요.

2011년 에든버러 국제 페스티벌이 'The Far West'라는 주제로 아시아 스페셜에서 한국 공연을 소개했다거나, 영미권에서 〈기생충〉에 상을 준 것도 같은 맥락이에요. 영미권에서도 변신을 하지 않으면 안 된다고 생각한 거죠. 변신에는 여러 가지 조건이 동반돼요. 한류라는 변화의 흐름이 생성된 데에도 다양한 요건이 따라붙었죠. 가장 근본적인 배경은 '다양성의 소멸'이에요. 유럽문화에서 다양성이 사라졌으니 그 빈자리를 메울 만한 새로운 것, 샘물이 필요했던 거죠.

어찌보면 문화의 다양성은 미국이 세계 문화시장을 독점하면서부터 이미 끝이 났어요. 미국이 자국 시장을 뛰어넘어 전 세계 시장을 경영하기 시작하면서 글로벌 마케팅에 콘텐츠 제작을 최적화시켰거든요. 모든 대륙이 소비할 수 있는 콘텐츠로 바꿔놓은 거죠. 영화 〈E.T.〉가 그 시작이었고요. 스티븐 스필버그 감독이 만든 현상이죠.

'전 세계의 스필버그화'라고도 할 수 있겠네요.

그렇죠. 전 세계를 미국의 무대로 만들어서 단일 시장으로 통합시킨 거예요. 홍콩 영화나 일본 영화도 사라졌고, 프랑스 영화시장도 저물었어요. 남은 곳은 중국과 인도 시장인데, 이들 국가에는 검열이 있어서 미국 문화물이 진입하기 어렵죠. 반면에 한국은 검열이 없어요. 검열제도나 외국 영화에 대한 스크린 쿼터제를 폐지했잖아요? 그런데도 유일하게 살아남았어요. 한국 사람들이 독한 거고, 연구대상이죠. (웃음)

〈기생충〉도 한국 밖에서 한국이라는 나라를 다시 보기 시작하면서 주목받았을 거예요. 할리우드에서 봉준호 감독이나 박찬욱 감독을 스카우트 하려는 데에는 한국 시장을 침체시키려는 의도가 깔려 있거든요. 홍콩시장처럼 완전한 소비시장으로 만들려는 거예요. 결국 한류는 글로벌리즘과의 연관 속에서 성장했다고 보는 게 맞아요. 세계 소비자들이 갈증을 표출하는 시기에 한국 대중문화 콘텐츠가 새로운 선택지를 제시할 수 있게 된 거고요. 앞으로도 이런 영광이 재현되려면 한류 콘텐츠의 표현 문법이 세계적인 수준에 가 있어야 해요.

그런데 케이팝의 경우 "음악이 천편일률적이다", "젊은이들 중심이다"라는 비판도 있잖아요. 문화 다양성을 챙기지 못한다는 지적도 있고요.

저도 그렇게 생각했어요. 일본 아이돌 문화를 한국에서 판박이로 만들었다고 해서 한류를 무시하는 경향도 있고요. 쉽게 말해 "싸구려 아이돌 문화"로 퉁쳐버리는 거죠. 그런데 제가 생각을 달리하게 된 계기가 있어요. 2013년에 폴란드 브로츠와프에서 ISPA(국제공연예술협회) 총회가 열렸거든요. 비슷한 시기에 독일 드레스덴 주립극장 신년음악회에서 우리 국립무용단을 초청하고 싶다고 연락이 왔어요. 드레스덴에서 협의를 마치고 브로츠와프로 가려는데 기차 운행이 종료된 거예요. 알아보니 지선이 있더라고요. 그걸 타고 독일 '지타우'라는 곳에 도착했어요. 이름만 들어도 낯선 변방 도시죠. 거기서 열다섯 살 정도 되어 보이는 여자아이가 자전거를 끌고 기차에 오르더라고요. 신기한 건 그 아이 손목에 "믿음"이라는 한글 단어가 쓰여 있는 거예요. 한글을 몸에 새긴 걸 보고 통일교 신자인 줄 알았죠. (웃음) 폴란드에 도착해서 문화원 직원에게 한글 문신을 한 아이를 봤는데, 왜 그러느냐 물었더니 한글 배우는 게 유행이라 하더라고요. 그때 정말 쇼킹했어요. 기저에 무언가 있나 보다 생각하게 된 거죠. 싸구려 문화라고 생각한 한류였는데, 꼭 그렇지만은 않구나 하는 깨달음이 든 거예요. 한번은 한국 주간 행사 제안차 링컨센터 부사장을 만난 적이 있는데 행사를 충분히 검토해볼 만하다고 하면서, 뉴욕에 있는 극장 관객의 20%가 한글을 안다고 이야기해주더라고요.

"대중에게
떨림과 설렘을
줄 수 있는 콘텐츠가

한글의 뜻도 안다는 건가요?

한글이 아니라 언어로서의 한국어를 이해한다고 해요. 케이팝의 영향을 받은 거죠. 음악은 청각을 기반으로 하잖아요? 청각은 인간에게 가장 지속성이 강한 감각이에요. 늘 익숙한 것을 원하죠. 반면 시각은 익숙한 것을 거부하고 늘 새롭고 자극적인 것을 원해요. 한 번 듣고 좋으면 평생 그런 음악을 찾게 되듯이 우리 세대는 어릴 때 비틀즈 노래를 듣고 자라서 늘 그걸 들어요. 나훈아 노래 들었던 사람들도 마찬가지죠. 지금도 나훈아 콘서트 티켓은 15분 만에 매진돼요. 이유가 뭘까요? 청각적 기억의 힘이죠.

지금 방탄소년단 노래를 들으며 자라는 젊은 세대는 나이가 들어도 계속 방탄소년단 노래를 듣겠네요?

그렇죠. 그들은 어떤 형태로든 주위 사람들에게 한국을 소개할 거예요. BTS의 영향력이 어마어마하게 큰 거죠. BTS 부채춤 퍼포먼스가 중국이나 일본에서 반응이 좋았잖아요? 청각적으로도 파급력이 있지만, 전통적인 비주얼을 보여주는 것도 엄청난 힘이 있죠.

그 보수적이라는 유럽 시장을 뚫은 〈기생충〉만 봐도 한류의 탄탄한 기반이 뭔지를 생각하게 해주거든요. 미국이나 인도를 제외하고 영화를 직접 만들어 배급하는 나라는 한국뿐이니까요. 1990년대 우리나라에서 자국 영화 보급률이 40% 정도였거든요. 현재는 60% 가까이 되죠. 반면에 프랑스는 25% 이하로 떨어졌어요.

그렇게 따지면 한국은 문화적 토착성이 매우 강한 나라예요. 중국에 바짝 붙어있으면서도 한자를 안 쓰고 한글을 만든 나라고요. 일본도 한자를 쓰는데 우리는 우리만의 언어와 문자를 고집하고 있죠. 세종대왕이 "나랏말싸미 듕귁에 달아 문자와로 서르 사맛디 아니할쌔"라고 하셨잖아요? 우리 말이 중국 말과 달라서 백성들이 하고 싶은 말을 못 한다는 의미인데. 하고 싶은 말을 못 한다는 것, 저는 그게 핵심이라고 생각해요. 우리 민족은 하고 싶은 말이 많은 민족인 거죠. (웃음) 스토리텔링이 잘 되는 나라. 그것도 신파적으로 이야기를 하잖아요.

#4. 같이 만드는 가치 있는 문화, '운용의 묘'를 살릴 때

2017년에 국제문화교류진흥법이 통과되면서 전담기관이 생겨났고, 정말 다양한 부문이 국제문화교류 영역에 포함됐어요. 가장 혼란스러운 게 문화산업과 순수예술이 뒤섞여 있는 부분이거든요.

우선 기관의 정체성을 찾아 나서는 작업을 해야 할 텐데요. 문화와 관련된 온갖 부분이 교류 영역에 포함됐을 거예요. 사실 어떤 일이 떨어지든 기관 정체성과 맞지 않는 일이라고 판단해서 안 할 수는 없어요. 그래서 다 하기는 해요. 하지만 우리 기관의 우선순위가 뭔지를 알면 돼요. 그 우선순위를 바탕에 두고, "사실 이거 '삽질'이지만 하자"라고 이야기를 해줘야죠. 경영진은 직원들에게 그렇게 말을 해주는 게 좋다고 봐요. "이거 우리 '뻘짓'인데 좀 하자." 저도 직원들에게 자주 했던 말이에요.

직원들 속이 후련했겠어요.

위에서 떨어진 일이라 어쩔 수 없을 때 이렇게 이야기했죠. "내가 가서 설득해볼게." 조율이 잘 안 됐을 땐 "내가 설득을 못했어. 나 실패했어. 어떡해. 할 수 없지. 상대가 더 센데?" 서울문화재단 대표로 있을 때 제 평생 가장 일을 열심히 했거든요. 재단은 서울시 산하죠. 그런데 재단과 서울시가 하고자 하는 일이 너무 다른 거예요. 그 간극을 조율하는 게 제 일이었어요. 절충하고, 타협하고, 설득하고요. 간혹 서울시 사무관이나 주사가 서울문화재단 대표인 것처럼 행동할 때도 있었죠. (웃음)

저도 말단에서 시작해서 일해온 사람이니까 직원들한테 과부하가 걸리면 그게 저한테 전달돼요. 그 당시에 서울시 창작공간 13개를 2년 만에 다 만들었거든요. 직원들이 감당할 수 있는 수준을 넘어섰는데도 일을 시키는 시청에서는 번번이 다른 길로 가라고 주문을 했죠. 제가 보기엔 다시 돌아올 게 뻔한데, 직원들 보기도 민망하고. 일을 너무 많이 시켜서 직원들이 저를 많이 미워했어요. 다 알고도 어쩔 수 없는 경우도 많았죠. (웃음)

공공 부문 사업성과를 '건수' 말고 달리 잘 설명할 방법이 없을까요? 수치가 성과 측정의 핵심 지표로 활용되다보니 그것 말고 끌어올 게 없을지 고민하게 되더라고요.

관료주의 탓이기도 하고, 우리가 너무 성급해서 과정에 별 관심을 안 두기도 하죠. 서양 문화예술 기관에서 보고하는 것을 잘 보면, 그들은 본인들이 애초에 관심을 가졌던 부분을 반드시 먼저 정리하고,

그 성과가 어떻게 달성됐는지 진술하거든요? 숫자상의 목표도 있을 거고, 과정상의 목표도 있을 거예요. 또 관객이 어떤 사람이었으면 좋겠다는 그림도 있을 거고요. 사업의 여러 가지 목표를 먼저 정리하고 그에 대한 답을 진술해야겠죠. 목표를 이루지 못했다면 그것을 자꾸 돌아보고 개선해야 하는데 우리는 딱 잘된 것만 제시하죠. 결과가 애초에 내가 주안점을 뒀던 것과 어느 정도 부합하는지에 대해서는 이야기를 안 해요.

하여튼 간단한 문서라도 내가 중요하게 생각하는 가치가 뭔지를 먼저 말해줘야 해요. 저는 가능하면 직원들에게 시키는 일의 배경과 목표를 설명해주려고 노력했어요. 일이 끝나고 나면 직원들에게 그 업무에서 본인이 어떻게 기여했는지 이야기해주려 했고요. 직원들은 본인의 노력이 결과에 어떻게 기여했는지 확인하고 싶어 해요. 일부러 거짓말을 한 적은 없어요. 일에 녹아든 직원들의 구체적 노력을 찾아내려고 한 거죠. 그렇게 하면 성과의 주체도 분명해지고, 직원들도 좋아하죠.

배경 설명 없이 그냥 하라는 지시도 많잖아요. (웃음)

처음 직장생활을 하는데, 윗사람이 일을 왜 하는지 말을 안 해주고 그냥 이렇게 하라고 했을 때 참 답답했던 기억이 나요. '이걸 왜? 이걸 어디에 쓸 건데? 그 사람이 중요하게 생각하는 게 뭔데?' 그걸 이야기해주면 좋겠다 생각했어요. 부산 갈 때 비행기를 타고 갈 수도 있고, 기차를 타고 갈 수도 있잖아요? 어떻게 가든 방향만 같다면 언젠가는 목적지에 도달한다고 생각해요. 그런데 방향을 잘못 잡

으면 울산에 갔다가 강릉에 갔다가 난리가 나는 거죠. 방향을 정하고, 공동체가 그 방향에 대해 합의를 보는 게 중요해요. 저는 속도보다는 방향이 더 중요하다고 생각하는 편이에요. 방향만 잘 잡고 가다 보면 속도가 붙고 요령이 생겨서 빨리 가게 되거든요.

현재 우리 기관이 어느 위치에 와 있는지 설명을 잘해야 할 것 같아요.

사실 전략이라는 게 단계적 발전 방안이거든요. 기관에서 중요하게 생각하는 현안이 뭔지부터 고민해야겠죠. 향후 5년이 됐든, 10년이 됐든 현시점에서의 목표는 어디인지 정해야 하고요. 그 목표가 어느 정도 달성됐다면, 그다음 단계의 미션과 목표는 또 다르게 설정해야겠죠. 시작부터 항구적인 목표를 잡아서 별다른 변화 없이 계속 똑같이 하려고 하면 쓸모없는 일을 반복적으로만 하게 될 수 있어요. 사업 인원을 확보하는 게 중요한지, 조직 역량을 키우는 게 중요한지에 따라 전략 목표와 비전 설정을 다르게 해야 할 텐데, 안타깝게도 대부분의 공공기관이 현시점에서 필요한 전략적 선택은 안 하고, 다른 곳을 향해 가고 있는 것 같아요. 어느 공공기관이든 이런 부분에 대해 늘상 깊게 고민했으면 좋겠습니다.

2
작가가 곧 콘텐츠,
끝까지 함께 갈 사람을 찾는다

대담자 | 김지일(CJ ENM 오펜(O'PEN)센터장)
글 | 김아영(한국국제문화교류진흥원 조사연구팀 연구원)

#1. 한류는 목표가 아닌 결과

드라마 제작 현장에서부터 현재 오펜*센터장에 이르기까지, 영상 한류의 시작과 미래를 함께하고 계신다고 해도 과언이 아닌데요, 한류에 대해서 어떻게 생각하시는지 궁금합니다.

한류는 결과적으로 한류가 되는 것이지, 그걸 목표로 할 수는 없어요. 김수현의 〈사랑이 뭐길래〉, 김영현의 〈대장금〉, 김은숙의 〈상속자들〉과 〈태양의 후예〉, 박지은의 〈별에서 온 그대〉 모두 한류 드라마로 손꼽히는데, 이미 국내에서 성공한 드라마들이 한국 밖으로 나가서 또 성공한 거거든요. 한류 이전에 탄탄한 작가와 스타급 연기자로 국내에서 성공한 드라마인 거죠. 한류를 목적으로, 수출을 목표로 기획되어 그 목적을 이룬 드라마는 없었습니다. 외국의 제작비로 현지에서 제작되거나 해외 시청자만의 취향을 고려해 제작된 드라마가 성공한 적도 없었고요. 그렇다고 소위 외국에서 '먹히는' 배우만을 캐스팅한다고 성공이 보장되지도 않습니다. 기본에 충실한 완성도 높은 대본, 그에 맞는 연기자가 최선을 다 해 연기하는 일은 필수고요. 한국 시청자에게 사랑받는 드라마가 세계에서도 인정 받는 한류 드라마가 될 수 있어요. 따라서 창작자들 생계 문제도 개선될 필요가 있죠. 애니메이션 대본료나 드라마 시나리오비도 너무 적어요. 창작자들이 성공할 때까지 고생하라고 해선 안 돼요. 고생이 덜 돼야 하죠. 드라마 작가의 90%가 여성인데요. 남성들이 글 쓰는 것만으로는 먹고살 수가 없어요. 그래서 안 쓰려 하죠. 오펜 공모전은 당장 제작 가능한 작품을 선정하는 게 아니라, 반드시 지원

---

* 오펜(O'PEN)은 CJ ENM이 스튜디오드래곤, CJ문화재단과 협력한 기관이다. 작가(Pen)를 꿈꾸는 이들에게 열려 있는(Open) 창작공간과 기회(Opportunity)를 제공한다는 의미가 담겨 있다.

"한류는
　결과적으로
　한류가 되는 것이지,
그걸 목표로
할 수는 없어요."

이 필요한 미래의 작가를 선정한다는 차별점이 있답니다. 오펜 작가 중 누군가가 미니시리즈를 만들어보고 싶다고 의사를 밝히면, 선배 작가와 연출가 멘토를 붙여줘요. 멘토와 같이 기획해서 대본을 진행하고, 그게 가능성이 있다 싶으면 1년 정도 걸쳐서 집필을 할 수 있도록 최소한의 생활비를 제공하거든요. 적어도 1년 동안은 시나리오에 몰입할 수 있도록 지원해요. 오펜 졸업하고 5년, 10년 지나더라도 계속 나오라고 하거든요. CJ에서는 걱정할 거예요. '누굴 망하게 하려는 건가' 할 수도 있거든요. (웃음) 작년에는 이 건물 3층에 또 오펜 사무실을 확장했어요. 오펜에서는 선발된 작가가 프로 작가가 될 때까지 지원하려 해요. 제작 가능하고 방송 가능한 작품이 될 때까지요.

창작자들의 생계문제를 언급하셨는데, 오펜 운영하시면서 겪는 애로사항은 없으신지요?

저희가 작가들을 물심양면으로 지원하고 있는데, 작가들이 모인 커뮤니티 '기승전결' 카페에 글이 올라와요. '너희(CJ EMN 오펜)가 왜 그렇게 지원하냐, 결국 너희가 작가들 콘텐츠 뽑아먹으려 하는 거 아니냐. 돈 있다고 갑질하는 거 아니냐' 하고요. 왜냐하면 글 쓰는 사람들이 피해의식이 많아요. '아침에 김밥 주고, 라면 주고, 저녁에 CJ ENM 직원 식당 가서 밥 사주고, 야식 피자 사주고 하는데. 너희가 그냥 그렇게 해 줄 리 없어. 뭔가 있을 거야' 하고요. 그러나 모든 일에 있어 진정성만큼 중요한 요소가 없다고 생각합니다. 결국은 콘텐츠와 작가에 대한 오펜의 뜻과 애정이 작가들에게 전달될 것이라고 믿고 있어요. 사실 기관장이나 팀장급 관리자들이 콘텐츠에 대해 애정이 있다면 일의 결과가 달라져요. 예전에 어느 드라마 썼던 누구누구 작가가 괜찮은데 요즘은 뭐하고 있는지 궁금해하는 태도가 필요하죠. 애정을 가지고 계속 정보를 추적하고 탐색해야 해요. 이런 과정을 통해서 "내가 〈대장금〉을 만들었어"라고 자신 있게 이야기할 수 있어야 하거든요.

한류 초기에 어떻게 일하셨는지 궁금해요.

MBC에서 드라마국장으로 있을 때 삼성영상사업단과 〈간이역〉이라는 드라마를 같이 제작했어요. 1997년이었는데요. 김영현, 이영애 등 스타급 작가와 연기자가 참여한 드라마였죠. 〈사랑이 뭐길래〉가 진정한 드라마 한류 붐을 열기 직전에 중국에 진출한 최초의 한국 드라마가 〈간이역〉이에요. 사실 〈간이역〉은 드라마를 해외에 팔겠다는 목적으로 시작한 게 아니었어요. 삼성에서 텔레비전, 세탁기, 냉장고, 전화기 등 한국 가전제품을 중국에 선전하기 위해 기획한 거였죠. 드라마 제작비를 삼성에서 댔고, 중국 CCTV에 무료로 공급했으니까요. 당시 중국에서 방송된 화면은 한국 화면과 달랐거든요. 드라마에 등장하는 가전제품을 클로즈업해서 오랫동안 노출될 수 있도록 제작됐죠. 어떻게 보면 '콘텐츠 한류'가 아니라 '물류 한류'였던 거예요.

#2. "콘텐츠에 이념이 들어가면 안 돼"

콘텐츠 산업에서 게임이 차지하는 비중이 워낙 커서요.
다른 분야보다 게임 산업에 신경을 많이 쓰는 것 같거든요.

사실 이제 모든 드라마는 게임과 디지아트Digiart가 결합된 결과물이에요. '드라마=게임'이죠. 게임을 알아야 드라마 시나리오를 쓸 수 있어요. 미드나 영드 보면 게임 시리즈 같은 일부 작품에서 후속작을 염두에 두고 열린 결말을 쓰잖아요. 제가 MBC에서 오랫동안 드라마를 했었는데요. 제 생각에는 공영방송 사장을 이념이나 정권에 따라 선임하기보다는 콘텐츠 기업 경험이 있는 사람을 선임하면 좋을 것 같아요. 방송국은 결국 콘텐츠사업을 해야 하거든요. 보도는 보도국장이나 보도본부장이 공정방송을 하면 되고요. 예전에는 지상파 방송 3사에 입사한 피디들이 성장해서 프리랜서가 되었거든요. 방송국 자체가 피디 사관학교였죠. 그런데 지금은 지상파 방송국에 입사하려는 사람들이 예전보다 많지 않아요. 여러모로 콘텐츠가 나오기 어려운 구조예요. 콘텐츠 전문가가 오면 방송사도 더 큰 발전이 있을 것 같아요.

방송사, 학교 교수 등 워낙 여러 방면에서 일하신 경험이 있으셔서요.
오펜 운영하실 때 예전 경험에서 참조하실 게 많으시겠죠?

사실 매년 반성하고 있어요. 아, 이번엔 헛발질했다. 내년에는 이렇게 하지 말자. 결국 모든 일은 '사람'에 달려있거든요. 드라마트루기Dramaturgy, 작법, 캐릭터라이징 등 여러 특강에서 멘토를 모시는

데, 이때 자기만의 콘텐츠가 있는 분들이 강사로 와주셔야 해요. 그런데 관련 공공기관에서 진행하는 사업 멘토 중에서 자신만의 콘텐츠가 있는 분들을 찾기가 어려워요. 오펜 운영하면서 좋은 사람을 모셔야겠다는 생각을 많이 하게 돼요. 그런 분들께 오펜의 진정성, 교육 대상인 작가들의 열의와 진지함이 전달되어야 해요. 여기에 강사에 대한 최선의 예우와 대우까지 뒷받침된다면 진짜 좋은 선생, 좋은 멘토를 모실 수 있겠죠. 나아가서 드라마 쓰는 일이 제대로 되려면 대중소설과 같은 기초를 잘 세워야 하고, 대학에서는 대중문화를 수용하는 사람들이 정말 뭘 원하는지 그걸 아는 사람이 교육해야 한다고 봐요.

'선택과 집중'을 위해 오펜에서 별도로 하신 노력을 소개해주세요.

작년에 '기승전결' 카페를 통해서 작가 지망생들을 오펜에 초청했어요. 대학 문예창작과, 극작과를 비롯해서 극본 응모할 일반인들까지 100명, 200명씩 초대해서 여러 번 설명회를 한 거죠. 스튜디오드래곤 담당자가 원하는 작가상을 소개해주고, tvN 편성 담당자는 어떤 의도로, 어떤 드라마를 편성할 건지 공개적으로 안내를 했어요. 오펜이나 예비 작가들 모두 헛발질하지 않기 위해서요. 극본 심사를 3차까지 하거든요? 심사위원들게 부탁드리는 게 있어요. 작품도 중요하지만, 작가가 어떤 생각을 하고 있는지를 꼭 봐달라고요. 올해부터는 이미 기존에 선정된 작품뿐만 아니라, 다른 작품 서너 개를 같이 볼 예정이에요. 특히 2030 세대가 어떤 세계를 갖고 있는지를 봤으면 좋겠어요. 물론 2030 세대 중에도 발상이 올드한 사람이 있고, 50대, 60대지만 아이디어가 좋은 분들도 있죠.

오펜 작가들에게 현장 취재도 지원하시죠? 국과수 부검실에 방문한 기사가 인상적이었는데요.

사실 현장 취재도 검찰청 이런 데 방문하는 건 좀 그만해야 하지 않나 싶어요. 진부해요. (웃음) 현시대 사람들이 관심 보이는 감각적인 거 있잖아요. 지난번 어떤 작가가 여성지 편집장을 만나고 싶다고 해서 취재 지원해준 적이 있거든요. 드라마에 등장하는 직업군 중에 매력 있는 현장 사람들을 만날 수 있도록 다리를 놓은 거죠. 〈호텔 델루나〉 같이 귀신 나오고 염력 순간 이동하고 이런 드라마적 장치들이 소위 '먹힌다' 해서 자주 활용되는데요. 자기 체험이 바탕이 된 시나리오가 시청자에게 가장 잘 가닿아요. 형사물 쓰는 작가 이야기를 잠깐 해보면요. 그분은 고등학교가 최종학력이에요. 어느 예술대학 문예창작과 출신, 보조작가 출신 이런 이력이 없죠. 대신 고졸이지만, 일식 요리 자격증을 비롯해서 수많은 자격증이 있어요. 어느 날엔 제가 그분에게 "그동안 어떤 일을 해보셨어요?"라고 물으니까 "신문사에서 일했어요"라고 대답하시더군요. 그래서 "신문사에서 뭘 하셨어요?"라고 다시 물었더니 신문 배달을 했다는 거죠. 그런데 이분이 책을 무척 많이 봐서 인문학적 기초가 굉장히 단단해요. 셰익스피어 고전을 비롯해서 안 본 책이 없을 정도죠. 취미는 바다낚시거든요. 통영을 배경으로 바다 낚시꾼의 살인 사건을 썼어요. 형사물이죠. 작품이 심도가 있어요. 작가가 스스로 경험하고 고민한 게 작품에 고스란히 배어 나온다는 거죠. 얼마 전

"결국 모든 일은
'사람'에
　달려있거든요."

에 방영된 〈블랙독〉도 기간제 교사 출신인 오펜의 박주연 작가가 집필한 작품이거든요. 극본의 디테일이나 리얼리티가 좋아서 마니아층이 탄탄하게 형성됐죠. 작가의 체험이 곧 작가고, 작가가 바로 콘텐츠예요.

결국, 이상적인 작가 소양은 인문학적 기초에서 비롯되고, 그걸 뒷받침하는 게 다양한 삶의 경험과 다량의 독서라고 보시는 거죠?

저도 『그리스 로마 신화』를 다시 보거든요. 지난 2월에 JTBC 〈차이나는 클래스〉에서 서울대학교 인문학연구원 김헌 교수가 강연하는 걸 봤어요. 주제가 '신화는 어떻게 권력을 만들었나'였거든요. 그리스 로마 신화가 주는 메시지를 '친부 살해의 전통'이라고 정의했어요. 그 메시지가 우리에게 던지는 교훈이 '젊은 세대가 틀을 깰 수 있도록 응원하는 것'이라고 하더라고요. 올해는 작가 특강에 그리스 로마 신화 강연을 넣으려고 해요. 작가가 되고 싶은 사람이라면 셰익스피어 4대 비극, 그리스 로마 신화를 꼭 봤으면 좋겠어요. 그런 작품 속에서 주인공들이 겪는 흥미진진한 갈등 구조나 인간 내면의 욕망을 엿볼 수 있어요. 다시 말해 매력적인 캐릭터를 설정하고 극적 갈등과 반전을 자유롭게 펼칠 수 있는 것은 작가의 중요한 덕목입니다. 여기에 감각적 지문과 재치있는 대사가 더해진다면 더할나위 없죠. 처절한 현장체험이나 철저한 현장취재를 통한 사실적 구성은 작품의 절대적 가치를 높여줘요. 2019년 OPEN 작가모집 포스터에 "딜레마와 아이러니가 살아있고 넷플릭스, 유튜브등 글로벌 플랫폼에 어울리며 독특한 캐릭터가 살아

있는 현대적 감각의 문제작"을 찾는다고 했는데, 올해는 심플하게 "SOMETHING NEW(뭐가 새로운 것)"라고 했어요. 새롭고 현대적인 독특한 캐릭터의 드라마 만큼 중요한 것은 인간에 대한, 사회에 대한 그리고 진실을 향한 작가의 시선과 이해라고 생각합니다. 보통 현실 세상에서는 실제로 보여지고 발표되는 것만을 진실로 받아들이곤 하죠. 그러나 드라마에서는 작가가 보여주는 캐릭터의 모습을 통해 진실이 현미경적으로 확대되거나 축소되어 보여져요. 흡사 고속촬영된 피는 꽃봉우리나 사고순간의 슬로우비디오처럼 말이죠. 그리스 로마신화에 등장하는 수많은 과장된 캐릭터를 통해 인간의 내면적 욕망과 갈등을 확대해서 느끼는 것처럼 〈반지의 제왕〉이나 〈왕좌의 게임〉의 과장된 판타지가 때로는 더 현실적으로 느껴지기도 하고요. 다시 말해 매우 절제된 사실적인 드라마도, 심각하게 왜곡되고 과장된 드라마도 작가의 의도만 정확하게 전달된다면 모두가 좋은 스토리가 될 수 있다고 생각합니다.

#3. 창작자에게 마중물을 놓는 오펜

2017년 오펜 출범 당시 모토가 "콘텐츠 창작자 육성·데뷔 지원사업"이었습니다. 2020년까지 100억 원이 넘는 예산을 투입할 계획이셨는데, 현재 어느 단계에 와 있다고 보시는지요?

2017년부터 2020년까지 4년간 200억을 투자할 계획으로 시작했어요. 1년에 50억 정도 들어가죠. 예산 절반은 드라마스테이지*

---

* 오펜 공모전에서 당선된 10개 작품으로 구성되는 단막극 프로그램을 일컫는다.

에 쓰고 있고, 나머지 절반은 작가들 창작 지원하는 데 활용하고 있어요. 2019년까지 94명을 선발해서 지원했는데 그중 69명이 드라마를 쓰거나 시나리오 개발 계약을 체결했죠. 사업 초기에는 드라마 부문, 시나리오 교육 부문에 집중했는데 신인 작곡가 지원까지 확장됐고, 올해는 시트콤 창작지원 프로그램을 신설했어요. 광고수요가 줄면서 연속극이 사라지고, 그 자리에 넷플릭스, HBO와 같이 시즌제 형식 콘텐츠나 미니시리즈 같은 시트콤이 들어가게 됐거든요. 다만 오펜이 만들려는 시트콤은 캐릭터 매력에만 의존하는 단순한 시츄에이션물이 아니에요. 장르적 특성에 기반을 두면서도 현대적 감각을 가진 복합장르 시트콤을 지향하죠. 시트콤뿐만 아니라 웹툰이나 웹드라마, 애니메이션까지 영역을 넓혀갈 수도 있어요. 여하튼 창작과 관련되는 모든 게 진보하고 있다고 생각해요. 과거에는 작가 교육원에서 드라마 작가 과정을 이수한 사람들이 오펜에 와서 글을 썼는데 이젠 이런 경향도 달라질 거라고 봐요. 작가들도 다수가 영상 세대들이잖아요. 유튜브나 넷플릭스에 올라온 콘텐츠 보면서 '나도 한 번 시나리오 써봐야겠다'라는 생각을 하죠. 예전에는 방송국에서 미니시리즈를 공모하면, 기성작가에게 아이템을 주고 대본을 쓰게 했잖아요. 여기에 보조작가도 따라붙어서 일하다 보면 정식 작가가 되는 데 10년이 걸리죠. 이렇게 고전적인 과정을 거쳐서 방송작가가 된 사람들도 있지만, 이제는 일반 시민들이 절반 이상 작가군에 진입하고 있어요. 드라마 대본 쓰는 문화 자체가 바뀌고 있는 거죠.

미디어 환경 변화에 따라 사업을 확장하시는 것 같습니다.

미디어 환경 변화도 중요하지만, 사실 외국에서는 드라마 쓰는 사람들 가운데 70~80%가 원작이 있거든요. 소설과 같은 원작에 '기반해서 Based on' 쓰죠. 그런데 한국은 재미난 원작을 찾는 것 자체가 힘들어요. 신경숙이나 한강 작가의 소설도 매우 훌륭하지만, 거기서 오락적인 요소를 찾기는 어렵죠. 출판 시장이 워낙 열악해서 책이 많이 팔려도 3,000~5,000부 수준에서 그쳐요. 세계 3대 문학상 중에 하나 정도는 받아야 1만 부 넘게 팔리죠. 반면에 웹툰은 몇 억 뷰를 넘잖아요? 소설보다는 가능성이 크다고 봐요. 대표적으로 〈이태원 클라쓰〉(JTBC), 〈계약우정〉(KBS), 〈메모리스트〉(tvN), 〈스위트홈〉(넷플릭스) 같은 드라마가 웹툰을 원작으로 만들어졌죠.

웹툰으로 사업 영역을 확장해나가는 것 이외에도 집필 시스템이 바뀌어야 해요. 작가 혼자 글을 쓰는 단독집필에서 벗어나서 집단집필 형식이 확고하게 자리를 잡아야 한다는 거죠. 하나의 시나리오 안에서 다양한 캐릭터를 의미 있게 구축해나가려면, 작가가 캐릭터 하나하나에 몰두해야 하거든요. 혼자 쓰면 뇌에 한계가 오고, 개성 강한 주조연 캐릭터들도 중반부 이후부터는 서로 비슷하게 변질돼요. 오펜에서는 2019년부터 작가 두 명이 공동 집필하는 연습을 하고 있거든요. 구성이 강한 작가는 구성을 맡고, 캐릭터를 잘 만드는 작가는 캐릭터 개발을 담당해요. 코믹이 강한 작가는 코믹을 하고요. 외국과 똑같이 공동집필 시스템으로 가는 거죠.

웹툰에 상당히 관심이 많으신 것 같아요.

아무래도 웹툰은 콘티라는 설계도가 앞서 나와 있으니, 드라마로 영상화하기 좋죠. 네이버 웹툰 작가 중에 잘 쓰는 작가들이 스무 명 정도 있는데, 작가 개인이 1년에 16억 원 정도를 벌어요. 순수익이 16억이죠. 그러니까 웹툰 산업이 발전하고, 수많은 사람이 그 분야에 모여드는 거예요. 시나리오를 아무리 잘 써도 5,000만 원 준다? 이러면 안 되거든요. JTBC, TV조선도 당선작 1억 5,000만 원을 걸고 극본 공모를 해요. 그런데 수상작을 안 뽑아요.

적격자가 없어서요?

그렇죠. 적격자가 없다고 해서 가작으로 1,000만 원, 2,000만 원 주거든요. 사실 애초에 약속했던 대로 1억은 줘야 해요. 그래야 사람이 모이고, 이들 중에 가장 나은 사람에게 지원한다고 생각해야 하거든요. 앞서 말씀드렸듯이 웹툰 작가가 1년에 16억을 벌잖아요? 그래서 웹툰계로 인재들이 많이 모이고, 또 그 안에서 재밌는 작가들이 예능프로그램도 만들기도 하죠. 물론 원작소설 작가들도 모여야 해요. 한국 소설을 보면 대개 스토리텔링보다는 미세한 심리를 묘사하는 데 초점을 두기 때문에 엔터테인먼트 요소가 조금 떨어져요. 『채식주의자』, 『엄마를 부탁해』도 훌륭한 소설이지만 영상화 하기가 쉽지 않죠. 아직도 유교에서 벗어나지 못한 이데올로기 소설도 많고요. 이제는 소설, 애니메이션, 영화 모든 부문에서 봉준호 감독 같은 천재들이 나와야 해요.

오픈에서 그런 훌륭한 분들이 나오시지 않을까요? 작가들을 장기적으로 지원하시니까요. 공공부문에서는 지원 대상을 자주 바꿔가면서 단기적으로 지원하는 데 그치는 사례도 많거든요.

사실 콘텐츠진흥원도 그렇고 부처 산하기관들이 대부분 실적 중심으로 운영돼요. 1년짜리 지원사업계획서 쓰고 몇 명을 선정해서 예산을 얼마 소진했다, 이런 식이거든요. 어느 기관 작품 심사 들어간 분들에게 물어보면, 어떤 때는 '이 작품이 어떻게 선정됐지?' 하고 의심이 든다고 이야기를 해줘요. 작품을 선정한 후에도 계속 돌봐주고 업그레이드해줘야 하거든요. 올해 50명, 내년에 또 새로운 50명 이렇게 지원해서는 소용없어요. 50명 선정해서 그중 3명 정도 유명 작가가 나오기까지의 발전된 과정이 있어야 하고 결국 선택과 집중이 필요한 거죠. 무엇보다 지원사업 담당자들이 소명감을 가지고 일해야 해요. 그런 면에서 공영방송사에도 한계가 있습니다. 공영방송사들도 작가나 극본을 공모하는데, 문제는 사장 임기가 3년으로 정해져 있잖아요. 사장이 계속 바뀌고, 국장도 1~2년마다 교체돼요. 피디들은 베스트셀러 작가 선정해서 드라마를 만드는데, 담당 피디가 연출 시작하다가 얼마 지나지 않아 제작에서는 떠나게 되죠. 결국 프로젝트성이라 지속하기 어려운 거예요. 그래서 월트 디즈니 Walt Disney의 유지를 받들어 지원·설립된 캘리포니아 예술대학 CalArts 같은 기관을 만들자고 오픈에 이야기를 했었거든요. 드라마 작가, 영화 작가, 음악, 시트콤 다 따로 모집하고 있는데, 그러지 말고 CJ ENM 오픈이 100~200억 정도 투자해서 서울예술대학을 인수하면 좋겠다고요. 대학도 이제는 돈을 벌기 어렵잖아요. 대학

대부분이 사단법인이고, 등록금이나 국가에서 보태주는 예산으로 운영되고 있죠. 그 예산은 함부로 쓸 수가 없어요. 사학재단 문제도 자주 발생하고요. 서울예대에 문화예술 관련 전공이 정말 많거든요. 실용음악, 광고창작, 사진, 실내디자인, 촬영, 편집, 디지털아트 콘텐츠 제작 필요한 웬만한 전공은 다 있어요. 그런 학교를 CJ에서 들여오면 스튜디오드래곤에서 준비하는 모든 작품 교육도 훨씬 수월해질테니까요.

센터장으로 부임하시자마자 그런 말씀을 하신 건가요? 아니면 상황 보시고 나서 하신 건지.

아니 조금 있다가요. 상황 본 다음에는 이야기를 아예 안 했고요. (웃음) CJ에 똑똑한 사람들이 많아서 학교 인수하면 만만찮게 복잡한 상황이 생길 거라고 조언해주더라고요. CJ 말고도 콘텐츠진흥원이 서울예대와 같이 훌륭한 예술대학을 인수하거나 새로 설립해서 더 좋은 교육 기관을 만들면, 매년 프로젝트성으로 공모하고 지원자를 선정할 필요가 없어요. 칼아츠 같은 종합 아카데미를 운영하면, 재교육을 원하는 직장인들에게 평생교육의 기회도 제공할 수 있거든요. 요새는 대학 졸업하고도 자신이 뭘 하고 싶은지 잘 모르는 경향이 많은데, 회사를 다니다보면 정말 하고 싶은 일이 뭔지 알게 되는 순간이 오거든요. 제가 영국에서 대학원 시절을 보냈는데, 당시 영국 대학원 과정은 직장인들의 전문직 재교육이 많은 부분을 차지하고 있었어요. 산업현장에서 느낀 부족함을 보완해주는 과정인 셈이죠. 요즘의 대학 과정은 전문직의 수준으로 볼 때 일종의 예과 과정이나 마찬가집니다. 그래서 외국의 많은 전문직종인들은 재교육이나 평생교육의 기회를 귀중하게 여겨요. 그런 사람들을 위한 전문직 재교육, 평생교육의 기회를 제공하면 좋겠다는 거죠.

지은이

원용진 서강대학교 커뮤니케이션학부 교수

한국의 미디어 문화연구 1세대 학자로 미디어와 한국 사회 안팎에 관한 주요 의제를 제기해왔다. 서강대학교 신문방송학과를 졸업했으며, 동 대학원에서 석사학위를, 미국 위스콘신대학교에서 박사학위를 받았다. 한국영상문화학회장, 한국언론정보학회장을 역임했으며, 현재 서강대학교 커뮤니케이션학부 교수로 재직 중이다. 대표 저서로 『대중문화의 패러다임』, 『텔레비전 비평론』, 『광고 문화 비평』, 『한국 언론 민주화의 진단』, 공저로 『PD 저널리즘』, 『아메리카나이제이션』, 『The Korean Wave: Evolution, Fandom, and Transnationality』 등이 있다.

홍석경 서울대학교 언론정보학과 교수

서울대학교 불문학과 졸업 후 동 대학원에서 석사학위를, 프랑스 그르노블대학교에서 언론정보학으로 박사학위를 받았다. 방송위원회 선임연구원, 보르도3대학 언론정보학과 부교수를 지낸 후 서울대학교 언론정보학과 교수로 부임했다. 미디어 정경의 변화와 세계 속 한류 소통의 구조를 아이돌, 젠더 등 다양한 키워드로 풀어냈다. 대표 저서로는 『세계화와 디지털 문화 시대의 한류: 풀하우스, 강남스타일, 그리고 그 이후』, 『드라마의 모든 것』이 있으며, 「한류연구의 지식연결망 분석」, 「미디어 콘텐츠의 유통과 진화: 디지털 문화와 인터넷 시대의 픽션과 스토리텔링 전략」 등 다양한 연구를 수행했다.

김정수 한양대학교 행정학과 교수

고려대학교 법과대학 행정학과를 졸업하고 동 대학원에서 행정학 석사과정을 마친 후 미국 예일대학교에서 정치학 박사학위를 받았다. 귀국 이후 고려대학교 국제대학원 객원교수와 공공행정학부 교수를 역임했으며, 현재 한양대학교 행정학과 교수로 재직 중이다. 예리하고 날카로운 분석력을 기반으로 문화정책, 문화행정에 관한 다수의 글을 발표했다. 수준급 기타연주 실력을 보유해, 유튜브 채널도 운영 중이다. 주요 저서로는 『문화행정론: 이론적 기반과 정책적 과제』, 『21세기를 위한 문화와 문화정책』, 『스크린쿼터의 추억』, 『정책학 입문』 등이 있다.

류웅재 한양대학교 미디어커뮤니케이션학과 교수

미국 조지아대학교에서 커뮤니케이션학 박사학위를 받았다. 한국방송학회 기획이사, ≪한국방송학보≫ 편집위원, 한국언론학회 ≪커뮤니케이션이론≫ 편집위원으로 활동했으며, 현재 한양대학교 미디어커뮤니케이션학과 교수로 재직 중이다. 공저로 『소통하는 문화기획론』, 『작은 문화콘텐츠 만들기』 등이 있으며, 「신한류(新韓流)의 담론정치-주요일간지 한류 보도에 관한 담론분석을 중심으로」, 「한국 문화연구의 정치경제학적 패러다임에 대한 모색: 한류의 혼종성 논의를 중심으로」 등 글로벌 커뮤니케이션에 관한 연구를 수행했다.

김휘정 사우스오스트레일리아대 문화예술경영전공 객원교수

오하이오주립대학교에서 예술경영·정책학 박사학위를 받았다. 「국내 영화 온라인 부가시장의 유통구조 합리화 방안」, 「한류지수의 개선과 정책 활용도 제고 방안」, 「국제문화교류 진흥을 위한 한국문화원의 법적 위상 재정립 방안」, 「문화외교와 국제문화교류 부문 조율기능 확보의 쟁점과 과제」 등 문화산업, 문화외교, 문화교류와 관련한 여러 이슈를 조명해왔다. 2010년부터 국회입법조사처 문화정책 담당 입법조사관을 지냈으며, 킹스칼리지 런던 문화미디어창조산업과 객원연구원, 성균관대학교 문화융합연구소 부소장을 거쳐 현 사우스오스트레일리아대 문화예술경영 객원교수를 맡고 있다.

정정숙 한국문화기획평가연구소 소장

이화여대학교 정치외교학과에서 국제정치학 석사를, 비교정치학 박사를 마쳤다. 한국문화관광정책연구원 책임연구원, 문화예술연구실 실장을 거쳐, 한국외국어대학교 글로벌문화콘텐츠대학원 겸임교수, 유네스코한국위원회 집행위원, 국가균형발전위원회 전문위원, 전주문화재단 대표이사로 활동하면서 중앙 및 국제교류 활성화에 힘써왔다. 「국제문화교류 진흥방안」, 「문화분야 공적개발원조(ODA) 사업개발 연구」, 「'한류'에 있어서의 인문학의 활용방안」, 「한·중·일 문화교류 협력관계 비교분석과 전망」 등을 연구했으며, 2020년 3월부터는 한국문화기획평가연구소 소장으로 재직 중이다.

김성희 계원예술대학교 융합예술학과 교수

뉴욕대학교에서 예술경영학과 석사를, 경희대학교에서 경영학과 박사학위를 취득했다. 아시아문화전당 극장 초대 예술감독, '페스티벌 봄'의 창설 및 예술감독을 지냈으며, 백남준아트센터 개막축제 '스테이션 2' 예술감독, 국제현대무용제 '모다페' 감독을 역임했다. 다원예술잡지 ≪옵:신≫의 공동 설립자이기도 하다. 다양한 동시대 예술의 형식과 관점을 국내에 소개하는 한편, 젊은 예술가들의 작품 제작과 국제활동 지원을 바탕으로 한국 동시대 예술을 위한 담론 생산에 기여해왔다.

최효진 새공공영상문화유산 정책포럼 연구위원

파리1대학 사학과와 프랑스 국립방송연구소(Institut National de l'Audiovisuel Sup) 영상유산 관리학과(Audiovisual Heritage Management)에서 석사학위를 받고, 한국외국어대학교 정보·기록학과 박사과정을 수료했으며, 현재 한국

외국어대학교 겸임교수로 재직 중이다. 영상문화의 아카이빙에 대한 국가별 사례와 다양한 이슈를 포괄적이고 체계적으로 설명하는 일에 집중하고 있다. 주요 연구로는 「국내 공공영상아카이브 관리 체계 마련을 위한 과제 : 프랑스 INA FRAME 영상아카이브 국제연수 참가를 통해 살펴본 해외 동향 분석」(단독), 「국내 '공공 방송·영상 아카이브'의 핵심자원 수집 범위에 관한 연구 : 방송법의 방송편성규제를 중심으로」(공저) 등이 있다.

현은정 홍익대학교 경영대학 조교수

시카고대학교 경영대학원에서 조직이론 전략 전공으로 박사학위를 받은 후, 히토츠바시대학교 경영대학에서 조교수로 근무했다. 「A Structural Approach to Freelance Careers in Cultural Industries」(단독), 「문화예술 분야의 보상형 크라우드펀딩 성공 결정요인: 소셜 커뮤니케이션 활동 효과를 중심으로」(공저) 등의 연구를 통해 우리가 몸담고 있는 여러 형태의 크고 작은 조직이 어떤 원리에 의해 작동하는지 탐구하는 데 정성을 쏟고 있다.

인터뷰이

안호상 홍익대학교 공연예술대학원장·전 국립극장장

1984년 예술의전당 사원으로 시작해 예술의전당 공연기획부 부장, 공연사업국 국장을 지낸 예술경영 1세대로, 명망가 중심에서 실무형으로 옮겨가는 한국 문화예술 행정의 선례를 제시했다. 2007년 서울문화재단 대표이사, 2012년 국립극장 극장장과 국제공연예술협회 ISPA 이사를 역임했으며, 현재 홍익대학교 공연예술대학원장으로 재직 중이다. 문화예술계에서의 오랜 경험과 뜨거운 애정을 바탕으로, 관객의 편에서 영역과 영역을 잇는 공공 부문 예술 매개자의 역할을 담당해왔다. 국립극장 레퍼토리 시즌제를 통해 전통문화의 동시대적 복원을 도모하는 한편, '젊은 극장'으로의 변화를 성공적으로 치러냈다는 평가를 받고 있다.

김지일 CJ ENM 오펜센터장

1973년 MBC 입사 후 드라마국장, 편성본부장, 제작본부장을 거쳐 MBC프로덕션 대표이사로 활동했으며, 서울예술대학 방송영상학과 교수, JTBC 드라마 총괄, JTBC드라마 대PD 등을 역임했다. 30년간 콘텐츠 제작과 사업운영 노하우를 재료 삼아 작가 선정과 멘토 영입, 교육 등을 총괄하는 신인 작가 양성 프로젝트 '오펜(O'PEN)' 센터장으로 재직 중이다. 더 넓고 더 다양한 색, 인간과 세상에 대한 진지한 고민을 지닌 작가들을 지원하고, 그들과 끊이지 않는 인연을 만들어나가는 데 여념이 없다.

한국국제문화교류진흥원(KOFICE)

한국국제문화교류진흥원은 국가 간 문화교류를 통해 해당국에 대한 올바른 인식과 이해를 도모하고자 2003년에 설립된 문화체육관광부 산하 국제문화교류 전담기관입니다.

해외 한류커뮤니티 지원, 민관 협력 해외사회공헌, K-컬쳐 페스티벌 등 대중문화 중심의 한류 사업과 더불어 지역 우수 문화교류 콘텐츠 발굴 지원, 개도국 문화지원 역량 강화, 국제문화교류 전문인력 양성, 주한외교단 문화교류 네트워킹, 수교계기 행사 등 국제문화교류 사업을 통해 우수한 한국문화를 세계의 많은 이들과 공유하고 있습니다.

39개국 43개 지역의 해외통신원 운영으로 세계 속 한류 정보를 신속하게 제공하는 한편, 국내외 현장 전문가들과 협업하는 일도 빼놓지 않습니다. 『한류백서』, 『해외한류실태조사』, 『한류의 경제적 효과 연구』, 『글로벌 한류 트렌드』, 『한류NOW』 등 연간·분기·격월간 조사연구 간행물 발간으로 꾸준하고도 폭넓게 글로벌 문화 흐름을 진단합니다. 도서의 깊이에 사안의 시의성을 더한 『한류에서 교류로』(정책서), 『한류, 다음』(권역특서), 『모음』(월간 해외문화정책 동향)은 한류에 대한 새로운 관점과 해석을 제시하고, 지속가능한 한류를 지지하는 또 하나의 방법입니다.

한류에서 교류로
1판 1쇄 인쇄 2020년 3월 30일
1판 1쇄 발행 2020년 3월 30일

발행인
김용락

발행처
한국국제문화교류진흥원(KOFICE)

주소
03920 서울시 마포구 성암로 330
DMC첨단산업센터 A동 203호

전화
02-3153-1786

팩스
02-3153-1787

전자우편
research@kofice.or.kr

홈페이지
www.kofice.or.kr

지은이
원용진 서강대학교 커뮤니케이션학부 교수
홍석경 서울대학교 언론정보학과 교수
김정수 한양대학교 행정학과 교수
류웅재 한양대학교 미디어커뮤니케이션
　　　 학부 교수
김휘정 사우스오스트레일리아대
　　　 문화예술경영전공 객원교수
정정숙 한국문화기획평가연구소 소장
김성희 계원예술대학교 융합예술학과 교수
최효진 새공공영상문화유산 정책포럼
　　　 연구위원
현은정 홍익대학교 경영대학 조교수

대담자
안호상 홍익대학교 공연예술대학원장·
　　　 전 국립극장장
김지일 CJ ENM 오펜센터장

기획·편집
최경희, 김아영

디자인
펄럭펄럭

인쇄
효성문화

ISBN
979-11-85661-62-9

이 책의 국립중앙도서관 출판사도서목록
(CIP)은 e-CIP홈페이지(http://www.nl.
go.kr/ecip)와 국가자료공동목록시스템
(http://www.nl.go.kr/kolisent)에서
이용하실 수 있습니다.
(CIP제어번호: CIP2020013117)

이 책의 전부 또는 일부를 인용하려면
반드시 출처(한국국제문화교류진흥원)
를 밝혀주시기 바랍니다.

KOFICE